Richard Wilhelm
**Konfuzius (Kung-Tse)
Leben und Werk**

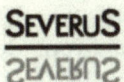

Wilhelm, Richard: Konfuzius (Kung-Tse), Leben und Werk
Hamburg, SEVERUS Verlag 2013

ISBN: 978-3-86347-752-3
Druck: SEVERUS Verlag, Hamburg, 2013
Nachdruck der Originalausgabe von 1950

Der SEVERUS Verlag ist ein Imprint der Diplomica Verlag GmbH.

Bibliografische Information der Deutschen Nationalbibliothek:
Die Deutsche Nationalbibliothek verzeichnet diese Publikation in der Deutschen Nationalbibliografie; detaillierte bibliografische Daten sind im Internet über http://dnb.d-nb.de abrufbar.

© **SEVERUS Verlag**
http://www.severus-verlag.de, Hamburg 2013
Printed in Germany
Alle Rechte vorbehalten.

Der SEVERUS Verlag übernimmt keine juristische Verantwortung oder irgendeine Haftung für evtl. fehlerhafte Angaben und deren Folgen.
Urheberrechte wurden nach bestem Vermögen berücksichtigt. Bei erfolgloser Suche nach Erben wird darauf hingewiesen und versichert, dass bei berechtigten Ansprüchen von Rechtsinhabern diese nachträglich abgegolten werden.

敬摹曲阜縣石刻孔聖真像

*Gräfin Bertha von Francken Sierstorpff
zugeeignet.*

INHALTSVERZEICHNIS

I. Das Leben	1
II. Das Werk	64
III. Die Lehren	89
1. Die Einheitslehre (Der durchgehende Faden)	89
2. Die Organisation der menschlichen Gesellschaft	101
A. Die Ziele	101
B. Die Methoden	114
a) Das Buch der Wandlungen	114
α) Die Keime	114
β) Die Bilder	119
γ) Die Urteile	125
b) Die Richtigstellung der Namen (Frühling und Herbst)	128
c) Die Sitte	137
α) Das Lernen der Sitten. Verhältnis von Kultur und Natur	139
β) Kritik der Sitten	149
γ) Die Sitte als Mittel der Regierung	154
3. Esoterisches	163
Anmerkungen	188

I. DAS LEBEN

K'ung K'iu ist geboren in K'üo Li bei der Stadt Tsou im Kreis Tsch'ang P'ing in dem Staate Lu am 21. Tag des 10. Monats 552 v. Chr.[1]) Seine Familie stammt von den Nachkommen des alten Yin-Königshauses, die im Staate Sung regierten, ab. Infolge von Unruhen, bei denen der 6. Ahn, von dem die Familie den Namen K'ung erhielt, getötet wurde, siedelte der 5. Ahn Kungtses nach dem Staate Lu über. Der Vater Kungtses, Schu-Liang Ho, hatte von seiner ersten Frau neun Töchter, von einer Nebenfrau einen Krüppel Mong P'i. Da weder Krüppel noch Töchter die Ahnenopfer vollziehen können, so ließ sich Schu-Liang Ho in hohem Alter von seiner Frau scheiden und warb um eine der drei Töchter aus der Familie Yän. Der Vater war human genug, seinen Töchtern die Wahl zu lassen, da der alte Herr wohl nicht ohne weiteres als liebenswürdig bezeichnet werden konnte; auf der anderen Seite verhehlte er den Töchtern nicht, daß ihm daran liege, dem Herrn den Gefallen zu tun. Während die älteren Töchter zögerten, trat die jüngste hervor und bat ihren Vater, zu verfügen. Darauf kam die ungleiche Ehe zustande, der Kungtse entsproß.[2])

Mit drei Jahren schon verlor der Knabe seinen Vater. Aus seiner Kindheit ist als charakteristischer Zug überliefert, daß er es liebte, sich mit dem Ordnen von Opfergefäßen und dem Einüben von Zeremonien zu beschäftigen. Dieser Zug zeigt, wie schon frühe eine ernste Ahnung des Göttlichen in dem Knaben vorhanden war, die der Zeitsitte entsprechend sich in den Formen feierlichen Rituals äußerte.

Über seine Jugend ist weiterhin berichtet, daß er mit neunzehn Jahren sich verheiratete. Da seine Familie arm war, sah er sich genötigt, nacheinander verschiedene untergeordnete Stellungen anzunehmen. Aber auch in ihnen bewährte er sich als gewissenhaft und praktisch, ohne ideologische Gedanken mit diesen bescheidenen Stellungen zu verknüpfen. Mongtse erwähnt diese Episode: So war Kungtse eine Zeitlang Aufseher der Scheunen. Da sprach er: „Ich frage nur danach, daß meine Rechnungen stimmen." Wieder einmal war er Aufseher der Herden. Da sprach er: „Ich frage nur danach, daß meine Rinder und Schafe fett und stark sind und wachsen." Diese Stellungen waren wohl keine direkten staatlichen Ämter, sondern es waren Stellungen in den Domänen der Adelsfamilie Ki. Immerhin scheint er die öffentliche Aufmerksamkeit auch damals schon auf sich gezogen zu haben, wie daraus hervorgeht, daß

532 ihm sein Landesfürst anläßlich der Geburt seines Sohnes einen Karpfen übersenden ließ. Diese Tatsache wurde von ihm im Namen seines Sohnes festgehalten.[3])

528 Kurz darauf starb seine Mutter. Er begrub sie mit seinem Vater zusammen in Fang.[4]) Die ganze gewissenhafte Art seines Vorgehens zeigt nicht nur seine genaue und sorgfältig erworbene Kenntnis der Gebräuche des Altertums, sondern auch zarte Rücksicht und feinen Takt in der Anwendung dieser Kenntnis.[5])

526 Er zog sich, wie anzunehmen, während der Trauerzeit von seinem Amt zurück. Erst nach Ablauf der 27 Monate nahm er seine Beschäftigungen wieder auf. Nach dem Schlußopfer holte er seine Zither wieder hervor und spielte darauf. Es dauerte aber noch mehrere Tage, ehe er auch wieder die Worte des Gesangs dazu über die Lippen brachte. So sehen wir ihn schon in dieser Zeit beschäftigt mit der Kunst der Musik, die ihm sein Leben lang in guten und bösen Tagen treu geblieben ist. Er hatte damals schon so viel Aufmerksamkeit erregt, daß bedeutende Fremde mit ihm zusammentrafen, wodurch er dann andrerseits seine Übersicht über alte und neue Zeit dauernd erweiterte.[6]) Auch über die Vorgänge in anderen Staaten ward er dauernd unterrichtet.

Man suchte seine Meinung zu hören. Seine Aeußerungen zeigen alle eine gereifte Lebenserfahrung, die weit über seine Jahre hinausging. Man bekommt den Eindruck, daß er schon damals eine Macht im geistigen Leben der Zeit war, daß in ihm der Geist des Altertums Stimme gewonnen hatte, und daß man ihn deshalb im allgemeinen nicht überhörte.

Wie Goethe nach Rom mußte, um dort den Einblick zu tun in die Zusammenhänge der alten Kunst, und diese Reise nach Rom für ihn schicksalsbestimmt war als Abschluß seiner Ausbildung im tiefsten Sinne, so ergab sich für Kungtse ein ähnlicher Abschluß in seiner Reise nach Lo, der Hauptstadt des alten Tschoureiches.[7])

Der Anlaß zu dieser wichtigen Reise war folgender: Das Haupt der Adelsfamilie Mong, Hi Tsï, war dem Tode nahe. Da berief er seinen Hausmeister und machte ihn auf Kungtse aufmerksam, der nicht nur über eine gründliche Bildung verfüge, sondern auch aus einer Familie stamme, von der gar manche Glieder sich durch Selbstlosigkeit und Tugend ausgezeichnet. Darum setzte er fest, daß Mong I Tsï, sein Sohn, und Nan Kung King Schu, sein Neffe, nach seinem Tode den Kungtse als Meister annahmen. So geschah es denn.

Kungtse erwähnte nun seinem Schüler gegenüber die Weisheit des Lao Tan, der in allen Künsten und Geheimnissen des Lebens bewandert sei, und den er als Meister verehre. Er regte darauf an, einen Besuch bei ihm zu machen. Nan Kung King Schu trug die Sache dem Fürsten von Lu vor, der damit einverstanden war und Kungtse Wagen, Pferde und Diener für die Reise mit seinem Zögling zusammen zur Verfügung stellte.

Man fühlt der Erzählung, wie Kungtse nach der alten Hauptstadt kommt, den Pulsschlag des Lebens an. Er beschaut die Anlage der Stadt, der Tempel, der Paläste, und überall dringt sein Auge durch die äußere Erscheinung durch zum Sinn der Kultur, die sich hier verkörpert, und tief aufatmend spricht er: „Nun kenne ich die Heiligkeit des Herzogs von Tschou und die Gründe, warum das Tschou-Haus zur Weltherrschaft kam."

Er geht umher und sieht die Bilder der alten heiligen Fürsten und der Tyrannen auf dem Throne, und wie Blüte und Untergang in ihren Zügen zu lesen sind. Besonders rührt ihn die Darstellung des Herzogs von Tschou,[8]) wie er mit seinem Neffen, dem jungen König, auf dem Arm Hof hält und für ihn das Reich verwaltet. Immer wieder geht er an der Darstellung vorüber, dem Bild der selbstlosen Aufopferung, und spricht: „Auf dieser Tat beruht die Blüte des Hauses Tschou. Wie man im Spiegel seine Gestalt beschauen kann, so lernt man die Gegenwart verstehen aus dem Beschauen der alten Zeit." Der Herzog von Tschou war ja der letzte der großen Weisen gewesen, die sich über die Jahrhunderte hinweg die Hand gereicht zum Aufbau der Kultur der östlichen Welt. Er war eine Übergangserscheinung. Nicht selbst auf dem Thron, hat er die Regierung geführt für seinen kindlichen Neffen. Er schaute fragenden Blicks von der Wand herunter, gleichsam als wollte er sagen: „Und wer wird nun das große Erbe wahren? Wer wird die Reihe fortsetzen, die in großem Zuge Kultur auf Erden geschaffen?" Kungtse verstand diese Blicke, und im tiefsten Herzen ward ihm offenbar, was er auch seinen Jüngern gegenüber als Geheimnis verschwieg, was nicht aus seinen Worten, nur aus seinen Taten sprach, daß er der Berufene war, das heilige Erbe weiterzugeben auf die späteren Geschlechter.

Kleine Anekdoten werden erzählt von der goldnen Statue eines Mannes, die Kungtse im Ahnentempel des Königshauses gesehen, deren Mund mit drei Nadeln verschlossen war, und die auf dem Rücken eine Inschrift trug, die anmutet wie ein Abschnitt aus dem Taoteking.[9])

Der Meister wandte sich zu seinen Begleitern mit einer Zeile aus den alten Liedern, die mit der Warnung zur Vorsicht und Zurückhaltung, die dieses Bildnis ausdrückte, übereinstimmte:

„Unter Furcht und Zittern,
   Als ständest du vor einem tiefen Abgrund,
   Als trätest du auf dünnes Eis."

Eine andere Geschichte erzählt von einem Gerät, das schief hing, wenn es leer war, das umkippte, wenn man es zu voll goß, das aber gerade hing, wenn man es bis zur Mitte füllte.

Kungtse erklärt seinen Begleitern den Sinn, der ein Gleichnis war von der Wichtigkeit von Maß und Mitte im menschlichen Leben.

Wichtiger als diese Anekdoten ist die Begegnung Kungtses mit seinem älteren Zeitgenossen Laotse oder Lao Tan, der damals in der königlichen Hauptstadt Bibliothekar war, und der trotz seiner ans Wunderliche streifenden Zurückhaltung doch weithin einen Namen hatte.[10])

Laotse ist im wesentlichen kritisch gerichtet. Alle leeren Worte, aller hohle Schein zerfällt unbarmherzig vor seinem scharfen Urteil in nichts. Er ist zweifelhaft geworden am ganzen Wert der Kultur und hat sich auf eine Mystik der inneren Konzentration zurückgezogen. Er schaut die großen Weltgesetze, und er sieht den Weg, um aus den Nöten der Zeit, die durch eine übertriebene Zivilisation entstanden sind, herauszukommen, darin, daß man zurückkehrt zu der Einfachheit dieser Weltgesetze, daß das Individuelle sich nicht verfestigt in seinem Sonderdasein, sondern in lebendigem Austausch bleibt mit dem großen Weltgesetz, dem SINN alles Seins, das er „notdürftig" mit dem Ausdruck Tao, Weg, bezeichnet. Seine Lösung ist: Los von der Last der Geschichte und Überkultur, zurück zur Einfachheit, zur Natur. Nichts selber machen, sondern dem Geschehen seinen Lauf lassen, dann wird die Welt zur Ruhe kommen.

Kungtse hat entscheidende Eindrücke von ihm bekommen. Es scheint, daß er in einzelnen Dingen manche Aufschlüsse von ihm erhalten hat. Das Wichtigste waren aber nicht diese Einblicke, sondern Laotses ganze Persönlichkeit als Problem, als Prüfstein. Das Proteusartige der Natur Laotses hat er stark empfunden. Er soll sich über ihn geäußert haben: „Die Vögel, das weiß ich, können fliegen, die Fische, das weiß ich, können schwimmen, die Tiere, das weiß ich, können laufen...., aber was den Drachen anlangt, so weiß ich nicht, wie er es macht, daß er auf Wind und Wolken zum Himmel emporsteigt. Nun habe ich Laotse gesehen. Ist der nicht wie der Drache?" Laotse soll ihm beim Abschied wohlgemeinte Warnungen mitgegeben haben: „Wer redet, verliert sich leicht ins Disputieren, wer hört, kommt leicht in Mißverständnisse durch die Worte. Wenn man diese beiden Gefahren kennt, läßt sich der rechte Weg nicht verfehlen......"

Auch mit der Musik der Tschoudynastie scheint sich Kungtse bei dieser Gelegenheit bekannt gemacht zu haben. Es war die sogenannte Wu-Musik, kriegerische Musik, die Kungtse als zwar schön, aber nicht restlos gut bezeichnete. Der Musikmeister in Lo bekam einen ungemein starken Eindruck von Kungtse und soll gesagt haben, daß er der Mann sei, der die zerfallene Menschheitskultur wieder neu zu schaffen berufen sei.[11])

Jedenfalls trug diese Reise dazu bei, ihn nach seiner Rückkehr mit großem Ansehen zu umgeben. Schüler von fernher kamen herbei, und von da ab gehörte er unter die Persönlichkeiten von allgemeiner Bedeutung. Der Anschluß junger, Bildung suchender Leute an Kungtse bedeutete eine Neuerung im damaligen China. Es gab wohl fürstliche Schulen zur Erziehung der vornehmen Jugend, aber daß regelmäßiger Unterricht von privater Seite erteilt wurde, ist zuerst von Kungtse eingeführt worden. Natürlich dürfen wir uns diesen Umgang Kungtses mit seinen Jüngern nicht allzu schulmäßig vorstellen. Es war ein freier Verkehr nach Art der platonischen Akademie. Praktische Übungen und theoretische Belehrung wechselten ab, ebenso wie mündliche Überlieferung die Texte erklärte und erschloß.

Im allgemeinen empfand Kungtse diese Zeit wohl mehr als Vorbereitung. Was er in der Hauptstadt erlebt hatte, wies ihn auf einen Beruf hin, der weit über die Stellung eines Schulhauptes hinausging. Die Frage war nur die: Wo fand sich ein Fürst, der bereit war, mit ihm zusammen das ungeheure Unternehmen zu wagen, die Welt, die aus den Fugen war, wieder zur Ordnung zu bringen?

Freilich sahen die Dinge nach seiner Rückkehr in die Heimat 517 nicht danach aus, als ob bald Ordnung werden sollte. Die vornehmen Adelsgeschlechter hatten ihre Macht auf Kosten des Fürsten immer mehr ausgedehnt. Aus einem nebensächlichen Anlaß traten diese Verhältnisse, die schon seit langem sich zugespitzt hatten, in einem offenen Konflikt zutage.

Bei einem Hahnenkampf gab es Händel. Der Fürst nahm Partei und suchte gegen Ki P'ing Tsï, den einen der Beteiligten, der sich nicht fügte, mit Waffengewalt vorzugehen. Allein der Betroffene, der dem mächtigsten der Geschlechter, dem Hause Ki, angehörte, vereinigte sich mit den übrigen beiden hohen Adelsfamilien. Es kam zu einer regelrechten Feldschlacht, bei der das Heer des Fürsten von den Truppen der drei Familien besiegt wurde. Der Fürst Tschao sah sich genötigt, im Nachbarstaate Ts'i Zuflucht zu nehmen. Kungtse fühlte sich dem Fürsten genügend nahe verpflichtet, um ebenfalls nach Ts'i zu gehen. Auch von diesem Aufenthalt werden mancherlei Erfahrungen berichtet, die dazu geeignet waren, ihn zu weiterer Vertiefung seines Standpunktes zu bringen.[12])

Am bekanntesten ist die Geschichte von der Frau, die er am Wege bitterlich weinen hörte. Er sandte seinen Jünger Tsï Kung zu ihr, dem sie klagte, daß ihr Schwiegervater, ihr Gatte und nun auch ihr Sohn von Tigern zerrissen worden seien. Auf die Frage, warum sie denn nicht diese gefährliche Gegend früher verlassen, antwortete sie: „Wir haben hier wenigstens keine grausame Regierung."[13])

In Ts'i war es auch, wo er die Musik Schuns, des Heiligen uraltester Zeit, die Schao-Musik hörte. In der Nähe des Tors traf er auf ein Kind, das einen Krug trug und neben seinem Wagen herging. Sein Blick war klug, sein Sinn gerad, sein Gang aufrecht. Kungtse gab seinem Wagenlenker den Befehl, dem merkwürdigen Kinde zu folgen. Da kamen sie an einen

Ort, wo eben die Schao-Musik ertönte. So kam Kungtse dazu, die Schaomusik zu hören. Er lernte sie drei Monate lang und vergaß darüber den Geschmack des Fleisches. Er sprach: „Ich hätte nie gedacht, daß Musik so weit reichen könnte."[14] Das ist die Musik, von der er später sagte, daß sie nicht nur höchste Schönheit, sondern auch höchste Güte besitze. Wir sehen hier, wie Kungtse in der Musik lebt, wie sie für ihn ein Erlebnis höchster Art bedeutet, indem nicht nur der sinnliche Klang, sondern die moralische Persönlichkeit, von der die Musik stammt, ihm sich offenbart. Diese Seite seines Wesens ist von großer Wichtigkeit und verdient um so mehr hervorgehoben zu werden, als sie in europäischen Darstellungen meist nicht zu ihrem Rechte kommt.

In Ts'i hatte Kungtse mehrfache Zusammenkünfte mit dem Fürsten King, der damals ungefähr sechzig Jahre[15] alt sein mochte. Der alte Fürst behandelte ihn mit ausgesuchter Höflichkeit.[16] Auch hat er ihn manches über die Regierung gefragt.

Die Verhältnisse in Ts'i waren nicht glänzend. Dort hatte die Familie T'iän oder Tsch'en die Regierung in ähnlicher Weise an sich gerissen wie in Lu die drei Geschlechter. Nur schien der alte Fürst, der übrigens nachher noch jahrzehntelang weiter regierte, sich mit den Verhältnissen innerlich abgefunden zu haben. Nicht ohne Eitelkeit weist er während einer Audienz, die Kungtse bei ihm hat, aus Anlaß einer Strafsache auf den Mann hin. Ein Beamter war zu spät zur Audienz gekommen. Der Fürst fragte nach dem Grund. Der Beamte erzählte, daß der Herr Tsch'en einen Unterbeamten habe hinrichten lassen, und daß er das Urteil habe ausfertigen müssen, daher komme er so spät. Da sah der Fürst den Kungtse an und sprach: „In den Urkunden von Tschou heißt es: Klarheit des inneren Werts und Vorsicht im Strafen. Der Herr Tsch'en besitzt Klarheit des inneren Werts; denn wenn man bei der Bestrafung eines Menschen erst ein Urteil ausarbeiten läßt, so ist das doch sicherlich vorsichtig." Kungtse erwiderte: „Wer Klarheit über innern Wert besitzt, der weiß Leute von innerem Wert ans Licht zu ziehen, zu erheben und sich ihrer zu bedienen. Vorsicht im Strafen bedeutet, daß man gesammelten Herzens überlegt, ob alles gerecht ist und es dann für die Ausübung der Strafen festsetzt. Der Sinn ist also, daß man bei der Verwendung der Menschen Leute von Wert nicht verfehlt und bei dem, was man bestraft, die Schuldigen nicht verfehlt. Es handelt sich nicht um die Klarheit des eignen innern Werts."[17])

In diesen Worten, die der Fürst höflich entgegennimmt, ist der Begriff der Klarheit über innern Wert, der in der alten chinesischen Philosophie eine so große Rolle spielt, rein objektiv aufgefaßt. Ja, dem Fürsten ist ein Wink gegeben mit Beziehung auf seine Pflichten.

Ein andermal wird während eines Besuchs, den der Fürst in der Wohnung des Kungtse macht, gemeldet, daß einer der Ahnentempel des Königshauses in der Reichshauptstadt in Flammen stehe. Kungtse erwiderte sofort, es werde sicher der Tempel des Königs Li (878—826) sein. Auf die Frage, woher er das wisse, antwortete er, daß es ein festes Gesetz der Vergeltung gebe. Der König Li habe die einfachen Sitten seiner Vorfahren verlassen und Luxus und Pracht eingeführt, so daß es in Übereinstimmung mit der Gerechtigkeit sei, wenn des Himmels Zorn seinen Tempel treffe. Nach einer Weile haben die Leute der Umgebung berichtet, der abgebrannte Tempel sei der des Königs Li, worauf der Fürst sich erhoben und vor Kungtses Weisheit sich zweimal verneigt habe.[18])

Am bekanntesten ist das Gespräch, als der Fürst Kungtse über die Regierung befragte. Kungtse sprach: „Der Fürst sei Fürst, der Diener sei Diener, der Vater sei Vater, der Sohn sei Sohn." Der Fürst sprach: „Gut fürwahr! Denn wahrlich, wenn der Fürst nicht Fürst ist und der Diener nicht Diener, der Vater nicht Vater und der Sohn nicht Sohn: obwohl ich mein Einkommen habe, kann ich dessen dann genießen?"[19])

Der Grundsatz, den Kungtse hier ausspricht, ist das Zentrum seiner Lehre vom Staate: Klare, feste Bezeichnungen und eine Wirklichkeit, die ihnen entspricht, das ist die Grundlage jeden geordneten Staatswesens. Die ganze unentschiedene Art des alten Fürsten King kommt in seiner Antwort zum Ausdruck. Nicht ohne geheimes Seufzen erkennt er die Wahrheit dessen, was Kungtse sagt, an. Aber er denkt nicht daran, irgendwelche praktische Konsequenzen daraus zu ziehen.

Die Not der Verhältnisse in Ts'i wird ganz klar aus dem Gespräch, das der Minister Yän Ying[20]) bei einem vertraulichen Zusammensein mit Kungtse führt, in dessen Verlauf er den Staat Ts'i mit einem Wagen vergleicht, der ohne Achsnagel einem tausend Klafter tiefen Abgrund zustürzt. Kungtse erwidert: „Eine Krankheit zum Tode läßt sich nicht heilen. Die Regierungserlasse sind der Zügel des Fürsten, mit dem er die Unteren im Zaum hält. Aber der Fürst von Ts'i hat sie schon lange aus der Hand gleiten lassen, da ist nichts mehr zu machen, auch wenn Ihr die Achse flicken und die Räder stützen wolltet. Alles, was sich erreichen läßt, ist, daß das Unglück zu des Fürsten und Euren Lebzeiten vermieden wird. In Zukunft wird Ts'i dem Hause T'iän zufallen."

Im Frühjahr[21]) war eine große Dürre und Hungersnot in Ts'i. Auch hierbei fragte der Fürst Kungtse um Rat. Der riet ihm, durch äußerste Sparsamkeit, ja Dürftigkeit, beim Auftreten vor dem Volk sich zu demütigen und gleichsam die Strafe auf sich zu nehmen.

Der Fürst hielt offenbar viel von Kungtse, ohne doch den Entschluß zu finden, sich nach seinen Ratschlägen zu richten. Er dachte vorübergehend daran, ihn mit einem Kreis zu belehnen. Aber Kungtse war nicht dafür zu haben, einfach eine Sinekure anzunehmen, ohne daß ihm[22]) Gelegenheit gegeben wurde, etwas dafür zu leisten.

Schließlich schien bei Hof immer mehr eine dem Kungtse feindliche Stimmung aufzukommen. Der schwache Fürst war allerhand Einflüsterungen der gegnerischen Seite zugänglich und zeigte sich zurückhaltend bei weiteren Zusammenkünften, was bei den Höflingen natürlich auch eine Änderung des Betragens nach sich zog.[23])

So sprach der Fürst: „Ihn so behandeln wie das Haupt der Familie Ki kann ich nicht (diese Stellung nahm ja bereits die Familie T'iän ein). Ich will ihm eine Stellung geben zwischen der des Hauptes der Ki und der des Hauptes der Mongfamilie (der zweiten Familie in Lu)." Später aber sprach er: „Ich bin zu alt, ich kann mich seiner nicht mehr bedienen."[24])

Kungtse besaß Takt genug, um die Stimmung zu bemerken, und zog sich zurück. Der Aufenthalt in Ts'i war nicht vergebens gewesen. Die Schao-Musik, die er dort zu lernen Gelegenheit bekam, bereicherte ihn an innerer Erfahrung. Und im Verkehr mit dem Fürsten erlangte er einen praktischen Einblick in die staatlichen Verhältnisse der Zeit und die Hemmungen, die einer wirklichen Reform im Wege standen. So kehrte er nach Lu zurück und hielt sich dort zunächst in der Stille. Im Jahre 510 starb der Fürst Tschao von Lu im Exil. Das Haupt der herrschenden Adelsfamilie Ki benutzte diesen Todesfall, indem es unter Beseitigung des Kronprinzen den Bruder des verstorbenen Fürsten einsetzte, um an ihm ein gefügiges Werkzeug zu haben. Dieser Fürst ist unter dem Namen Ting bekannt und regierte von 509—495.

Kungtse fand also bei seiner Rückkehr nach Lu politische Zustände vor, die eine öffentliche Wirksamkeit noch weniger ermöglichten als die Verhältnisse in dem Nachbarstaate Ts'i es taten. Er hielt sich daher fünfzehn Jahre lang vollkommen fern von den verschiedenen Parteien, die sich jeweils in der Herrschaft ablösten.

Aus diesen Jahren sind wenig Einzelheiten bekannt. Wir finden den Meister in geistiger Berührung mit den Zeitereignissen. Er reist in die Nachbarschaft, als Ki Tscha von Yän Ling durchkommt. Dieser Mann, ein Prinz des südlichen Staates Wu, war ebenso bekannt wegen seiner Selbstlosigkeit, mit der er den Thron von Wu ausschlug, als auch wegen seiner

Kenntnisse auf dem Gebiet der Riten. Auf dieser Reise war ihm sein ältester Sohn gestorben, und Kungtse reist zur Beerdigung hin, um Zeuge zu sein, welche Formen der Prinz bei dieser an sich ungewöhnlichen Gelegenheit benütze, und war tief befriedigt von dem, was er dabei erfuhr.[25])

Dieses Interesse an rein Formalem zeigt, welche Bedeutung die rechte Form für Kungtse hatte. Sein Problem dabei war ein doppeltes. Der Mensch sieht sich in den Zusammenhang des Lebens mit seinen Ereigniskomplexen hineingestellt. Seine Aufgabe als Mensch, d. h. denkendes Wesen, ist es nun, sein Handeln so einzurichten, daß es in Harmonie mit den Ereigniskomplexen kommt. Für jede Lebenslage gibt es ein rechtes Handeln, durch das das Innere des Menschen sich so ausdrückt, daß es in Harmonie mit dem Kosmos sich befindet. Dazu ist nun einerseits nötig ein rechtes Erkennen. Die Namen und Begriffe der Dinge, mit denen der Mensch geistig arbeitet, müssen bestimmt und richtig sein, so daß sie sich auf die Wirklichkeit mit Erfolg anwenden lassen. Andererseits muß man beurteilen können, was nun in der richtig erkannten Wirklichkeit das richtige Handeln ist. Die Regeln für dieses kosmisch orientierte Handeln werden im Chinesischen mit dem Ausdruck Li bezeichnet, der deshalb so schwer zu übersetzen ist, weil der Gedanke als solcher dem europäischen Leben fremd ist. Man könnte es am ehesten mit Schönheit oder Stil übersetzen, um Ideen nahe zu kommen, die im europäischen Geistesleben eine ähnliche Stelle einnehmen.

So ist Kungtse in dieser Zeit damit beschäftigt, diesen Stil des Lebens herauszuarbeiten. Dabei handelt es sich um ein Ineinandergreifen von Theorie und Praxis. Denn ein bloßes Wissen der Lebensformen genügt natürlich nicht, man muß sie auch entsprechend anzuwenden verstehen. Belehrung und Übung geht daher immer Hand in Hand. Im Kreise seiner Schüler arbeitete Kungtse in unmittelbarer persönlicher Überlieferung an dem Ausbau der Lebenssitten. Es liegt in der Natur der Sache, daß diese Überlieferung sich nicht auf ein bestimmtes Buch darüber beschränkt. Denn dieser Lebensstil zeigt sich in einem durch persönlichen Verkehr, Tradition, Beispiel und Übung erlangten Benehmen, das in jedem Fall das Rechte trifft. Niederschläge dieser Tradition, wie sie sich durch die Jahrhunderte fortgebildet hat, finden sich im Buch der Sitten, Li Ki, das — unter die klassischen Schriften gerechnet — in seiner heutigen Form aus späteren Jahrhunderten stammt und keineswegs in seinem vollen Umfang auf Kungtse zurückgeführt werden kann.

Harmonisches Handeln setzt ein harmonisches Gemüt voraus. Diese Harmonie des Gemüts wird befördert durch die Pflege der Musik. So ist Kungtse in diesen Jahren auch ganz besonders mit Musik beschäftigt. Es sind viele Äußerungen da, die sich auf diese Beschäftigung beziehen. Sowohl im Verkehr mit seinen Jüngern als auch im Verkehr mit den Musikern von Lu war Kungtse bemüht, eine Reform der Musik anzubahnen, die unter Verwendung des Besten, was an Musik aus dem Altertum vorhanden war, die innere Harmonie des Gemüts zum Ausdruck zu bringen und ihrerseits zu fördern geeignet wäre. Leider ist gerade diese Seite der Wirksamkeit Kungtses sehr stark beeinträchtigt worden dadurch, daß die stark an die Sinne appellierende Musik von Tschong und We immer mehr die strenge klassische Musik im Lauf der Jahrhunderte verdrängte, so daß es heutigentags überaus schwer ist, sich ein Bild von dem zu machen, was Kungtse bei seiner Musikreform letzten Endes vorschwebte.

Die Musik kommt für Kungtse in drei Formen in Betracht: als Instrumentalmusik, die die Regungen des Gefühls unmittelbar in Tönen zum Ausdruck bringt. Von Instrumenten, deren sich der Meister selbst bediente, werden der Klingstein und die Zither genannt. Der Klingstein bestand aus aufgehängten flachen Nephritplatten verschiedener Größe, deren heller, reiner Klang durch Anschlagen mit einem Plektron erzeugt wurde. In welcher Weise dieses Instrument durch seinen Rhythmus die Gefühle zum Ausdruck zu bringen vermochte, wird gelegentlich erwähnt, als Kungtse später in We einmal den Klingstein spielte. Da ging ein Mann mit einem Strohkorb auf der Schulter — ein verborgener Weiser — an der Tür Kungtses vorüber und sprach: „Wahrlich, dem kommt es von Herzen, der da den Musikstein spielt!" Nach einer Weile sprach er: „Wahrlich, verächtlich ist dieses hartnäckige Gebimmel. Wenn die andern nichts von uns wissen wollen, so gibt man es einfach auf und damit gut...." [26])

Wir sehen, wie in dem Spiel Kungtses seine innere Stimmung so zum Ausdruck kam, daß ein gebildeter Hörer seine ganze Gesinnung daraus entnehmen konnte.

Über das Zitherspiel Kungtses und seine Auffassung davon war an anderm Ort schon zu sprechen. Hier sei nur noch eine kleine Anekdote erwähnt, die für die Deutlichkeit der Gefühlsdarstellung spricht: Einst spielte Kungtse die Zither. Zwei seiner Schüler hörten vor der Türe zu. Plötzlich wurden seine Töne, die vorher reinste Harmonie des Gemüts ausdrückten, dunkel und wirr, so daß einer der Schüler erschrocken herbeieilte, um zu fragen. Kungtse erwiderte, daß er eben einer Katze zugesehen, die im Begriff war, eine Maus zu fangen. Dieser Vorgang habe sich in seinem Spiel gespiegelt.[27])

Die zweite Art der Musik ist das Lied, das in der Regel mit Instrumentalbegleitung gesungen wird. Volks- und Kunstlieder gab es im chinesischen Altertum schon seit langem. Kungtse schätzte diese Lieder ungemein. Er fand darin einen Ausdruck der Volksseele, der die eigne Seele in sympathische Schwingungen versetzt. „Meine Kinder," sprach er einst zu seinen Jüngern, „warum lernt ihr nicht die Lieder? Die Lieder dienen zur Anregung, zur Beobachtung, zur Weckung des Gefühls der Gemeinsamkeit und des Grolls gegen Bedrückung und Ungerechtigkeit, zur Weckung der Gefühle der Liebe zu den Nächsten und der Verpflichtung gegen die Herrscher. Sie lehren uns außerdem die ganze Welt der Vögel und Tiere, Kräuter und Bäume kennen."[28]) Natur und Menschenleben sind es, in die die Poesie einführt, und das war der Grund, warum Kungtse sich der Pflege dieser Schätze des Altertums zuwandte. Er hörte hier unmittelbar den Pulsschlag der Geschichte. Und in der Tat ist das Schi King, die Liedersammlung, die aus seiner Hand hervorgegangen ist, die unmittelbarste und echteste Quelle des altchinesischen Lebens. Neben den Volksliedern sind auch verschiedene Arten von Kunstliedern darin enthalten, die über die gesellschaftlichen und religiösen Zustände in den oberen Kreisen Auskunft geben.

Wir haben Grund, anzunehmen, daß schon damals Kungtse sich mit diesen Liedern beschäftigt hat, wenn die endgültige Redaktion auch erst nach seiner Rückkehr von der langen Wanderschaft in seinen letzten Lebensjahren stattfand.[29])

Die Sage geht, daß aus dem Altertum dreitausend Lieder überliefert gewesen, von denen Kungtse nur dreihundert in seine Sammlung aufgenommen habe. Wie es sich damit verhält, ist schwer zu sagen. Im Liederbuch, das mit dem Namen Kungtses verknüpft ist, finden sich etwas über dreihundert Lieder, die hauptsächlich aus der Tschouzeit stammen. Außer der königlichen Domäne sind besonders die auf seinen Heimatstaat Lu bezüglichen Lieder berücksichtigt. Ferner sind aus der Yindynastie, der Vorgängerin der Tschou, einige Lieder erhalten. Es dürfte wohl am ehesten anzunehmen sein, daß er eine der vorhandenen Sammlungen zugrunde gelegt und redigiert hat und dazu seinen Schülern eine besondere mündliche Tradition über den geheimen Sinn der Lieder hinterließ.

Die dritte Art der Musik ist die große, feierliche, mit Pantomimen verbundene Musik, wie sie im königlichen und fürstlichen Heiligtum zur Aufführung kam. Diese Musik war für Kungtse besonders heilig. Wir sahen schon, welchen Eindruck die Schao-Musik auf ihn gemacht hat. Und die bittere Kritik, die er an den Adelsgeschlechtern von Lu übte, als sie bei ihren Hausopferfesten diese königliche Musik mit ihren Tänzen aufführten, zeigt, wie ernst er es in diesem Stück nahm.

Außer den Sitten, den Liedern und der Musik waren die Urkunden ebenfalls Gegenstand seiner Beschäftigung in jenen

Jahren. Diese Urkunden der alten Zeit — von den Herrschern Yao, Schun und Yü an bis zu den Zeiten der Tschoudynastie — enthalten die Regierungsgrundsätze der alten Herrscher, nicht in Form von systematischer Zusammenfassung, sondern in Form der bei besonders wichtigen Regierungshandlungen verfaßten Akten. In diesen Urkunden ist der Inbegriff der alten chinesischen Regierungsweisheit enthalten, und Kungtse betrachtete sie als Vorbilder und Maßstäbe für die Handlungen. Es läßt sich heute nicht mehr feststellen, woher er diese Urkunden bekommen; was seine Arbeit bei der Sammlung war, und viele andere Fragen sind noch vollkommen ungelöst, zumal da das Urkundenbuch mit am meisten gelitten hat unter den erhaltenen klassischen Schriften.

Diese Arbeit machte den Namen Kungtses immer mehr bekannt, und die Zahl seiner Schüler muß damals schon recht bedeutend gewesen sein. Freilich waren von denen, die später als die berühmtesten genannt werden, die meisten zu jener Zeit noch Kinder, manche noch gar nicht geboren. Es war sozusagen die ältere Generation der Jünger, die damals in seiner Umgebung war. Wir finden da die Väter der beiden bekanntesten späteren Jünger: Yän Ki Lu; den Vater Yän Huis, des Lieblingsjüngers des Meisters, und Tseng Tiän, den Vater des pietätvollen Tsong Schen. Auch der Jan-Clan, der später so zahlreich in der Nachfolge Kungtses vertreten war, hatte in Jan Keng (Po Niu) sein erstes Familienglied in des Meisters Nähe. Wie sehr der Meister ihn schätzte, das zeigt sich darin, daß, als er in seiner amtlichen Laufbahn emporstieg, er ihn zu seinem Nachfolger in der Verwaltung des Kreises Tschung Tu ernannte. Auch Tschung Yu (Tsï Lu), der energische, zugreifende Mann, der neun Jahre jünger als Kungtse war, ist damals schon in seiner Umgebung. Charakteristisch ist die Geschichte seiner Aufnahme in den Kreis der Jünger. Stolz tritt er im Schmuck der Hahnenfeder vor den Meister. Als dieser ihn fragt, was er am meisten liebe, da antwortete er: „Mein langes Schwert." „Wenn du zu deiner Tüchtigkeit noch das Lernen fügtest, so würdest du ein ausgezeichneter Mensch werden," antwortete der Meister. „Wozu", sprach Tsï Lu, „soll das Lernen nützen? Da wächst ein Bambus auf dem Südberg, er ist von sich aus gerade und biegt sich nicht. Haut man ihn ab, so kann man ihn als Pfeil benützen, der selbst des Nashorns dicke Haut durchdringt." „Wohl," sprach der Meister, „doch wenn du ihn befiederst und mit einer Stahlspitze versiehst, dringt er dann nicht noch tiefer ein?" Tsï Lu verneigte sich zweimal und bat um Aufnahme als Schüler.[30])

Ferner werden genannt Ts'i Tiao K'ai, der eine amtliche Anstellung verschmähte, um sich noch weiterhin mit den Urkunden beschäftigen zu können, und Yu Jo, der mit Kungtse offenbar eine gewisse Ähnlichkeit des Benehmens hatte, so daß ihn die anderen Jünger nach des Meisters Tod zum Schulhaupt wählen wollten, und auf dessen Schüler zum großen Teil die Aufzeichnung der Gespräche Kungtses zurückzugehen scheint. Auch Min Tsï K'iän, der sich standhaft weigerte, in die Dienste von Usurpatoren und schlechten Fürsten zu treten, gehört noch dieser älteren Generation an.

Zu dieser Jüngergeneration gehört auch des Meisters einziger Sohn Po Yü. Das Verhältnis scheint nicht besonders intim gewesen zu sein. Er selbst berichtet einem Freund, der ihn fragt, ob er als Sohn des Meisters auch Außergewöhnliches zu hören bekommen habe: „Noch nie. Einmal stand er allein, als ich an der Halle vorüberging. Da sprach er: „Hast du die Lieder gelernt?" Ich erwiderte: „Noch nicht." Da sprach er: „Wenn man die Lieder nicht lernt, so hat man nichts zu reden." Da zog ich mich zurück und lernte die Lieder. An einem andern Tag machte er mich in ähnlicher Weise auf die Bedeutung der Riten für die innere Festigung aufmerksam. Was ich gehört habe, sind diese beiden Belehrungen."[31])

Gegen Ende der stillen Zeit in Kungtses Leben wuchs die zweite Jüngergeneration heran, unter der sich die bedeutendsten Namen finden, die dann später auch den Meister auf seinen Wanderzügen begleitet haben.

Sein Ruf breitete sich in dieser Zeit immer mehr aus. Er wurde von weither um Rat gefragt in schwierigen Fragen des rechten Verhaltens. Ja, es scheint nach manchen Sagen, daß ihm auch auf dem Gebiet des Naturwissens große Kenntnisse zugetraut wurden. Es werden mehrere Fälle erzählt, da er in Dingen, über die kein Mensch Bescheid wußte, die merkwürdigsten Auskünfte zu geben vermochte. Doch sei das nur nebenher erwähnt, da es sich nur um Seitengebiete seiner eigentlichen Bestrebungen dabei handelt. Ähnlich wie Goethe auch gewisse kosmische Vorgänge ahnte und diesen Ahnungen gelegentlich Ausdruck gab, so war es auch mit Kungtse. Überhaupt scheint das mystische Element, das man ihm im Unterschied zu Laotse meist ganz abspricht, doch bei ihm viel stärker vorhanden gewesen zu sein, als man denkt. Er hatte nur — ähnlich wie Goethe — die Gewohnheit, derartige innere Erfahrungen durch bescheidene alltägliche Bezeichnungen zu verdecken. Es handelt sich hier um esoterische Gebiete, über die er nicht viel sprach.

Unterdessen entwickelten sich die Verhältnisse in seinem Heimatstaate Lu ganz so, wie er es gelegentlich als historisches Gesetz ausgesprochen hatte: „Wenn der Erdkreis in Ordnung ist, so gehen Kultur und Kunst, Kriege und Strafzüge vom Himmelssohn aus. Ist der Erdkreis nicht in Ordnung, so gehen Kultur und Kunst, Kriege und Strafzüge von den Lehnsfürsten aus. Wenn die Macht von den Lehnsfürsten usurpiert ist, so dauert es selten länger als zehn Geschlechter, ehe sie sie ihrerseits verloren haben an die Adelsgeschlechter ihrer Staaten. Haben die sie erst in Händen, so dauert es selten länger als fünf Generationen, ehe sie dieselbe verloren haben. Wenn die Dienstmannen erst die Macht an sich gerissen, so dauert es selten länger als drei Generationen, ehe sie sie verloren haben."[32])

Demnach war die Zeit der Adelsgeschlechter, die seit vier bis fünf Generationen die Herrschaft an sich gerissen hatten, ihrem Ende nahe. Der Freiherr Ki P'ing Tsï, der den

Fürsten Tschao von Lu verjagt und den Fürsten Ting zum Nachfolger eingesetzt hatte, starb im Jahr 505. Ki Huan Tsï folgte ihm als Haupt der Kifamilie. Er wollte seinen Vater möglichst prächtig mit Nephriten und anderen kostbaren Grabgaben bestatten. Als Kungtse davon hörte, widerriet er es dringend, indem er sagte: „Wenn man einem Toten Edelsteine mit ins Grab gibt, so ist das genau so, als ließe man seine Gebeine auf dem Blachfeld bleichen." Sein Rat wurde befolgt.[33])

Der Wechsel in der Herrschaft führte zum Ausbruch einer Revolution der Dienstmannen der Familie. Unter diesen war der Mächtigste Yang Hu, der durch seine brutale und gewalttätige Art schon immer sich bemerkbar gemacht hatte. Unter den Dienstmannen der Familie Ki war ein andrer mit Namen Tschung Liang Huai, mit dem Yang Hu in Streit geraten war. Mühsam hatte er sich von seinem Freund zurückhalten lassen, seinen Feind Tschung Liang Huai von seiner Herrschaft zu vertreiben. Als dieser aber im Herbst des Jahres 505 aufs neue sich übermütig zeigte, nahm ihn Yang Hu kurzerhand fest. Ki Huan Tsï war über diesen Eingriff in seine Rechte empört. Aber Yang Hu schloß ihn ohne weiteres ein und ließ ihn nur nach Ablegung eines Eides wieder los. Von da an wurde Yang Hu immer unbotmäßiger gegen die Familie Ki, aber auch die Familie Ki entfernte sich immer mehr von dem rechten Wege.[34])

Yang Hu suchte verschiedene Male eine Annäherung an Kungtse herbeizuführen. Er hoffte seine Sache zu stärken, wenn er ihn in seine Dienste nähme. Er bestellte ihn einmal zu sich. Kungtse ging nicht hin. Da sandte ihm Yang Hu ein Schwein als Geschenk. Dadurch war Kungtse gezwungen, einen Dankesbesuch zu machen. Er wählte eine Zeit, als Yang Hu nicht zu Hause war, zu seinem Dankesbesuch. Doch begegnete er ihm auf der Straße. Entgegen allen Regeln und Sitten rief Yang Hu ihn an: „Komm, ich will mit dir sprechen." Dann sprach er: „Wer seinen Schatz im Busen

birgt und seine Heimat dadurch in Verwirrung bringt, ist der
ein guter Mensch zu nennen?" Kungtse verneinte. „Und",
fuhr jener fort, „wer bedacht ist auf öffentliche Anstellung
und doch immer die Gelegenheit versäumt, kann man den
weise nennen?" Kungtse verneinte ebenfalls. „Tage und
Monde eilen, die Jahre warten nicht auf uns." Kungtse sprach:
„Gut, ich werde ein Amt antreten."[35])

502 Yang Hu scheint die Ablehnung verstanden zu haben. Er
machte keine weiteren Versuche, Kungtse für sich zu gewinnen.
Die Ereignisse gingen ihren Weg. Yang Hu zettelte eine
Verschwörung mit Kung-Schan Fu Jao und einigen andern
Unzufriedenen an und erhob sich im Jahre 502 in offenem
Aufruhr. Doch gelang die Vertreibung der Adelsgeschlechter
nicht, da in diesem kritischen Moment die andern beiden
Familien Mong und Schu der Familie Ki zu Hilfe kamen.
Yang Hu und ein andrer Aufrührer flohen über die Grenze
nach Ts'i. Kung-Schan Fu Jao saß in der Stadt Pi, die er
durch Handstreich genommen hatte, isoliert da.[36])

501 Doch war Yang Hu noch immer bedrohlich. Er suchte den
Fürsten von Ts'i zu bewegen, in Lu einzufallen, das er ihm
als sichere Beute verhieß. Als er in Ts'i kein Glück hatte,
wandte er sich der Reihe nach an die Staaten Sung und Tsin,
wo er schließlich bei der Adelsfamilie Tschao aufgenommen
wurde. Als Kungtse das hörte, sagte er, die Familie Tschao
wird sicher in Schwierigkeiten kommen.

Im Staate Lu nahm man die Sache aber nun ernst, und in
seinem einundfünfzigsten Lebensjahre ward Kungtse endlich
mit einer amtlichen Stellung betraut. Zunächst wurde ihm der
Bezirk von Tschung Tu, der mittleren Residenz des Staates Lu,
übertragen. Über seine Wirkung dort sind uns lebhafte Schilderungen erhalten. Er sorgte dafür, daß feste Ordnungen für die
Ernährung der Lebenden und die Bestattung der Toten inne-
gehalten wurden, daß Alte und Junge verschiedenes Essen
hatten, daß Starke und Schwache verschiedene Funktionen
hatten, daß Männer und Frauen auf getrennten Wegseiten

gingen, daß auf den Straßen verlorene Gegenstände nicht weggenommen wurden, daß die Geräte keine falschen Zierate hatten. Die Innensärge waren vier Zoll dick, die Außensärge fünf Zoll. Begräbnisstätten wurden auf abgelegenen Hügeln angelegt. Die Gräber wurden nicht aufgetürmt oder mit Bäumen bepflanzt.

Als er dies ein Jahr lang durchgeführt hatte, richteten sich die Fürsten in der ganzen Nachbarschaft nach seinem Beispiel.

Der Herzog Ting sprach zu Kungtse: „Ließe sich auf die von Euch angewandte Art auch der ganze Staat Lu in Ordnung bringen?" Kungtse erwiderte: „Nicht allein der Staat Lu, sondern die ganze Welt!"[37])

In das folgende Jahr fällt die Fürstenzusammenkunft in Kia Ku (Westschantung). Der Staat Ts'i hatte dem Staate Lu verschiedene Gebiete weggenommen. Jetzt sollte eine Zusammenkunft der Fürsten stattfinden, bei der die Verhältnisse beider Staaten geregelt werden sollten. Dabei ist nicht zu übersehen, daß die Aufrührer Yang Hu und Genossen nach Ts'i geflohen waren. Sie suchten wohl einerseits die Lage in Lu als sehr gefährdet darzustellen, andrerseits den Fürsten von Ts'i zu einem Angriff auf Lu zu bewegen. Es scheint, daß man in der Umgebung des Fürsten von Ts'i die Absicht hatte, bei Gelegenheit dieser Zusammenkunft sich des Fürsten von Lu durch Handstreich zu bemächtigen.

Es wird berichtet, daß der Beamte Li Mi in Ts'i grade mit Beziehung darauf, daß der Gelehrte Kungtse als Begleiter des Fürsten von Lu komme, den Überfall vorgeschlagen habe in der Überzeugung, daß der Theoretiker Kungtse solchen vollendeten Tatsachen wehrlos gegenüberstehe.

Obwohl nur Stadtgouverneur, wurde Kungtse zum Begleiter des Fürsten von Lu auserschen und ihm zu diesem Zweck Ministerrang verliehen. Er riet dem Fürsten dringend, nicht ohne militärische Bedeckung zu der Zusammenkunft zu gehen.

Kia Ku war abseits von der Hauptstadt von Ts'i, ein abgelegener Grenzort. Die Zusammenkunft war notdürftig vorbereitet. Die Herrscher saßen auf einer Terrasse einander gegenüber, das Gefolge stand unten an den Stufen. Da kamen auf einen Wink des Fürsten von Ts'i die barbarischen Krieger des Lai-Stammes, der als Rest der Ureinwohner in jener Gegend sich noch erhalten hatte, heran. Sie machten eine schreckliche Musik. Es war zweifelhaft, ob es ein Schauspiel oder ein Überfall war. Aber ehe sich das Weitere entwickeln konnte, sprang Kungtse unter Mißachtung des Hofzeremoniells auf die Terrasse und verlangte energisch vom Fürsten von Ts'i, daß er die diplomatischen Verhandlungen nicht durch ein Waffengetümmel von Wilden stören lasse. Der Fürst von Ts'i, der Kungtse ja von früher her persönlich kannte, war durch diese offene Aufforderung in eine schiefe Lage versetzt. Eine Überrumpelung aus halbem Mißverständnis war jetzt nicht mehr möglich. Entweder mußte er offen zu brutaler Gewalt übergehen, oder er mußte die Sache rückgängig machen. Nicht ohne persönlich in Verlegenheit zu geraten, entschloß er sich zum letzteren.

Der Staatsvertrag wurde aufgezeichnet. Ts'i verlangte, daß Lu sich zur Heeresfolge verpflichte. Kungtse setzte einen Satz hinein, nach dem die von Ts'i annektierten Gebiete zurückgegeben werden sollten. Das wurde bewilligt, offenbar aus einer gewissen Unsicherheit, da man durch das energische Auftreten Kungtses aus dem Gleichgewicht gekommen war.

Zum Schluß schlug der Fürst von Ts'i noch ein gemeinsames Mahl vor. Kungtse lehnte ab, da ein förmliches Gastmahl, wie es unter Fürsten in gegenseitiger Bewirtung üblich sei, sich in der abgelegenen Gegend nicht veranstalten lasse, ein formloses Essen aber keine Ehrung bedeute. Als auch dies mißlungen war, sandte man Tänzer und Tänzerinnen, um durch sie dem Fürsten von Lu vor seinem Zelt ein Vergnügen zu bereiten. Kungtse durchschaute auch diesen Versuch und ließ das Ballett durch Waffengewalt vertreiben.

So endete die Zusammenkunft in Kia Ku mit einem vollen Erfolg Kungtses, der bei dieser Gelegenheit bewiesen hatte, daß er auch im unmittelbaren praktischen Leben Bescheid wußte und mit raschem Blick das Rechte erkannte.³⁸) Tatsächlich gab infolge der Zusammenkunft der Herzog von Ts'i eine ganze Anzahl von strittigen Gebieten an Lu zurück.

Im nächsten Jahre wurde Kungtse zum Minister der öffentlichen Arbeiten ernannt. Es wird berichtet, daß er Untersuchungen habe anstellen lassen über die Beschaffenheit der verschiedenen Bodenarten, so daß alle Gewächse ihre richtige Lage und Bodenart gefunden haben. Diese Stellung war jedoch nur ein Übergang zu der wichtigeren eines Justizministers (Sï K'ou), die ihm im nächsten Jahr übertragen wurde.

Als Justizminister hatte er nicht nur für die Handhabung der Rechtspflege im engeren Sinn, sondern auch für die gesamte Verwaltungsführung zu sorgen. Es war das verantwortlichste Amt im Staate und stand im Rang unmittelbar unter den drei fürstlichen Adelsgeschlechtern. Die Erzählungen über seine Tätigkeit und ihre Erfolge sind in den verschiedenen Quellen sagenhaft ausgeschmückt. Es wird erzählt, daß er im Lauf von drei Monaten die öffentlichen Zustände in Ordnung gebracht habe, Gesetze zwar erlassen, aber nicht nötig gehabt habe, die in diesen Gesetzen angedrohten Strafen anzuwenden, weil das Volk von selber sich an die guten Sitten gehalten habe, die durch seinen Einfluß zur Herrschaft gekommen seien.

Manche dieser Geschichten geben einen deutlichen Einblick in sein Wesen und verdienen daher wohl, berichtet zu werden.

Als er das Amt des Justizministers übertragen bekommen habe, sei in seinen Mienen die Freude darüber sichtbar gewesen. Tsï Lu, der gerade und unkomplizierte Jünger, stellt ihn darüber zur Rede: „Ich habe gehört, der Edle fürchtet sich nicht, wenn ihm das Unheil naht, er freut sich nicht, wenn ihm ein Glück widerfährt. Wie kommt es, Meister, daß Ihr Euch so erfreut zeigt über die Ehre, die Euch widerfahren ist?" Meister K'ung sprach: „Du hast ganz recht, aber heißt es nicht auch, daß man in hoher Stellung sich freuen soll, den andern dienen zu können?"

Ziemlich zu Beginn seiner Amtstätigkeit kam ein Vater, der seinen Sohn verklagte. Kungtse ließ sie beide festnehmen und kümmerte sich nicht weiter um die Angelegenheit, bis nach drei Monaten der Vater seine Klage zurücknahm, worauf er sie beide entließ.

Prinz Ki hörte es und war unzufrieden. „Der Justizminister", sagte er, „hat mich zum besten. Erst sagte er, in Staat und Familie sei die Kindesehrfurcht das Allerwichtigste. Hätte er nicht gut daran getan, dadurch, daß er ein Beispiel aufstellte und diesen pietätlosen Sohn hinrichten ließ, das Volk in der Kindesehrfurcht zu belehren? Was soll es, daß er ihn nun ungestraft laufen läßt?" Der Jünger Yän Yu, der im Dienst des Prinzen stand, hinterbrachte es dem Meister. Der seufzte tief und sprach: „Wenn die Oberen vom rechten Weg gewichen sind und töten dann die Untertanen, das ist nicht recht. Wenn man sie noch nicht unterwiesen hat in der Ehrfurcht und ihnen den Prozeß macht, das heißt Unschuldige töten. Wenn die ganze Armee des Staates geschlagen worden ist, kann man nicht die Soldaten alle enthaupten. Ehe Rechte und Gesetze in Ordnung sind, kann man nicht mit Strafen einschreiten. Warum? Wenn die Oberen die Pflicht der Belehrung versäumen, so liegt die Schuld nicht beim Volk. Lässig sein in den Satzungen und eifrig sein im Bestrafen, das ist Räuberart. Abgaben zu erheben, ohne die Zeit zu berücksichtigen, ist Hast. Ohne vorher es versucht zu haben, die Werke vollendet sehen zu wollen, ist Grausamkeit. Wenn man diese drei Dinge vermieden hat, dann erst hat man ein Recht, zu Strafen zu greifen. Im Buch der Urkunden heißt es: „Der Gerechtigkeit entsprechend sollst du strafen, der Gerechtigkeit entsprechend sollst du töten, nicht darfst du dich nach deiner Neigung richten. Man muß stets denken: vielleicht sind die Leute noch nicht gewarnt." Das heißt: Erst wenn man das Volk belehrt hat, darf man strafen.

Erst muß man Gesetz und Tugend den Leuten vor Augen stellen, um sie anzuspornen. Hilft das nichts, so muß man (die Untüchtigen) auf die Seite setzen. Hilft das nichts, so mag man durch Schrecken einschüchtern. Wenn man so drei Jahre lang gearbeitet hat, ist das Volk in Ordnung. Wenn dann noch widerspenstige Leute darunter sind, die sich diesem Einfluß nicht fügen, die mag man mit Strafen behandeln, so werden alle Leute die Schuld einsehen. Im Buch der Lieder heißt es:

„Dem Herrn der Erde helfen,
Daß unser Volk nicht irre."

Darum: man mag durch Strenge einschüchtern, ohne sie auszuprobieren, man mag die Strafen bereit haben, ohne sie anzuwenden.

Aber in unsrer Zeit ist es nicht also. Man ist fahrlässig im Belehren und häuft die Strafen. Das heißt die Leute verwirren und ihnen Fallen stellen. Und dann verfolgt man sie hinterher mit Zwangsmaßregeln. Darum häufen sich die Strafen immer mehr, und mit den Räubern wird man doch nicht fertig."[39])

Wie wenig willkürlich Kungtse bei der Handhabung der Gerichtsbarkeit vorging, zeigt sich darin, daß er in wichtigen Fällen stets die verschiedenen Beamten versammelte und nach Besprechung der Angelegenheit von ihnen Vorschläge für die Erledigung verlangte. Dem besten Vorschlag pflegte er sich in seiner Entscheidung anzuschließen.

Im allgemeinen suchte er die Regierungsweise dadurch in seinem Geist zu beeinflussen, daß er seine Jünger mit der Verwaltung verschiedener wichtiger Posten betraute. Besonders erfahren wir, daß im Dienst der Familie Ki sich mehrere seiner Jünger befanden. Eine Anekdote[40]) über die Art, wie er die Amtsverhältnisse auffaßte, berichtet, wie er den Yüan Sï mit der Verwaltung einer Stadt betraut hatte und ihm die üblichen Einkünfte an Getreide gegeben habe. Yüan Sï habe aus Idealismus abgelehnt. Aber der Meister habe darauf erwidert: „Du kannst es ja an arme Freunde oder Gemeindegenossen verteilen."

Wie wenig es sich dabei um Nepotismus handelte, beweist eine andre Anekdote. Einen seiner Jünger sandte er in einer politischen Mission nach dem Staate Ts'i. Sein Mitjünger Jan ergriff die Gelegenheit, den Meister um Getreide für die in Lu zurückbleibende Mutter des Abgereisten zu bitten. Der Meister sprach: „Gib ihr sechs Scheffel." Das schien dem Jan zu wenig, da bewilligte der Meister 16 Scheffel. Der Schüler war damit nicht zufrieden und ließ der Mutter auf eigne Verantwortung achthundert Scheffel aus den staatlichen Getreidespeichern geben. Als der Meister davon hörte, wurde er ungehalten und sagte: „Der Abreisende hat in seinem Gefährt und seiner Kleidung einen auffallenden Luxus zur Schau getragen; es ist die Pflicht des höheren Menschen, Bedürftige zu unterstützen, nicht aber den Luxus der Reichen noch zu mehren."

Auch sonst werden noch eine ganze Reihe von Jüngern genannt, die damals in öffentlichen Diensten gestanden haben. Er hatte damit eine ganz bestimmte Absicht. Auf diese Weise nämlich wollte er die Verhältnisse in Lu allmählich wieder in gesetzmäßige Bahnen zurückführen.

Die Familie Ki hatte seinerzeit den Fürsten Tschao vertrieben (517), und noch nach seinem Tod wurde er nicht voll anerkannt, sondern der Prinz Ki hatte ihn südlich von der Gräberstraße beerdigen lassen, so daß er von den übrigen Fürsten abseits lag. Kungtse zog einen Graben, durch den das Grab in den Bereich des allgemeinen fürstlichen Bestattungsfeldes einbezogen wurde. Fein ist die Erklärung, die er dem Sohne des Prinzen Ki darüber gibt: „Einen Fürsten zu brandmarken, um seine eigenen Fehler dadurch zu entschuldigen, ist nicht in der Ordnung. Nun habe ich das Grab des Fürsten mit den andern wieder vereinigt und so den Vorwurf von Eurem Vater genommen, daß er nicht als treuer Diener seines Herrn gehandelt hat." [41])

Eine besondere Schwierigkeit bildeten die unbotmäßigen Adelsgeschlechter, die alle ihre festen Städte hatten, in denen sie hausten, und von denen aus sie jederzeit dem Fürsten Schwierigkeiten machen konnten. Was Kungtse bei seinen Bestrebungen, diesen ungesetzlichen Zuständen ein Ende zu machen, zugute kam, war, daß die Hauptleute jener Städte ihrerseits wieder sich gegen die Adelsgeschlechter dann und wann empörten. So benutzte Kungtse die Gelegenheit, um die Mauern der unbotmäßigen Städte niederzulegen. Sein Jünger Tsi Lu war damals im Dienst der Familie Ki. So konnte er eine Gelegenheit benutzen, um die Mauern der festen Städte der Adelsgeschlechter niederzulegen. Die Familie Ki war damit einverstanden, weil sie durch Unterbeamte, die sich in ihrer befestigten Stadt Pi festgesetzt hatten, selbst gelegentlich bedroht worden war. So gelang es, die Stadt der Familie Schu ihrer Mauern zu entledigen, und auch die Familie Ki war einverstanden, daß die Mauern der Stadt Pi geschleift wurden. Hier stieß man jedoch auf Widerstand, da ein Mann namens Kung-Schan Pu-Niu die Bewohner von Pi zu einer Revolte veranlaßte, bei der es auf Gefangennahme des Fürsten und der Prinzen abgesehen war. Sie mußten sich in ein Kastell innerhalb der Stadt zurückziehen und wurden auch dort noch angegriffen. Es war den energischen Eingriffen Kungtses zu verdanken, daß die Angreifer schließlich in die Flucht geschlagen wurden und sich daraufhin nach Ts'i flüchteten. Die Mauern von Pi konnten nunmehr niedergelegt werden. Als es nun aber auch an die Stadt Tsch'ong der Familie Mong gehen sollte, da erhob ein hoher Würdenträger Einspruch. Einerseits, so führte er aus, sei Tsch'ong als Grenzfeste zur Verteidigung gegen den Staat Ts'i unentbehrlich, und andrerseits bedeute eine Niederlegung der Mauern von Tsch'ong für das Geschlecht Mong den Untergang. So weigerte sich die Familie, die Mauern niederzulegen. Im Winter des Jahres machte der Fürst einen Versuch, die Stadt Tsch'ong zu belagern. Jedoch ohne Erfolg. Tsch'ong blieb befestigt.[48])

Hier begannen sich Grenzen des Einflusses Kungtses zu

zeigen, die in der Eifersucht der großen Geschlechter ihren Sitz hatten, denen der Fürst nicht energisch entgegenzutreten wagte.

Schon vorher war manches vorgekommen, das die Stellung des Meisters erschwert hatte. Der Prinz Ki ließ ihn einst bei einer Audienz recht deutlich seine Mißstimmung sehen. Als er darauf doch wieder hin ging, widersprach ihm sein Jünger Tsai Yü: „Früher hörte ich Euch sagen, Meister, daß, wenn Fürsten und Könige Euch nicht auffordern, Ihr nicht hingehet. Nun habt Ihr Euch in Eurem Amt schon manche Zurücksetzung gefallen lassen müssen. Wäre es da nicht besser, Schluß zu machen?" Kungtse erwiderte: „In Lu tyrannisieren sich die Parteien und bekämpfen einander mit Waffengewalt. Wenn die verantwortlichen Beamten nicht ihre Pflicht tun, so gibt es sicher Verwirrung. Darin liegt doch die stärkste Aufforderung, nicht nachzulassen."

Schließlich aber kam doch, was kommen mußte. Das Tragische im Schicksal der großen Menschen ist, daß sie schließlich von der Masse nicht mehr ausgehalten werden. Einerlei, wie segensvoll ihr Einfluß ist: ihr Licht ist so stark, daß die Gemeinen ganz ohne ihr Zutun in Schatten gestellt werden. Darum kommt die Gegenwirkung. Die Feinde finden sich auf die wunderbarste Weise. Sie vergessen ihre einander widerstreitenden Interessen und finden sich in unmittelbarem Verständnis. Der große Mann muß vernichtet werden. Dann erst hat sich die Welt wieder hergestellt. Es gehört zur Weisheit Kungtses, daß er diesen tragischen Widerstand, der zum sinnlosesten und verderblichsten in der Weltgeschichte gehört, nach Kräften durch weise Zurückhaltung zu vermeiden wußte. Aber wer wirkt, erzeugt Gegenwirkungen, und je höher das Wirken, desto gemeiner diese Gegenwirkungen. So ist denn grade Kungtse an der denkbar lächerlichsten Gemeinheit seiner Gegner zu Fall gekommen.

Im Nachbarstaate Ts'i war man aufmerksam geworden. Man fürchtete, daß Lu infolge der musterhaften Regierung des Kungtse die Vorherrschaft im Reich erlangen werde. Da man sich diese Vorherrschaft nicht anders vorstellen konnte, als daß zunächst die Nachbarstaaten annektiert würden, so wollte man dem rechtzeitig entgegenwirken. Man mußte den Fürsten mit seinem Minister entzweien. Welches Mittel dazu geeignet sei, dazu kannte man den Geschmack des Fürsten genügend. Man wählte also achtzig der schönsten Mädchen aus, bekleidete sie mit prächtigen Gewändern und ließ sie die verführerischsten Tänze einüben. Die sandte man mit dreißig Gespannen ausgesucht schöner Pferde als Geschenk an den Hof des Nachbarstaates.

Der Fürst ließ Musikantinnen und Pferde vor dem Haupttor der Stadt unterbringen. Prinz Ki ging zunächst inkognito ein paarmal hin, um sich die Schätze zu besehen. Dann nahm er sie an und führte den Fürsten in festlichem Zuge hinaus.

Der ganze Tag verging unter Lustbarkeiten, und die Amtsgeschäfte blieben liegen.

Tsï Lu sprach: „Nun ist es Zeit zum Gehen, Meister!" Aber Kungtse hoffte noch immer, eine Möglichkeit zum Bleiben zu finden. Er sprach: „Das Winteropfer ist nahe. Wenn da den Würdenträgern die gebührenden Opferanteile gesandt werden, so habe ich noch eine Möglichkeit, zu bleiben."

Aber selbst diese Hoffnung erfüllte sich nicht. Drei Tage lang wurde kein Hof gehalten, und beim Winterfest bekamen die Würdenträger ihre Opferanteile nicht. Darauf ging Kungtse weg. In taktvoller Rücksicht nahm er dabei den Fehler auf sich. Ohne die Feierkleider abzulegen oder sich zu verabschieden, ging er von Hofe fort. Er suchte damit den Anschein zu erwecken, als fühlte er sich beleidigt wegen der Zurücksetzung anläßlich des Opferfestes.

Kundige verstanden ihn aber schon damals. Er übernachtete in der Vorstadt Tun. Der Musikmeister I gab ihm das Geleit und sprach: „Meister, Ihr seid frei von Schuld." Der Meister habe darauf seinen Gefühlen Ausdruck verliehen in einem Lied:

O dieser Weiber Singen
Hat mich von hier vertrieben,
O dieser Weiber Kommen
Bringt Tod und Untergang!
O weh! O wandern
Bis an des Lebens Ende!

Der Prinz Ki Huan Tsï, dem die Sache hinterbracht wurde, sprach seufzend: „Ja, der Meister macht mich zum Schuldigen. Das macht die Schar der Weiber!.."

Mongtse spricht über die Art, wie Kungtse Lu verließ, zögernd und unwillig, und schließlich noch mit Absicht sich selbst ins Unrecht setzend: „Das ist die Art, wie man von seinem Heimatlande scheidet", fügte er hinzu.

Ein andres Lied ist noch vorhanden, in dem Kungtse den Prinzen Ki mit dem Schildkrötenberg verglichen habe, der ihm die Aussicht ins Heimatland verdeckte:

„Möcht' die Heimat scheidend sehen,
Berggestrüpp deckt sie mir zu,
Keine Axt, kein Beil, ach, hab' ich,
Berggestrüpp, bist stärker, du!"

Nicht häufig werden Lieder erwähnt, die der Meister gedichtet. Aber immer sind es Wendepunkte seines Lebens, pathetische Momente, in denen das Schicksal eingriff mit rauher Hand, und in denen sein fühlendes Herz sich krampfte und Erleichterung suchte im Liede.[43])

Kungtse begab sich nun zunächst nach dem Staate We, der südwestlich von seinem Heimatstaat gelegen war. Anlaß dazu mochte wohl eine Einladung geben, die vom Schwager des Schülers Tsï Lu an den Meister ergangen war. Dieser Schwager hatte die Hoffnung ausgesprochen, daß der Meister, wenn er bei ihm wohne, sicher eine maßgebende Stellung im Staate bekommen werde.

Es ist uns ein merkwürdiges Erlebnis auf dieser Reise überliefert. Der Grenzwart von I habe sich beim Meister melden lassen mit dem Hinzufügen, daß er es als sein besonderes

Glück schätze, bedeutende Männer, die durch sein Gebiet kommen, persönlich begrüßen zu dürfen. Er bekam offenbar einen sehr tiefen Eindruck. Denn beim Scheiden sagte er zu den Jüngern: „Was seid ihr betrübt, meine Herren, über den Verlust? Lang ist es her, daß keine Wahrheit mehr auf Erden herrscht. Da will der Himmel nun euren Meister benutzen als Glocke der Wahrheit."

In We herrschte damals seit achtunddreißig Jahren der 496 Herzog, der später mit dem Beinamen Ling kanonisiert wurde. Er interessierte sich für den berühmten Gast, ließ fragen, wieviel er Einkommen in Lu bezogen habe und ließ ihm sofort denselben Betrag anweisen.⁴⁴) Dennoch war der Aufenthalt nicht von Dauer. Der Tempelname Ling deutet in der Regel darauf hin, daß die Fürsten, denen er nach ihrem Tode beigelegt wurde, sich durch einen üppigen Lebenswandel berüchtigt gemacht hatten. Der Fürst von We, der damals auf dem Throne saß, war ganz von dieser Art, so daß es nicht wundernehmen darf, wenn Kungtse sich nicht wohl dort fühlte.

Es kommt nun eine Zeit voll von Mühen und Bedrängnissen im Leben des Meisters. Selbstverständlich ist es nicht möglich, die verschiedenen Reisezüge, die in den vorhandenen Quellen verschieden aneinander gereiht sind, bis ins einzelne genau chronologisch richtig zu stellen. Der Gesamteindruck des heimatlosen Umherirrens verliert jedoch dadurch nichts von seiner Tragik.

Als der Meister We verlassen hatte, geriet er in dem Gebiet von P'u mitten in Zustände politischer Wirren hinein. Ein Mann namens Kung-Schu hatte sich an der Spitze des Gebietes von P'u im Aufruhr erhoben. Dieser Aufruhr richtete sich eben gegen We. Da nun Kungtse gerade von We kam, wurde er aufgehalten, weil die Aufrührer ihn fürchteten. Unter den Schülern, die ihm damals folgten, war jedoch Kung Liang Ju, der fünf Wagen bei sich hatte. Es war ein starker und tüchtiger Mann. Als der die Verlegenheit des Meisters sah, da hielt er sich nicht zurück. „Ich will lieber im Kampfe fallen", sprach er und griff die Leute von P'u an. Diese gerieten in Furcht und zeigten sich zu Verhandlungen mit Kungtse bereit. Er mußte schwören, nicht nach We zurückzukehren. Dann ließen sie ihn frei. Kungtse ging unmittelbar darauf nach We zurück. Der Schüler Tsï Kung fragte darauf: „Darf man einen Eid übertreten?" Der Meister sprach: „Es war ein erzwungener Eid, den hören die Götter nicht."

Diese Haltung Kungtses einem geleisteten Eid gegenüber ist vielfach angefochten worden, und namentlich von christlicher Seite aus hat man Kungtse daraus den schweren Vorwurf der Unwahrhaftigkeit gemacht. Daß es sich nicht um Unwahrhaftigkeit handeln kann, ist ohne weiteres klar; denn die Handlung Kungtses in diesem Fall zeigt eine vollbewußte, klare Entschlossenheit. Sein Standpunkt ist der, daß die Leute von P'u, die ihn widerrechtlich festhielten, überhaupt kein Recht auf Wahrheit von seiner Seite hatten. Wahrheit ist vielmehr ein Gut, das nur in einem Verhältnis gegenseitigen Vertrauens gewährt und empfangen werden kann. Den Standpunkt der Feindesliebe weist Kungtse bewußt ab. Höher als ein ideologisches, rein formales Wahrheitsideal steht eben der klare und auf den Tatsachen beruhende Begriff der Gerechtigkeit. Dieser Gerechtigkeit widerspricht es, wenn ein Mensch dadurch, daß er sich in unberechtigter Weise in den Besitz der Gewalt setzt, auf Grund davon auch noch die inneren Entschließungen seiner Opfer zu beeinflussen das Recht haben sollte. Kungtse wahrt sich die unbedingte innere Freiheit gegenüber dem Versuch der Erpressung in voller Bewußtheit. Eine Beurteilung dieser ganz konsequenten und damit auch gerechtfertigten Handlungsweise von ganz anders gearteten Maßstäben eines späteren Ideals aus muß daher notwendig schief ausfallen. Es handelt sich für uns nur darum, Kungtse in seinem Handeln zu verstehen, nicht ihn zu beurteilen.

Der Fürst von We empfing ihn bei seiner Rückkehr und erkundigte sich über die Verhältnisse in P'u. Er fragte, ob es möglich sei, das Gebiet durch Waffengewalt zu unterwerfen. Kungtse riet entschieden zu. Als der Fürst den Einwand machte, daß das Gebiet die mächtigen Staaten Tsin und Tsch'u hinter sich habe, zeigt Kungtse die psychologischen Gründe, aus denen eine kriegerische Unternehmung gelingen müsse. Der Fürst stimmte den Worten Kungtses zu, aber schließlich unternahm er doch nichts.

Die unwürdigen Verhältnisse, die der Meister über sich ergehen lassen mußte, waren noch nicht zu Ende. Die Fürstin von We, die berüchtigte Nantsï, war eine Frau, die sich ebenso sehr durch ihren unsittlichen Lebenswandel als durch ihre Intelligenz auszeichnete. Sie konnte es nicht über sich bringen, daß der berühmte Mann sich nicht mit ihr irgendwie abgeben sollte. Sie sandte ihm einen Boten und ließ ihm sagen, daß die großen Männer, die mit dem Fürsten Verkehr pflegen, auch mit ihr sich zu besprechen nicht zu verschmähen gewohnt seien. Der Meister wollte dankend ablehnen. Aber er kam so leichten Kaufes nicht davon. Er konnte sich einer Audienz nicht entziehen. Immerhin scheint alles in bester Ordnung vor sich gegangen zu sein. Die Fürstin saß hinter einem Vorhang. Der Meister verneigte sich nach Norden zu, wie das das Hofzeremoniell verlangte, und die Fürstin erwiderte zum Vorhang heraus den Gruß, wobei ihr Gürtelschmuck aus Jade einen klirrenden Ton gab.

Kein Wunder, daß der Jünger Tsï Lu nicht einverstanden war. Der Meister aber schwor und sprach: „Habe ich unrecht gehandelt, so möge der Himmel mich strafen." [45]

In dieselbe Zeit[46] fällt auch die Begegnung mit dem tüchtigen, aber ehrgeizigen Minister Wang-Sun Kia. Als Kungtse von der Audienz bei der Nantsï kam, sprach er zu ihm: „Was ist der Sinn des Sprichworts: „Man macht sich eher an den Herdgeist als an den Geist des inneren Hauses?" Der Meister sprach: „Nicht also; sondern wer gegen den Himmel sündigt, hat niemand, zu dem er beten kann." Wang-Sun Kia vermutete wohl, daß Kungtse durch den Einfluß der Nantsï ein

Amt erhalten wollte und deutete ihm an, daß der Weg über ihn, den Minister, der bessere sei. Der „Geist des Hauses" deutet auf Nantsï, der „Herdgeist" auf ihn selbst. Der Weise aber schneidet alle diese Beziehungen, die der Frager im Sinn hat, ab mit dem Hinweis auf die sittliche Verantwortung, die der Mensch dem höchsten Wesen gegenüber hat.

Dennoch dauerte auch diesmal der Aufenthalt in We kaum über einen Monat. Bei einer Spazierfahrt kam der Konflikt zum Ausbruch. Der Fürst fuhr mit der schönen Frau voraus, und der Meister wurde in den zweiten Wagen verwiesen, so daß auf dem Markt Spottlieder gesungen wurden über die Schönheit, die vorausfährt, und die Weisheit, die hinterdrein kommt. Der Meister sprach: „Ich habe noch niemand gesehen, der den geistigen Wert so liebte wie ein hübsches Gesicht." Er verließ We zum zweitenmal.

In K'uang hatte er darauf eine erneute Lebensgefahr zu bestehen. Jener Yang Hu, der als Aufrührer in Lu eine gewisse Rolle gespielt hatte, war auch der Erbfeind der Leute von K'uang. Kungtse glich ihm an Gestalt. Zudem hatte er einen Schüler bei sich, der, als sie durch die Stadt kamen, die unvorsichtige Äußerung tat: „Durch jene Bresche drang ich damals ein." Umstehende hörten es. Man war der Meinung, den lang gehaßten Feind Yang Hu nun endlich in die Hand bekommen zu haben. Er wurde eingesperrt. Seine Jünger waren zum Teil zersprengt worden. Nach fünf Tagen kam Yän Hui, der Lieblingsjünger, an. „Ich dachte schon, du seist tot", rief ihm der Meister entgegen. „Solange Ihr lebt, Meister, darf ich nicht wagen, zu sterben", war die Antwort. Die rührende Anhänglichkeit des Jüngers spricht aus diesen Worten. Freilich: es sollte doch anders kommen, als er damals meinte. Er ist dem Meister schließlich doch im Tod vorangegangen und hat ihm in seinem Alter noch den bittersten Schmerz bereitet; denn Yän Hui war der Mensch gewesen, der den Meister am besten verstanden hatte.

Die Leute von K'uang aber bewachten den Meister immer

schärfer, so daß seine Jünger in Furcht gerieten. Er selbst blieb groß und ruhig: „Ist nicht seit König Wens Tod die Kultur mir anvertraut? Wenn der Himmel diese Kultur vernichten wollte, so hätte ich, ein später Sterblicher, diese Kultur nicht erreicht. Wenn aber der Himmel diese Kultur nicht vernichten will, was können die Leute von K'uang mir da anhaben?"

Tsï Lu wollte mit den Angreifern kämpfen. Aber der Meister hielt ihn zurück: wie könnte ein Mann, der sich mit Liebe und Pflicht abgibt, es machen wie alle andern? „Wenn ich Lieder und Urkunden nicht erkläre, Sitten und Musik nicht mit euch übe, so ist das mein Fehler. Wenn ich aber die Lehren der alten Könige und die Liebe zum Altertum verkündige und ins Unglück komme, so ist das nicht mein Fehler, sondern Schicksal. Singe, ich will dich begleiten!" Darauf spielte Tsï Lu die Zither und sang. Kungtse begleitete ihn. Als sie drei Strophen gesungen hatten, da öffneten die Leute von K'uang ihre Reihen und ließen sie gehen.

Diese Erzählung gibt als Grund für die Befreiung den Gesang des Meisters mit seinen Schülern an. Daran erkannten die Leute von K'uang ihren Irrtum; denn es war klar, daß Yang Hu sich in diesem Falle nicht so benommen hätte.

Von K'uang kam er nach Tschong. Dort verloren er und die Jünger einander, und Kungtse stand einsam am Osttor. Ein Mann von Tschong sprach zu Tsï Kung: „Am Osttor steht ein Mann, seine Stirn gleicht Yao, sein Hals gleicht Kao Yao, seine Schultern gleichen Tsï Tsch'an, aber von den Hüften abwärts ist er drei Zoll kleiner als Yü. Der steht da ganz verlassen wie ein Hund, der seine Heimat verloren hat." Tsï Kung erzählte dem Meister diese Worte. Der lachte vergnügt und sprach: „Von der Gestalt wollen wir nicht reden, aber daß er gesagt hat, ich sehe aus wie ein Hund, der die Heimat verloren, das stimmt! das stimmt!"

Solche Anekdoten zeigen, daß auch in diesen trostlosen Zeiten der Meister seinen Humor zu wahren wußte. Aber die

Lage war damals wirklich verzweifelt. Unstät und flüchtig wurde er vom Schicksal von Ort zu Ort getrieben.

Er wandte sich nach Tsch'en. Aber auch dort war seines Bleibens nicht, denn dort herrschten gerade unruhige Zustände. Der Staat Wu hatte Tsch'en angegriffen, und die dauernden Einfälle gaben dem Fürsten von Tsch'en anderes zu tun, als sich mit den Lehren des Meisters abzugeben. So kehrte er denn nach We zurück. Wie zuvor, wurde er auch diesmal aufs freundlichste empfangen. Der Fürst Ling ging bis auf den Anger vor der Hauptstadt ihm entgegen. Aber er war zu alt und kümmerte sich nicht mehr um die Regierung. Da sprach der Meister seufzend: „Ach, wollte doch jemand auf mich hören, nach Jahr und Tag schon sollte etwas erreicht sein, und in drei Jahren wären wir fertig." [47]) Aber es war vergebens. Abermals mußte er weiter.

Da traf es sich, daß eine Einladung[48]) von dem berühmten Staatsmann Tschao Kiän Tsï aus Tsin an ihn erging. Er machte sich auf den Weg nach Westen. Aber als er an den gelben Fluß kam, hörte er, daß zwei tüchtige und wertvolle Minister von Tschao Kiän Tsï getötet worden waren. Da sei er an das Ufer des Stromes getreten und habe gesagt: „Wie schön ist das Wasser und wie machtvoll seine Strömung; daß ich nicht hinüber komme, ist Schicksal." Tsï Kung eilte erschrocken herbei und fragte, was er damit meine. Der Meister sprach: „Die beiden getöteten Minister waren die tüchtigsten Männer in Tsin. Als Tschao Kiän Tsï noch nicht sein Ziel erreicht hatte, da bediente er sich dieser beiden, um zur Macht zu gelangen. Nun er sein Ziel erreicht hat, tötet er sie. Ich habe gehört, wo man trächtiges Wild schießt und die Jungen tötet, da kommt das Kilin nicht hin. Wo man die Teiche abläßt, um zu fischen, da halten sich Drachen fern. Wo man die Nester ausnimmt und die Eier zerschlägt, da naht sich der Phönix nicht. Warum? Alles Edle vermeidet das Leiden von seinesgleichen. Wenn nun selbst Tiere ungerechten Zuständen auszuweichen wissen, wie sollte ich es anders machen!"

Darauf kehrte er um und machte ein Lied:
>
> Der Herbstwind wütet
> Und peitscht die Wellen.
> Schiff und Ruder
> Am Felsen zerschellen.
> Kehr heim, kehr heim,
> Was willst du hier!

Auch hier bezeichnet das Lied, das dem Meister zugeschrieben wird, wieder einen Wendepunkt seines Lebens. Er kehrte von seiner ersten Reise in die Heimat zurück und hielt sich dort über zwei Jahre lang in der Zurückgezogenheit auf. 495 - 494

Es werden aus dieser Zeit des Aufenthaltes in Lu verschiedene Geschichten erzählt, die als Beleg für das außerordentliche[49]) Wissen des Meisters dienen sollen. So soll er an der Steinspitze des Pfeils, den ein Vogel, der sterbend zu Boden fiel, in sich trug, dessen Herkunft erkannt haben. Ein andermal wird er über Funde von Fossilien befragt. Alle diese Dinge, deren Legende sich schon ziemlich früh zu bilden begann, sind für das Leben Kungtses ohne Bedeutung; sie sind eher geeignet, sein Bild zu verzerren, ungefähr wie wenn man das Bild eines Propheten zeichnen wollte dadurch, daß man einen Wahrsager schildert.

Aber auch dieser Heimataufenthalt des Meisters war nicht von langer Dauer. Die Gründe, die ihn bewogen, seine Heimat aufs neue zu verlassen, sind nicht bekannt. Nur wird bei Tschuangtse gelegentlich erwähnt, daß Kungtse zweimal aus Lu vertrieben worden sei. Ob die zweite Vertreibung sich auf diese Zeit bezieht, oder ob das Verlassen von Lu anläßlich der Vertreibung des alten Fürsten Tschao als erste Vertreibung gerechnet wird, steht nicht fest. Jedenfalls ist anzunehmen, daß er Gründe hatte dafür, daß er aufs neue den Wanderstab ergriff. Vielleicht hängt seine Abreise mit dem Thronwechsel in Lu zusammen. Im Jahr 494 starb der Fürst Ting, und an seine Stelle kam Fürst Ai auf den Thron.

Die zweite Reiseperiode verläuft in vielen Punkten ähnlich 493—48 wie die erste, so daß es oft den Anschein hat, als sei die Darstellung mancher dieser Reiseerlebnisse einander nachträglich angeglichen worden. Immerhin: die Tatsachen als solche sind alle gut bezeugt.

493 Der Weg führte zunächst wieder nach We. Dort lebte der alte Fürst Ling noch. Aber er war offenbar in seiner ganzen Art noch zerfahrener und seniler geworden als zuvor. Er fragte den Meister über militärische Schlachtordnung. Kungtse erwiderte: „Was die Angelegenheiten der Opferschalen und Opferplatten anlangt, so habe ich davon Erfahrung. Über Heeres- und Truppenangelegenheiten aber weiß ich nichts."[50]
Am andern Tage fand eine weitere Besprechung statt. Aber der alte Fürst war nicht mehr bei der Sache. Während Kungtse sprach, sah er einer vorbeifliegenden Wildgans nach und hörte nur zerstreut auf die Reden Kungtses. Der Meister verließ darauf We.[51] Der Grund, warum der alte Fürst auf einmal über militärische Angelegenheiten fragte, hängt mit Thronfolgestreitigkeiten zusammen. Die Gattin des Fürsten Ling, die oben erwähnte Nantsï, hatte nämlich ihren Halbbruder, den Prinzen Tschao von Sung, mit ins Land gebracht und einen anstößigen Lebenswandel geführt. Der Kronprinz, empört darüber, wollte die Nantsï ermorden lassen. Diese erfuhr den Anschlag und sorgte dafür, daß der Kronprinz abgesetzt und außer Landes gejagt wurde. Als der alte Ling seinen Tod herannahen fühlte, setzte er seinen Enkel zum Nachfolger ein unter Umgehung des vertriebenen Sohnes. Dieser war keineswegs gewillt, auf seine Ansprüche zu verzichten, und so waren denn kriegerische Verwicklungen in Aussicht zu nehmen. Darum mochte der Fürst wohl des Meisters Rat über die Aufstellung von Heeren erfragen. Indem Kungtse antwortete, daß er sich zwar auf die Aufstellung von Opfergeräten, aber nicht auf die Aufstellung von Heeren verstehe, deutete er gleichzeitig an, daß nach seiner Überzeugung die Frage durch die Ordnung der Familienverhältnisse (die im Tempel bei den Opfern ans Licht treten)

und nicht durch militärische Aktionen gelöst werden müsse. Dafür hatte aber der alte Mann keinen Sinn mehr. Kurz nach Kungtses Weggang starb der alte Fürst, der wohl den Aufregungen der Ereignisse nicht mehr gewachsen war.[52])

Man könnte sich wundern, warum Kungtse immer wieder nach We gegangen ist trotz der ungeordneten Familienverhältnisse des Fürstenhauses. Dem Prinzen Ki K'ang von Lu gab er einmal Auskunft darüber, als jener ihn fragte, warum Ling von We sein Land nicht verliere: „Er hat Tschung Schu Yü zur Besorgung des diplomatischen Verkehrs. Er hat den Priester T'o für den Ahnentempel. Er hat Wang-Sun Kia zur Besorgung des Heerwesens. Da das der Fall ist, wie sollte er sein Reich verlieren?" Kungtse sah also offenbar trotz allem in We gewisse Möglichkeiten des Wirkens.

Von We ging Kungtse über Ts'ao, wo er nicht aufgenommen wurde, nach Sung. Ein Gespräch, das er mit dem Fürsten von Sung gehabt haben soll, hat jedenfalls keine weiteren Folgen gehabt. Denn in Sung herrschten gerade damals ganz andere Einflüsse. Der mächtigste Mann im Staate war der Marschall Huan T'ui. Als Kungtse nach Sung kam, sah er, wie Huan T'ui für sich selbst einen Steinsarg machen ließ, so prächtig, daß er nach drei Jahren noch nicht fertig war, und die Arbeiter alle krank wurden. Kungtse äußerte sich entsetzt darüber und sprach: „Wenn einer solches Unrecht tut, so verfault er besser bei seinem Tode sofort."

Der Jünger Yän Tsï, der den Reisewagen des Meisters lenkte, sprach: „Die Sitte will, daß man Trauerangelegenheiten nicht vorbereitet, was hat das für einen Sinn?" Der Meister sprach: „Nach dem Tode wird über den Tempelnamen des Verstorbenen beraten. Ist der Tempelname bestimmt, dann wählt man einen Tag für die Beerdigung und errichtet einen Tempel. Das alles ist aber die Sache der Diener und Söhne, nicht etwas, was man zum voraus bereiten und vollends selber machen dürfte."[53])

Es ist leicht verständlich, daß dieser Mensch, der sich von

Kungtse durchschaut fühlte, ihm feindselig entgegentrat. So treffen wir denn hier den Meister wieder in Lebensgefahr. Als er mit seinen Schülern unter einem Baum ruhte und mit ihnen die heiligen Riten übte, ließ Huan T'ui den Baum abhauen, um ihn zu töten. Die Jünger erschraken und rieten zu eiliger Flucht. Der Meister aber sprach: „Gott hat den Geist in mir gezeugt, was kann Huan T'ui mir tun?"[54])

Selbst in dieser Gefahr fand er aber noch einen Gastfreund, bei dem er unterkommen konnte, in dem Stadtverwalter Tschong Tsï, einem der tüchtigsten Würdenträger von Sung. Immerhin sah er sich genötigt, in unauffälliger Volkstracht das Land zu verlassen, um weiteren Anschlägen seines Feindes zu entgehen.[55]) Wir erfahren gelegentlich, daß auch dieser Aufenthalt in Sung für seine wissenschaftliche Bereicherung in Betracht kam. Er hat hier einiges über das frühere Buch der Wandlungen erfahren, das so angeordnet war, daß das Zeichen des Empfangenden vor dem Zeichen des Schöpferischen stand und insofern in eine prähistorische Zeit zurückwies, da das Vaterrecht, das zur Tschouzeit allgemein war, noch nicht das ursprüngliche Matriarchat verdrängt hatte.

Von Sung aus wandte er sich wieder nach dem südlich gelegenen Staate Tsch'en, wo er eine Zeitlang in die Dienste des dortigen Fürsten trat. Es sind aus dieser Zeit wieder einige Geschichten überliefert, die das außergewöhnliche Fernwissen Kungtses bestätigen. Das Charakteristische ist dabei, daß nicht übernatürliche Intuition, sondern logische Folgerung aus historischen Kenntnissen oder moralischen Postulaten dieses Wissen ausmacht. Es erübrigt sich, die Einzelheiten aufzuführen. Ebenso wird die Art, in der Kungtse den Fürsten von übermäßigem Luxus abzubringen sucht, hier übergangen.

Wichtiger ist, daß in jenem Jahr in Lu der Prinz Huan von Ki starb. Das war der Würdenträger gewesen, unter dem Kungtse seinen Heimatstaat hatte verlassen müssen. Vor seinem Tod scheint er seinen Fehler eingesehen zu haben. Er soll seufzend gesprochen haben: „Unser Staat war einmal im Begriff, aufzublühen, aber weil ich dem Meister K'ung Unrecht getan habe, darum ist es nicht dazu gekommen." Er habe dann noch zu seinem Erben, dem Prinzen K'ang von Ki gesagt: „Nach meinem Tod wird die Verantwortung für die Regierung in Lu dir zufallen. Wenn es so weit ist, so mußt du Kungtse berufen." Nach dem Tod seines Vaters habe Prinz K'ang Kungtse sofort berufen wollen, aber einer seiner Ratgeber habe gesagt: „Unser verewigter Fürst hat sich seiner Dienste bedient, es aber nicht zu Ende geführt und ist darum schließlich zum Gespötte der Fürsten geworden. Wenn wir ihn jetzt wieder anstellen und seine Lehren nicht bis zu Ende führen, dann werden wir wieder zum Gespötte der Fürsten." Prinz K'ang fragte: „Wen sollen wir dann berufen?" Da antwortete jener: „Zunächst wollen wir seinen Jünger Jan K'iu berufen." Das geschah denn auch. Und Kungtse verstand die Absicht und gab dem Jünger gute Ratschläge mit auf den Weg.[56])

Nachdem Jan K'iu gegangen war, begab sich Kungtse von Tsch'en nach Ts'ai, das damals vermutlich schon mit dem südlichen Staate Tsch'u vereinigt war. Von Ts'ai ging er dann weiter nach Schê, einer Stadt in Tsch'u, deren Stadtkommandant den Titel eines Herzogs trug, da ja der Staat Tsch'u für sich schon damals den Königstitel beanspruchte.

Wir finden Kungtse hier zum zweitenmal in Kontakt mit der Welt des Südens, die er durch Laotse schon früher kennen gelernt hatte. Diese Berührung zeigt den ganzen Gegensatz der Kulturen von Nordchina und Südchina (Südchina hier im Sinn der Yangtsegegenden genommen). Das nördliche, ebene Agrarland verlangt Kultur, und die wichtigsten Dinge, auf die das Augenmerk jedes Reformators in diesen Gegenden gerichtet sein mußte, gehörten in den Bereich der Organisation der menschlichen Gesellschaft. Nur als organisierter Gesellschaftsstaat konnte die Bevölkerung die Natur bändigen und unterwerfen. So sehen wir denn Kungtse dauernd bestrebt, die Grundlagen zu schaffen für die Organisation der Menschheitskultur. Sein Ziel ist es, aus dem damals herrschenden Chaos herauszuführen und die Menschen zu ordnen kraft der inneren Lebensgesetze, die vom Himmel her in den Menschen gelegt sind.

Die südlichen Weisen waren auf eine andere Auskunft gekommen. In jenen wärmeren Gegenden, da die Natur williger ihre Erzeugnisse spendet als im trockenen Norden, da die Luft weicher und das Leben leichter ist, bestand gerade unter den Weisesten die Neigung, den Menschen nicht als isoliertes Wesen aufzufassen im Gegensatz und in der Beherrschung der Natur, sondern ihn einzubetten in den Naturzusammenhang, ihn zurückzuführen zu der großen Mutter, die ihn liebevoll am Busen hält ohne Vorliebe für den einzelnen und ohne Haß. Durch diese Einfügung in den Naturzusammenhang kommt die große Ruhe über den Menschen. Das Begehren schweigt, man wird zufrieden, das Machen ruht, man wird still. Nicht darum handelt es sich für diesen Standpunkt, daß man die Gesellschaftsorganisation reformiert und die Kultur aus dem Untergang rettet. Die Kultur muß untergehen; denn sie krankt unrettbar an dem zuvielen Bewußtsein, sie hat die Einfalt zerstört, und darum nimmt sie den Frieden aus der Welt. Was der Weise zu tun hat, ist einfach, daß er das erkennt, daß er nicht von einem Ort zum andern eilt, um zu bessern und zu helfen. Der Welt ist nicht zu helfen. Darum sagt der Weise ein für allemal der Welt ab und zieht sich in die Verborgenheit zurück. Er lebt als Bauer, Eremit oder Sonderling ein Leben der Weltabgeschiedenheit und Naturverbundenheit und erlebt darin das große Erwachen und die große Stille.

Man versteht leicht, welche Konflikte sich für Meister K'ung daraus ergaben. Es tritt ihm hier eine überlegene Weltauffassung entgegen voll souveräner Unabhängigkeit, die mit scharfer Kritik alle Versuche zur Weltverbesserung abweist. Aber letzten Endes ist diese Weltauffassung ohne Liebe, sie überläßt die Welt ihrem Verderben, zufrieden, die eigne

Seele zu retten. Kungtse aber ist bereit, sein Leben einzusetzen, um die Menschen zu der Ordnung zu bringen, die sich durch die heiligen Männer der Vorzeit schon einmal als etwas Wirkliches gezeigt hat, und die darum trotz aller Wirren auch wieder möglich sein muß, wenn der rechte Mann in Berührung kommt mit den Mitteln der Kultur, wie sie als offenbares Geheimnis von den großen Schöpfern hinterlassen sind.

Der Herzog von Schê empfängt Kungtse, als er in seinem Gebiet ankommt, und fragt ihn nach dem Wesen der Regierung. Der Meister sprach: „Eine gute Regierung versteht es, die Nahen zu erfreuen und die Fernen herbeizulocken." Am andern Tag fragte der Fürst den Jünger Tsï Lu über seinen Meister. Tsï Lu erwiderte auf diese Frage nichts. Als Kungtse davon hörte, sagte er: „Warum hast du nicht einfach gesagt: Er ist ein Mensch, der im Lernen der Wahrheit nicht müde wird und es sich nicht verdrießen läßt, die Menschen zu lehren, der in seinem Eifer das Essen vergißt und über seiner Fröhlichkeit die Trauer vergißt und so nicht merkt, wie das Alter herankommt?"[57])

Der Herzog von Schê redete noch bei einer anderen Gelegenheit mit Meister K'ung und sprach: „Bei uns zu Lande gibt es ehrliche Menschen. Wenn jemandes Vater ein Schaf entwendet hat, so legt sein Sohn Zeugnis ab gegen ihn." Meister K'ung sprach: „Bei uns zu Lande ist Ehrlichkeit etwas anderes. Der Vater deckt den Sohn, und der Sohn deckt den Vater. Darin liegt auch Ehrlichkeit."

Während der Herzog von Schê die abstrakte Wahrheitsliebe preist, die selbst die Familienbeziehungen durchbricht und aufhebt, ist der Wert der Pietät nach Kungtse so groß, daß sich daraus andere Pflichten für den Sohn ergeben. Er hat die Verfehlungen seines Vaters nach außen hin gut zu machen und hat innerhalb der Mauern des Hauses seinen Vater durch Ermahnungen zurecht zu bringen. Denn die Pietät verlangt ja keineswegs, daß man den Fehlern der Eltern gegenüber gleichgültig sei, sondern daß man ihnen helfe, daß sie frei von

Fehlern werden. Wir sehen aus diesem Gegensatz, wie die sozialen Beziehungen im Norden Chinas fester organisiert waren als im Süden. Das greift von der Familie über auf das staatliche Leben.

Hierher gehört auch die Geschichte der beiden Eremiten Tsch'ang Tsü und Kiä Ni, die mit Feldarbeiten beschäftigt waren, als Kungtse mit seinem Jünger Tsï Lu vorüber kam. Er ließ durch den Tsï Lu nach der Furt fragen, da er den Fluß überschreiten wollte. Tsch'ang Tsü fragte: „Wer ist der, der dort im Wagen die Zügel hält?" Tsï Lu erwiderte: „Es ist K'ung K'iu." Jener fragte weiter: „Ist das der K'ung K'iu aus Lu?" Tsï Lu bejahte. Da gab jener die höhnische Antwort: „Der weiß ja die Furt." Darauf wandte sich Tsï Lu an Kiä Ni. Der sprach: „Wer bist du denn?" Als er seinen Namen nannte, fragte jener weiter: „Bist du der Schüler des K'ung K'iu?" Tsï Lu bejahte. Da fing jener an: „Eine ungeheure Überschwemmung geht über die ganze Welt. Das kann niemand ändern, wäre es da nicht besser, statt einem Meister zu folgen, der sich nur von den einzelnen Menschen zurückzieht, einem solchen zu folgen, der sich von der ganzen Welt zurückzieht?" Darauf hackte er weiter, ohne nochmals inne zu halten. Tsï Lu ging und sagte es dem Kungtse. Der seufzte tief und sprach: „Mit den Vögeln und Tieren kann man doch nicht zusammen hausen, bin ich denn nicht ein Mensch? Mit wem soll ich zusammen leben? Wenn Ordnung auf Erden herrschte, so wäre ich nicht nötig, es zu ändern."

Ebenso gehört hierher wohl die andere Geschichte: Tsï Lu folgte dem Meister und blieb unterwegs zurück. Da begegnete er einem alten Mann, der an einem Stock einen Unkrautkorb über der Schulter trug. Tsï Lu fragte ihn: „Hat der Herr den Meister gesehen?" Der Alte sprach: „Deine Glieder sind nicht zur Arbeit geschickt, die fünf Kornarten kannst du nicht unterscheiden. Wer ist denn dein Meister?" Dann steckte er seinen Stock in die Erde und begann zu jäten. Tsï

Lu begrüßte ihn höflich und blieb ehrfurchtsvoll stehen. Da beherbergte er ihn zur Nacht, schlachtete ein Huhn, bereitete einen Hirsebrei und setzte es ihm vor. Auch stellte er ihm seine beiden Söhne vor. Am andern Tag ging Tsï Lu weiter und erzählte es dem Meister. Der sprach: „Das ist ein verborgener Weiser." Er sandte Tsï Lu zurück, um ihn noch einmal zu sehen. Aber als er ankam, war jener gegangen. Tsï Lu sprach zu den Söhnen des Alten: „Nicht ein Amt zu übernehmen, heißt, sich seiner Pflicht entziehen. Wenn man schon die Beziehungen zwischen alt und jung nicht zerstören darf, wie viel weniger die Pflicht zwischen Fürst und Diener? Das hieße nur seine eigne Person rein machen, aber die großen Beziehungen der Menschen untereinander in Verwirrung bringen. Indem der Edle ein Amt übernimmt, tut er einfach seine Pflicht. Daß die Wahrheit auf Erden nicht herrscht, weiß er schon." [58])

Wir sehen aus diesen Geschichten den prinzipiellen Unterschied der konfuzianischen Lebensauffassung, die sich letzten Endes stets an den Menschen wendet, und der taoistischen, die den Menschen als solchen gering achtet und ihn nur eingereiht in den allgemeinen Naturzusammenhang gelten läßt.

Das Jahr 489 ist vielleicht das schwerste in Kungtses 489 Leben gewesen. Er war unterwegs zwischen Tsch'en und Ts'ai. Da geschah es, daß die kriegerischen Ereignisse jener Jahre auch in sein Leben eingriffen. Es war damals in China Sitte, daß Gelehrte und Staatsmänner, die durch einen Staat kamen, ohne weiteres von diesem Staat so viel angewiesen bekamen, als sie zu ihrem Lebensunterhalt brauchten. Auch Kungtse hat auf diese Weise während seiner langen Wanderzeit seinen Lebensunterhalt gefunden. Nun geschah es damals, daß der Staat Wu einen alten Groll gegen Tsch'en zum Austrag brachte und mit einem Heer den Staat Tsch'en überfiel, weil dieser Staat mit dem Staate Tsch'u in einem engen Verhältnis stand. Der Staat Tsch'u kam dem angegriffenen Staat auch zu Hilfe. Aber es läßt sich denken, daß für

Kungtse, der mit seinen Jüngern damals gerade zwischen Tsch'eu und Ts'ai sich befand und nicht weiterreisen konnte, die Lage äußerst kritisch wurde, da natürlich infolge der kriegerischen Verwicklungen die gewohnten Lieferungen an Nahrungsmitteln unterbrochen wurden.

Früh schon hat diese Episode einen großen Eindruck gemacht. Nicht nur Kungtse selbst gedenkt ihrer später als einer gemeinsam mit seinen Jüngern bestandenen Prüfung, sondern in der konfuzianischen Literatur der späteren Jahrhunderte knüpfte sich ein immer wachsender Sagenkranz an das Erlebnis. Tatsache war, daß ein Teil der Schüler, die unter dem Mangel mit zu leiden hatten, fast irre wurden an der Lehre des Meisters, die nicht bewahren konnte vor der Gefahr des Verhungerns. Im Gegensatz dazu zeigte sich Kungtse selbst ganz auf der Höhe, ertrug die Not mit heiterem Mut, sang und spielte, und so gelang es ihm, die strauchelnden Jünger wieder aufzurichten.

Die kürzeste Version der Geschichte findet sich in den „Gesprächen". Dort heißt es: In Tsch'en gingen die Lebensmittel aus. Die Jünger wurden so schwach, daß sie nicht mehr aufstehen konnten. Tsï Lu erschien murrend beim Meister und sprach: „Muß der Edle auch in eine solche Not kommen?" Der Meister sprach: „Der Edle bleibt fest in der Not; wenn der Gemeine in Not kommt, so wird er trotzig."[59])

Kungtse scheint schließlich den Jünger Tsai Wo zu dem Herrscher von Tsch'u gesandt zu haben, der mit seinem Heer zum Entsatz des Staates heran kam und bei dieser Gelegenheit auch den Meister und die Seinen rettete. Der König Tschao von Tsch'u scheint Kungtse sehr hochgestellt zu haben. Er soll die Absicht gehabt haben, ihn aufs prächtigste einzuholen, ja ihn mit einem Gebiet von mehreren hundert Meilen im Geviert zu belehnen. Schließlich wurde aber auch aus dieser Absicht nichts. Die Würdenträger des Staates Tsch'u scheinen befürchtet zu haben, daß Kungtse eine zu große Macht bekommen würde, da seine Jünger an Tüchtigkeit die sämtlichen Beamten von Tsch'u überträfen, und da aus der Geschichte Beispiele bekannt seien, daß weise Herrscher mit noch viel geringerem Stammland als das an Kungtse zu verleihende zur Weltherrschaft gelangten. Vielleicht ist auch der vorzeitige Tod des Königs Schuld daran, daß selbst diese letzte Gelegenheit, die sich dem Meister zur praktischen Betätigung bot, vorüberging, ohne zur Wirklichkeit zu werden. Ob diese ganzen Verhandlungen in Tsch'en stattfanden, oder ob Kungtse tatsächlich nach Tsch'u gekommen ist, läßt sich nicht sicher entscheiden. Wahrscheinlicher ist das erste.

Hier war es denn wohl auch, daß der „Narr von Tsch'u", Tsiä Yü, sein Spottlied sang. In den Gesprächen heißt es: Der Narr von Tsch'u, Tsiä Yü, sang ein Lied, als er bei Meister K'ung vorüber ging:

> O Vogel Feng, o Vogel Feng,
> Wie sehr dein Glanz verblich!
> Doch was geschehn ist, ist geschehn.
> Nur künftig hüte dich!
> Gib auf, gib auf dein eitles Mühn!
> Wer heut dem Staate dienen will,
> Der stürzt nur in Gefahren sich.

Meister K'ung stieg herab und wünschte mit ihm zu reden, aber jener eilte fort und wich ihm aus. Es gelang ihm nicht, mit ihm zu reden.[60]

Nun faßte er den Entschluß zur Rückkehr. Nicht mehr zu Lebzeiten sollte es ihm vergönnt sein, die Welt in Ordnung zu bringen. Das war die große Erkenntnis, die über ihn kam — vielleicht im Zusammenhang mit dem Lied des Narren, das ja tiefen Eindruck gemacht zu haben scheint. So muß er denn mit der Zukunft rechnen, den Besitz an Wahrheit, der auf ihn gekommen war, als heiliges Erbe seinen Jüngern zu hinterlassen.

Der Meister sprach in Tsch'en: „Ich muß heim! Ich muß heim! Meine jungen Freunde sind enthusiastisch und bewandert in allen Künsten. Aber sie wissen noch nicht, ihre Kenntnisse zu beschneiden!"[61]

488–479 Es folgt nun der letzte Abschnitt im Leben des Meisters, eine Zeit, die er hauptsächlich in seinem Heimatstaat zugebracht hat, beschäftigt mit Sammeln und Redigieren der wichtigsten Urkunden des Altertums und mit Ordnen und Überliefern an seine Schüler.

Während der Jahre 488—486 weilte Kungtse in Lu, ohne daß etwas Besonderes an äußeren Ereignissen vorgefallen wäre. Im Jahre 485 starb die Frau des Meisters. Sein Sohn Po Yü, der offenbar an seine Mutter besonders anhänglich war, weinte um sie, auch nachdem die Trauerzeit schon vorbei war. Er wurde von seinem Vater auf das Ungehörige dieser exzessiven Trauerbezeigung aufmerksam gemacht, worauf er seine Tränen trocknete.⁶²) Dieser Vorgang hat viele Mißverständnisse zur Folge gehabt. Man hat daraus geschlossen, daß Kungtse seine Frau verstoßen habe, und daß er deshalb die Trauer seines Sohnes mißbilligte. Daran knüpfte sich dann die weitere Sage, daß auch der Sohn des Meisters, Po Yü, und sein Enkel Tsï Sï sich von ihren Frauen geschieden haben. Dieser Umstand, zusammen mit der Absicht des Mongtse, sich von seiner Frau scheiden zu lassen, warf dann ein eigenartiges Licht auf die Familienbeziehungen der Häupter der konfuzianischen Schule. Der wirkliche Sachverhalt war wohl anders. Nur der Vater des Kungtse hat sich von seiner ersten Frau scheiden lassen, weil sie neun Töchter, aber keinen Sohn geboren hatte. Er hat sich bekanntlich darauf hin in hohem Alter mit einem jungen Mädchen verheiratet, das die Mutter des Kungtse wurde. Kungtse selbst hat zwar mit seiner Frau sicher in keinem besonders intimen Verhältnis gestanden, wie schon aus den vielen Reisen hervorgeht, auf denen er stets mit seinen Jüngern allein war. Aber es liegt keinerlei Grund vor, aus Kungtses Frau eine Xanthippe zu machen, von der er sich habe scheiden lassen. Es war wohl eine Ehe ohne besondere Leidenschaft, aber doch vollkommen korrekt. Daß Kungtse seinen Sohn darauf aufmerksam machte, mit der Trauer um seine Mutter einzuhalten, ist ebenfalls kein Zeichen von Herzlosigkeit. Die Trauergebräuche waren durch feste Sitten geregelt, und eine Übertretung dieser Sitten im Sinne eines Zuviel war in des Meisters Augen ebenso zu verurteilen wie ein Zuwenig an Trauerbezeigungen. Es handelte sich hier für Kungtse nicht um persönliche Willkür, sondern um eine absolute Verpflichtung. Fällt nun die Ehescheidung des Kungtse als durchaus unwahrscheinlich weg, so dürfen wir auch bei seinem Sohn und Enkel wohl auf Mißverständnisse der Überlieferung schließen.

Nach dieser Episode eröffnete sich dem Meister wieder eine Gelegenheit zu wirken in We. Dort war eine Reihe seiner Schüler angestellt und der junge Fürst Tscho auf den Thron gekommen — allerdings auf Kosten seines Vaters, des früheren Kronprinzen, der wegen seiner Feindschaft gegen die berüchtigte Nantsi seinerzeit aus dem Staat vertrieben worden war und den der junge Fürst gewaltsam fernhielt. Abgesehen davon, scheint der junge Fürst die besten Absichten gehabt zu haben. So suchte er denn auch den Rat des berühmten Meisters K'ung für seine Regierung. Die übrigen Landesfürsten schienen sich nicht weiter in die Familienverhältnisse des Fürstenhauses von We zu mischen, so daß eine Wirksamkeit Kungtses in We immerhin nicht aussichtslos zu sein schien.

Es ist uns eine kleine Geschichte überliefert, wie der Schüler Jan Yu den Tsi Kung fragt, ob der Meister wohl für den Fürsten von We sei. Tsi Kung sprach: „Gut, ich werde ihn fragen." Darauf ging er zum Meister und fragte: „Was waren Po I und Schu Ts'i für Menschen?" Der Meister sprach: „Es waren Helden aus alter Zeit." Der Jünger fragte weiter: „Waren sie mit ihrem Lose unzufrieden?" Der Meister sprach: „Sie erstrebten Sittlichkeit und erlangten Sittlichkeit. Weshalb hätten sie unzufrieden sein sollen?" Tsi Kung ging wieder hinaus und sprach: „Der Meister ist nicht für ihn."[68])

Diese Geschichte muß sich wohl in We selbst abgespielt haben, weil sonst kein Grund vorlag zu der indirekten Frage des Jüngers Tsï Kung. In We selbst konnte man von Kungtse nicht eine direkte Antwort verlangen, da es wider die Sitte ging, in einem Lande, da man zu Gaste war, etwas gegen den Fürsten zu sagen. Daher der Umweg, den Tsï Kung macht. Po I und Schu Ts'i flohen beide aus ihrem Heimatland, weil sie in edlem Wettstreit gegenseitig auf den Thron verzichteten. Indem Kungtse, der wohl den Sinn der Frage verstand, diese Männer des Altertums in dieser Weise lobte, drückte er damit indirekt sein Urteil über den Fürsten von We aus, der ja in striktem Gegensatz zu jenen handelte.

In diese Zeit fällt auch die sehr wichtige Unterredung mit Tsï Lu. Tsï Lu sprach: „Der Fürst von We wartet auf den Meister, um die Regierung auszuüben. Was würdet Ihr zuerst in Angriff nehmen?" Der Meister sprach: „Sicherlich die Richtigstellung der Begriffe." Tsï Lu sprach: „D a r u m sollte es sich handeln? Da habt Ihr weit gefehlt, Meister! Warum denn deren Richtigstellung?" Der Meister sprach: „Wie roh du bist! Der Edle läßt das, was er nicht versteht, offen. Wenn die Begriffe nicht richtig sind, so stimmen die Worte nicht; stimmen die Worte nicht, so kommen die Werke nicht zustande; kommen die Werke nicht zustande, so gedeiht Moral und Kunst nicht; gedeihen Moral und Kunst nicht, so treffen die Strafen nicht; treffen die Strafen nicht, so weiß das Volk nicht, wohin Hand und Fuß setzen. Darum sorgt der Edle, daß er seine Begriffe unter allen Umständen zu Worte bringen kann und seine Worte unter allen Umständen zu Taten machen kann. Der Edle duldet unter keinen Umständen, daß in seinen Worten irgend etwas Unsauberes ist." [64])

Hier haben wir nicht nur in Beziehung auf die Verhältnisse in We eine genaue Stellungnahme Kungtses, sondern auch eine Stelle von prinzipieller Wichtigkeit für seine ganze Philosophie. Indem in We der Fürst Tscho die Sohnesopfer für seinen verstorbenen Großvater darbrachte, während sein Vater mit Waffengewalt ferngehalten wurde, kam in die ganze Regierung etwas Unexaktes. Man konnte die Familienverhältnisse im Herrscherhause nicht mit dem rechten Namen nennen. Da das Herrscherhaus als Vorbild für das ganze Land in Betracht kam, kam durch diese Verschwommenheit die ganze Staatsregierung in Verwirrung. Über die Bedeutung der richtigen Bezeichnungen im Zusammenhang des konfuzianischen Systems werden wir uns noch an der geeigneten Stelle ausführlicher auszusprechen haben.

Vielleicht war es auch damals in We, daß der Meister, der sich zu jener Zeit offenbar besonders viel mit Musik beschäftigte, den Klingstein spielte. Da ging ein Mann mit einem Strohkorb auf der Schulter an der Türe K'ungs vorüber und sprach: „Wahrlich, dem ist es Ernst, der da den Klingstein spielt!" Nach einer Weile sprach er: „Wahrlich, verächtlich ist dieses hartnäckige Gebimmel! Wenn einen niemand kennt, dann läßt man es sein und damit gut.

Geht das Wasser zum Gürtel, dann einfach durch,

Geht's nur zum Knie, dann mag man sich schürzen."

Der Meister sprach: „Der hat leicht reden, diese Art von Entschiedenheit ist nicht schwer."[65])

Kungtse bemerkte wohl, daß in We, trotzdem dort sein Jünger Tsï Lu war, nichts zu machen sei, da die Verhältnisse zu unklar waren. Darum kehrte er nach Lu in seine Heimat zurück. Dort war im Dienst des prinzlichen Hauses von Ki sein Jünger Jan K'iu. Dieser bereitete ihm den Weg, indem er mit Prinz K'ang von Ki über ihn sprach und dabei erwähnte, daß der Staat We im Begriff sei, den Meister anzustellen. Er erreichte es denn auch, daß Prinz K'ang von Ki die Angelegenheit mit dem Fürsten Ai von Lu besprach, der ihn feierlich unter Darbringung von Geschenken einholen ließ. Dennoch fand sich auch in seinem Heimatstaat keine verantwortliche Stellung für ihn. Er hatte mehr den inoffiziellen Rang eines Ratgebers und älteren Staatsmanns, der, ohne in den laufenden Geschäften zu tun zu haben, doch bei wichtigen Gelegenheiten um Rat gefragt wurde.

Man kann freilich nicht sagen, daß er viel Freude erlebt hätte. Der Prinz K'ang von Ki fragt ihn über verschiedene allgemeine Themata, ebenso wie der Fürst Ai.

Der Fürst fragt z. B. einmal: „Was ist zu tun, daß das Volk fügsam wird?" Meister K'ung erwiderte: „Die Geraden erheben, daß sie auf die Verdrehten drücken: so fügt sich das Volk. Die Verdrehten erheben, daß sie auf die Geraden drücken: so fügt sich das Volk nicht." [66])

Prinz K'ang von Ki fragte den Meister K'ung nach dem Wesen der Regierung. Meister K'ung sprach: „Regieren heißt recht machen. Wenn Eure Hoheit die Führung übernimmt im Rechtsein: wer sollte es dann wagen, nicht recht zu sein?" [67])

Prinz K'ang von Ki fragte den Meister nach dem Wesen der Regierung und sprach: „Die Übertreter töten, um denen, die auf rechtem Wege wandeln, zu helfen: wie wäre das?" Meister K'ung entgegnete: „Wenn Eure Hoheit die Regierung ausübt, was bedarf es dazu des Tötens? Wenn Eure Hoheit das Gute wünscht, so wird das Volk gut. Das Wesen des Herrschers ist wie der Wind. Das Wesen der Geringen ist wie das Gras. Das Gras muß sich beugen, wenn der Wind darüber hinfährt." [68])

Eine solche Unterhaltung, die auf seiten von Kungtse eine nicht undeutliche Anspielung enthält, entspinnt sich anläßlich einer besorgten Frage des Prinzen von Ki über das Räuberunwesen. Meister K'ung entgegnete: „Wenn Eure Hoheit es nicht wünscht, so wird, selbst wenn Belohnung darauf gesetzt wird, niemand rauben." [69])

Hier zeigt sich die Anschauung Kungtses ganz deutlich, daß die eigentliche innere Wesensart des Herrschers es ist, die wie in einem Spiegel im Volke sich zeigt. Wenn es Räuber im Volk gibt, so ist das ein Zeichen, daß die regierenden Kreise selbst nicht frei sind von entsprechenden Gesinnungen. Was der Anlaß war zu solchen Anspielungen, ist uns ebenfalls überliefert. Der Prinz Ki brauchte Geld. Dafür suchte er auch den Jan K'iu zu gewinnen. Zunächst blieb die Sache im geheimen. Jan K'iu kam einst von Hofe zurück. Der Meister sprach: „Warum so spät?" Er erwiderte: „Es gab Regierungsarbeit." Der Meister sprach: „Es wurden wohl Geschäfte gemacht. Wenn es Regierungsarbeit gegeben hätte, so hätte ich, obwohl nicht im Dienst, doch sicher davon gehört." —

Der Fürst Ai wandte sich in seiner Verlegenheit schließlich an den Jünger Yu Jo und sprach: „Dieses Jahr ist Teuerung, die Bedürfnisse lassen sich nicht decken, was ist zu tun?" Yu Jo entgegnete: „Warum nicht den allgemeinen Zehnten durchführen?" Der Fürst sprach: „Mit zwei Zehnten habe ich immer noch nicht genug. Was soll ich da mit dem einfachen Zehnten anfangen?" Er entgegnete: „Wenn die Untertanen genug haben, wie bekäme der Fürst da nicht genug? Wenn aber die Untertanen nicht genug haben, von wem soll da der Fürst genug bekommen?" [70])

Offenbar hat diese ausweichende Antwort die Regierung nicht befriedigt. Jan K'iu kommt in einem offiziellen Auftrag zu Kungtse, um ihn zu fragen, wie man eine höhere Besteuerung des Grundes und Bodens durchführen könne. Kungtse beantwortet diese Frage offiziell nicht. Aber persönlich weist er ihn auf die notwendige Sparsamkeit hin, wie sie im Altertum üblich gewesen sei. Wenn man also auf rechtmäßige Weise Steuern erheben wolle, so brauche man sich nur nach den Ordnungen des Herzogs von Tschou zu richten, die noch zugänglich seien. Wenn man aber auf unrechtmäßige Weise Steuern erheben wolle: wozu erkundige man sich da noch zuvor? [71])

Dennoch wurde die Warnung des Meisters nicht beachtet. Die Mehrbesteuerung wurde durchgeführt, und Jan K'iu war offenbar dabei auch behilflich. Darauf weist der Ausspruch des Meisters hin: „Der Prinz von Ki ist reicher als die Fürsten des Tschouhauses, und Jan K'iu sammelt für ihn Steuern ein und vermehrt seine Habe. Meine Kinder, ihr möget die Trommel schlagen zum Angriff gegen ihn!" [72])

Über seine Tätigkeit nach seiner Rückkehr aus We erzählt Kungtse selbst: „Als ich von We nach Lu zurück kam, kam die Musik in Ordnung, die Kunstlieder und Opfergesänge kamen alle an ihre richtige Stelle."[73]) Auch über Unterhaltungen des Meisters mit dem Großmusikmeister von Lu sind Berichte vorhanden.

Es wird ferner erzählt, daß Kungtse, der sich von den Amtsgeschäften ferngehalten sah und wohl auch selbst kein Verlangen nach amtlicher Tätigkeit mehr trug, sich mit literarischen Arbeiten beschäftigte.

Sitten und Musik des Tschou-Hauses waren in Verfall geraten, Lieder und Urkunden waren unvollständig geworden. Kungtse prüfte nun die Sitten der drei vergangenen Dynastien und ordnete die noch vorhandenen Urkunden. Nach oben hin zeichnete er die Urkunden bis zur Zeit eines Yao und Schun auf und ging herunter bis auf die Zeit des Herzogs Mu von Ts'in. So ist denn die Überlieferung der Urkunden und die Aufzeichnung der Sitten auf Kungtse zurückzuführen. An Liedern waren im Altertum über dreitausend vorhanden gewesen. Zur Zeit von Kungtse entfernte man die Wiederholungen und wählte die für Sitte und Recht wichtigen aus, nach oben hin ging man bis auf die Zeiten von K'i und Hou Tsi und herunter bis auf die Könige Yu und Li, worauf die Lieder allmählich aufhörten. So wurde das Kuan-Tsü-Lied an den Anfang der Volksreime, das Lu-Ming-Lied an den Beginn der kleinen Kunstlieder, das Lied vom König Wen an den Beginn der großen Kunstlieder und der Ts'ing-Miao-Gesang an die Spitze der Opfergesänge gestellt. Diese dreihundertundfünf Lieder begleitete Kungtse auf der Zither und sang sie, um sie in Übereinstimmung zu bringen mit den Melodien der Kunstlieder und Opfergesänge der Schao- und Wu-Musik. Von da ab gab es allgemein zugängliche Überlieferungen der Sitten und Musik, so daß der Weg der Könige vollkommen bekannt und die sechs Wissenschaften vollendet waren.

Kungtse liebte in seinen letzten Jahren besonders das Buch der Wandlungen. Er erklärte die Orakelworte (Entscheidungen), fügte die Symbole (Bilder) hinzu, besprach die Zeichen und die Textworte. Er las so viel im Buch der Wandlungen, daß die Lederriemen des Einbands dreimal abgenutzt wurden. Er sagte: „Wenn mir noch einige Jahre geschenkt würden, so könnte ich in den Wandlungen es zur Vollendung bringen." Kungtse lehrte seine Jünger über die Lieder, Urkunden, Sitten und Musik; im ganzen waren es etwa dreitausend, darunter waren zweiundsiebzig, die persönlich in den sechs freien Wissenschaften bewandert waren.[74]

Aus diesen Schilderungen darf man entnehmen, daß Kungtse in den letzten Jahren seines Lebens sein ganzes Lebenswerk literarisch zusammengefaßt hat. Von den bekannten „Klassikern", die ihre Redaktion durch Kungtse gefunden haben, werden aufgeführt:

1. Das Buch der Urkunden, das tatsächlich Urkunden aus der Zeit von Yao und Schun bis herunter auf den Herzog Mu von Ts'in enthält. Wie freilich dieses Buch der Urkunden, das aus der Hand des Kungtse hervorging, ausgesehen hat, ist schwer zu entscheiden. Das heutige Urkundenbuch ist sehr viel später zusammengestellt. Kaum einer der chinesischen Klassiker hat unter der Ungunst der Zeiten so viel zu leiden gehabt wie das Buch der Urkunden, dem schon Mongtse teilweise recht kritisch gegenüber steht, indem er sagt, es wäre besser, gar kein Buch der Urkunden zu haben, als sich genötigt zu sehen, alles zu glauben, was darin enthalten ist. Immerhin dürfte die allzu ablehnende Haltung, die heutzutage diesem Buch gegenüber, namentlich auch von seiten der chinesischen Kritik, eingenommen wird, mit der Zeit wieder einer mehr positiven Würdigung Platz machen.

2. Das Buch der Lieder.

Es ist hier die große Frage, ob Kungtse selbst es war, der aus den dreitausend vorhandenen Liedern die heute vorhandenen zirka dreihundert ausgewählt hat. Es ist dies nicht wahrscheinlich. Vielmehr scheint es, daß er sich im allgemeinen an die vorhandene Sammlung der dreihundert Lieder, von denen er auch gelegentlich als einer feststehenden Zahl spricht, gehalten hat, und daß seine Tätigkeit besonders auf musikalischem Gebiet gelegen hat.

3. und 4. Sitten und Musik.

Es ist weder über die Sitten noch über die Musik des Altertums ein Werk vorhanden, das ähnlich wie die Lieder und Urkunden auf eine Redaktion durch Kungtse sich berufen könnte. In beiden Fällen kommt natürlich die lebendige Tradition viel stärker in Betracht als bei den Urkunden und Liedern, deren Text auch an und für sich — abgesehen von seiner praktischen Anwendung — in Betracht kam. Selbstverständlich sind auch über Sitten und Musik in der Schule des Kungtse schon früh Aufzeichnungen gemacht worden, deren Niederschlag im heutigen Li Ki (Aufzeichnungen über die Sitten), das aus der Haudynastie stammt, vorliegt.

5. Das Buch der Wandlungen.

Die Beschäftigung des Meisters mit diesem tiefen Werk chinesischer Lebensweisheit während seiner letzten Lebensjahre ist mannigfach bezeugt. Auch hier gehen wohl eine Reihe Kommentare auf ihn persönlich zurück. Die Tradition kennt „zehn Flügel", d. h. Kommentare und Abhandlungen, die dem Kungtse zugeschrieben werden:

1. Tuan I. Kommentar zu den Entscheidungen, erste Hälfte.
2. Tuan II. Kommentar zu den Entscheidungen, zweite Hälfte.
3. Hsiang I. Kommentar zu den symbolischen Bildern.
4. Hsiang II. Kommentar zu den einzelnen Linien.
5. 6. Hsi Ts'i oder Ta Tschuan. Allgemeine Abhandlung über verschiedene Fragen, die sich im Anschluß an das Buch der Wandlungen ergeben.
7. Wen Yän. Kommentar zu den Textworten der beiden ersten Zeichen.

8. Schuo Kua. Besprechung der acht Grundzeichen.
9. Hsü Kua. Reihenfolge der vierundsechzig Zeichen.
10. Tsa Kua. Vermischte Zeichen.

Davon stammen mit großer Wahrscheinlichkeit von Kungtse die Kommentare zu den Entscheidungen (1 und 2), zu den Bildern (3), vielleicht auch zu den einzelnen Linien (4). Die allgemeine Abhandlung stammt schon deshalb nicht von ihm, weil er darin häufig zitiert wird mit der Einführung: „Der Meister sprach". Ebenso sind die Wen Yän, die die Reste einer Kommentarsammlung zu den Zeichen und Linien des Buchs enthalten, von denen andere Reste in der allgemeinen Abhandlung sich finden, nicht von Kungtse persönlich aufgezeichnet, gehen aber höchstwahrscheinlich auf seine mündliche Belehrung zurück. In der Besprechung der acht Grundzeichen findet sich altes Material, das z. T. über Kungtse zeitlich hinaufgeht. Die neunte und zehnte Abteilung sind sicher späte Komplikationen ohne besonderen Wert, wiewohl gelegentlich alte Definitionen der Zeichen darin enthalten sein mögen.

6. Das Buch „Frühling und Herbst", das weiter unten zu behandeln ist.

Das Jahr 482 war ein besonders schmerzliches für den Meister; sein Sohn und sein Lieblingsjünger wurden ihm entrissen. Zuerst starb sein Sohn. Er war bei seinem Tode fünfzig Jahre alt und hinterließ in Tsï Sï einen Nachkommen, der seinem Großvater, wie es schien, näher kam als er selbst. Über das Leben von Kungtses Sohn Po Yü erfahren wir sehr wenig. Er scheint von ruhiger, wenig bedeutender Natur gewesen zu sein. Irgendwelche hervorragende Begabung scheint er nicht gehabt zu haben. So geht er denn hin, wie er gelebt hat, unauffällig und ohne große Bewegung hervorzurufen. Wir vernehmen, daß Kungtse ihn beerdigen ließ nach den allgemeinen Regeln, ohne besonderen Aufwand. Wir hören nicht, daß er besonders von Trauer übermannt gewesen wäre. Es wäre anziehend, zu wissen, wie sich der Verkehr des Meisters mit seinem Enkel gestaltete, der damals ja wohl auch schon etwa dreißig Jahre alt gewesen sein mag. Wir haben in den Quellen keine Nachrichten darüber, aber wir wissen, daß Tsï Sï nach des Meisters Tode ein angesehenes Schulhaupt wurde, offenbar war er mit dem Jünger Tsong Schen in näherer Verbindung und trat wohl erst nach dessen Tode mit größerer Selbständigkeit auf. Seine Richtung war es, in der sich später Mong K'o auszeichnete, der somit die eine Linie der konfuzianischen Tradition fortsetzte, die im allgemeinen als die rechtgläubigste gilt.

Weit tiefer war der Schmerz des Meisters, als sein Lieblingsjünger Yän Hui starb. Yän Hui war eine der Naturen, die schon während ihres Erdenwandels fast zu den Verklärten gehören. Er hat dem Meister nie Sorge oder Mißfallen bereitet. In ruhiger Stetigkeit stieg er von Stufe zu Stufe, keinen Fehler wiederholend und stets dem Fortschritt zugewandt. So war er trotz seiner Jugend — er war wohl achtunddreißig Jahre jünger als der Meister — der berufene Fortsetzer der tiefsten Weisheit des Meisters, die dieser sonst niemand anvertrauen konnte. Aber wie es mit solchen Frühvollendeten häufig zu sein pflegt: das Körperliche ist der Flamme des Geistigen nicht gewachsen und zehrt sich zu früh auf. Mit neunundzwanzig Jahren hatte er schon weiße Haare — vielleicht zum Teil infolge seiner dürftigen äußeren Lebensverhältnisse — und mit zweiunddreißig Jahren starb er.

Nirgends tritt uns der Meister so unmittelbar menschlich nahe, als in dem Verhältnis zu diesem Jünger. Yän Hui war offenbar eine stille Natur. Wir hören, wie der Meister von ihm sagt: „Ich redete mit Hui den ganzen Tag. Der erwiderte nichts — wie ein Tor. Er zog sich zurück, und ich beobachtete ihn beim Alleinsein, da war er imstande, alles zu entwickeln. Hui, der ist kein Tor." [75]) Oder fragt er prüfend einen andern Jünger: „Du oder Hui, wer von euch beiden ist weiter?" Der Jünger erwiderte: „Wie könnte ich wagen, auf Hui zu blicken! Hui, wenn der eines hört, so weiß er zehn. Wenn ich eines höre, so weiß ich zwei." Der Meister sprach: „Du kommst ihm nicht gleich! Ich und du, wir sind ihm nicht gleich." So gibt er ihm auch seine tiefsten Lehren. Als Yän Hui nach dem Wesen der Sittlichkeit fragte, erwiderte der Meister: „Sich selbst überwinden und sich dem Gesetz der Schönheit zuwenden: dadurch bewirkt man Sittlichkeit. Wenn die Menschen auch nur einen Tag sich selbst überwinden und dem Gesetz der Schönheit sich zuwenden könnten, so würde die ganze Welt sittlich werden. Sich sittlich machen, das hängt von uns selbst ab, oder hängt es etwa von andern ab?" Als der Jünger um Einzelheiten bittet, fährt der Meister fort: „Was nicht dem Gesetz der Schönheit entspricht, danach schaue nicht. Was nicht dem Gesetz der Schönheit entspricht, darauf höre nicht. Was nicht dem Gesetz der Schönheit entspricht, das rede nicht. Was nicht dem Gesetz der Schönheit entspricht, das tue nicht." Der Jünger sprach: „Obwohl meine Kraft nur schwach ist, will ich mich doch bemühen, nach diesem Wort zu handeln."

Bei seinem Tod bricht der Meister in schmerzliche Klagen aus: „Wehe, Gott verläßt mich, Gott verläßt mich!" So heftig weinte er, daß die andern Jünger seiner Umgebung sagten: „Der Meister ist zu heftig!" Der Meister sprach: „Klage ich zu heftig? Wenn ich um diesen Mann nicht bitterlich weine, um wen sollte ich es dann tun?"

Der Vater Yän Huis, Yän Lu, ebenfalls ein Jünger des Meisters, suchte diese Stimmung auszunützen, indem er um des Meisters Wagen bat, um ihn zu verkaufen und einen Sarkophag für den Verstorbenen dafür anzuschaffen. Dem trat der Meister jedoch entgegen: „Begabt oder unbegabt, jeder sorgt doch zunächst für seinen Sohn. Als mein Sohn Li starb, hatte er einen Sarg, aber keinen Sarkophag; ich kann nicht zu Fuß gehen, damit man einen Sarkophag kaufen kann. Nachdem ich ein öffentliches Amt bekleidet habe, geht es nicht an, daß ich zu Fuß gehe."

Der Vater Yän Huis mißverstand offenbar diesen Hinweis auf Herzenstrauer an Stelle von äußerem Gepränge und wandte sich an die andern Jünger. Diese wollten ihn nun prächtig begraben. Der Meister sprach, sie sollten es nicht tun. Aber die Jünger beerdigten ihn dennoch prächtig. Da sprach der Meister: „Hui hat mich immer wie einen Vater behandelt. Es war mir nicht vergönnt, ihn wie meinen Sohn zu behandeln. Aber nicht an mir lag es, sondern an euch, ihr meine Jünger!" —

Noch später redete er voll wehmütiger Erinnerung über Yän Hui. Der Fürst Ai fragte einmal, wer unter den Jüngern das Lernen liebe. Kungtse sprach: „Da war Yän Hui, der liebte das Lernen. Er übertrug nie seinen Ärger, er machte keinen Fehler zum zweitenmal. Zum Unglück war die ihm zugemessene Zeit kurz, und er ist gestorben. Nun habe ich keinen mehr. Ich habe von keinem mehr gehört, der so das Lernen liebte."

481 Nun ging es rasch abwärts mit dem Weisen. Im Jahre 481 war eine fürstliche Jagd in Lu. Dabei wurde ein Kilin erlegt. Da niemand wußte, was es für ein Tier war, hielt man es für eine Mißgeburt und schenkte es den Jägern. Kungtse besah es und sprach: „Das ist ein Kilin: warum bist du gekommen, warum bist du gekommen?" Dabei weinte er, daß die Tränen sein Gewand befeuchteten. Er sprach: „Mein Weg ist zu Ende!"

Um diese Trauer zu verstehen, muß man in Betracht ziehen, daß das Kilin — eine inzwischen ausgestorbene Tierart — als das Tier der Güte galt, das auftauchte, wenn ein Heiliger auf dem Throne saß. Nun war ein Kilin gekommen, um den Weisen zu begrüßen, aber es war gemordet worden im Unverstand, ein Zeichen, daß Wahrheit zwar auf Erden war, aber zur Machtlosigkeit verdammt blieb. Kein Heiliger war auf einem Thron, der der Wahrheit hätte zu Recht verhelfen können. So geht denn auch das Kilin elend zugrunde, und der Weise stirbt — unerkannt.

In jenem Jahr brachte dann Kungtse das letzte seiner Werke zu Ende, das wir als ein politisches Testament bezeichnen können: das Tsch'un Ts'iu, die Annalen von Frühling und Herbst. Die Annalen „Frühling und Herbst" sind eine trockene, am

Das Leben

Faden der Regierungsjahre der Fürsten von Lu von Yü bis Ai aufgereihte Chronik, wie sie damals in den verschiedensten Staaten geführt wurde. Kungtse hat sie herausgegeben. Wenig ist am ursprünglichen Text verändert. Aber jede Veränderung enthält ein moralisches Urteil. Fürsten wie die von Tsch'u und Wu, die sich längst Könige zu nennen pflegten, werden mit dem ihnen offiziell zukommenden Titel eines Barons genannt. Wenn etwa der Großkönig von Tschou zu einer Zusammenkunft der Landesfürsten gerufen wurde, so daß er, der Gewalt weichend, erschien, so wird gesagt: „Er habe sich auf die Jagd nach dem Norden des Flusses begeben." Kurz, für den Kenner der Verhältnisse war dieses trockene Buch eine Weltgeschichte als Weltgericht von der unbestechlichen Warte eines königlichen Mannes aus geschrieben.

So ist es kein Wunder, daß nicht nur der allgemeine Eindruck, den das Werk machte, ein erschütternder war, sondern daß auch Kungtse selbst bescheiden-stolz auf dieses Werk hinwies, aus dem er erkannt werde und verurteilt werde. Es war die „Richtigstellung der Begriffe" in ganz großem Stil, die er mit dieser Arbeit vornahm. So läßt es sich denn begreifen, daß nicht nur die von ihm behandelte Geschichtsperiode in China schlechthin den Namen Frühling und Herbst erhielt, sondern daß „Frühling und Herbst", Aufstieg und Untergang der Nationen und Kulturen, die ganze chinesische Geschichtsschreibung bei ihrer Betrachtung leitete.

Mongtse sagt darüber: „Die Welt ging dem Untergang zu, die Wahrheit verfiel. Irrlehren und Freveltaten kamen auf. Daß Knechte ihre Fürsten mordeten, kam vor. Daß Söhne ihre Väter mordeten, kam vor. Kungtse war darüber besorgt und machte „Frühling und Herbst". „Frühling und Herbst" ist das Werk eines Sohnes des Himmels."

Über die Wirkungen heißt es in den historischen Aufzeichnungen von Si-Ma Ts'iän: „Als der Gedanke von „Frühling und Herbst" durchdrang, gerieten auf der ganzen Welt die aufrührerischen Diener und verräterischen Söhne in Furcht."[76])

Noch einmal trat Kungtse in jenem Jahr in die Öffentlichkeit. Im Staate Ts'i, dem Nachbarstaat von Lu, hatte der Baron Tsch'en Tsch'ong, dessen Familie, ähnlich wie in Lu die drei Prinzengeschlechter, die Regierung schon seit langem usurpiert hatte, nun auch äußerlich dem alten Fürstenhaus ein Ende gemacht und den Fürsten Kiän von Ts'i ermordet. Kungtse badete sich und ging zu Hofe. Er zeigte es dem Fürsten Ai von Lu an und sprach: „Tsch'en Tsch'ong hat seinen Herrn gemordet, ich bitte, es zu ahnden." Der Fürst sprach: „Sage es dem Prinzen Ki." Kungtse zog sich zurück und äußerte privatim: „Nachdem ich ein öffentliches Amt bekleidet habe, wagte ich es nicht, keine Anzeige zu erstatten." [77])

Kungtses Meinung war, daß man nicht dulden dürfe, daß im Nachbarstaate ein solcher Frevel vorkomme, um nicht weitere Konsequenzen zu veranlassen. Der Fürst Ai aber, der ebenfalls machtlos in den Händen der drei Prinzengeschlechter war, wagt nicht einzugreifen und verweist ihn an diese. Taktvoll, aber doch deutlich, ist Kungtses Mißbilligung darüber ausgedrückt. Daß er bei den Prinzen kein Gehör finden würde, wußte er schon. Der Vorschlag des Meisters war übrigens nicht eine rein abstrakte Remonstration. Er betont, daß der Usurpator höchstens die Hälfte der Bevölkerung für sich habe. Wenn man mit der Gesamtmacht von Lu die geteilte Macht von Ts'i angreife, so lasse sich etwas erreichen. Ein solches Vorgehen des Fürsten von Lu im Namen der Gerechtigkeit würde ihm aber sicher die Hegemonie im Reich verschafft haben. Dadurch wäre die Hoffnung Kungtses auf Besserung der Zustände im Reich ihrer Verwirklichung näher gerückt. Daher seine Enttäuschung, als sein Schritt erfolglos bleibt.

Im Jahr vor seinem Tod traf den Meister noch ein letzter harter Schlag durch den Tod des tapferen Tsï Lu. Dieser war in We zurückgeblieben, als Kungtse sah, daß dort die Verhältnisse sich nicht in Ordnung bringen ließen, und hatte auch den jüngeren Schüler Tsï Kao dort in amtlicher Stellung zurückbehalten. Nichts Gutes ahnend und sorgenvoll schied damals schon der Meister aus We. Eine kleine Anekdote zeigt, wie schon in früherer Zeit der Meister wegen Tsï Lu sich Sorgen machte. Es heißt, daß Min Tsï K'iän zur Seite des Meisters gestanden habe mit ruhigem, gesetztem Gesichtsausdruck. Tsï Lu blickte mutig drein, Jan Yu und Tsï Kung offen und frei. Der Meister freute sich. Doch sprach er: „Dieser Yu (Tsï Lu) wird einmal nicht eines natürlichen Todes sterben."

Dieses Wort traf nun ein. Bei Unruhen, die in We entstanden, eben aus Anlaß der ungeordneten Verhältnisse bei Hof, gelang es zwar Tsï Kao noch, sich rechtzeitig zu retten. Tsï Lu aber, der seinen Herrn nicht im Stiche lassen wollte, wurde getötet. Kungtse habe sich die Augen wund geweint bei der Nachricht, und als er erfuhr, daß Tsï Lu zerhackt worden sei, habe er von da ab das Hackfleisch von seinem Tische verbannt.[78])

Im Frühsommer des Jahres 479 ging des Meisters irdisches Leben zu Ende. Wahrträume, die ihn sich selbst im Tempel zwischen roten Pfeilern sitzend gezeigt hatten, bereiteten ihn auf das Ereignis vor. Eines Morgens sei er früh aufgestanden, habe seinen Stock hinter sich hergezogen und sei im Hof auf und ab gegangen. Dabei habe er gesungen:

„Der Taischan stürzt,
Der Balken bricht,
Und mit dem Weisen geht's zu Ende."

Dann habe er sich ganz still ins Zimmer gesetzt. Von Tsï Kung über den Sinn seines Liedes befragt, habe er ihm seinen Traum erzählt. Dann habe er hinzugefügt:

„Kein weiser König kommt auf, wer wollte auf mich hören! Ich muß wohl sterben."[79])

Darauf sei er zu Bett gegangen und nach siebentägiger Krankheit verschieden.

Im Familienfriedhof in K'üfou liegt er begraben. Ein einfacher Stein vor einem Hügel zeigt noch heute die Stelle, wo Chinas größter Sohn die irdische Ruhe gefunden.

II. DAS WERK

Kungtse ist kein Philosoph im europäischen Sinn. Nicht die theoretische Besinnung über die Gründe des Seins hat ihn zu dem gemacht, was er ist. Sondern er ist eine praktisch-schöpferische Natur. Sein Ziel war es, zu lernen, wie man ein rechter Mensch werden kann, und da der Mensch nicht allein in der Welt ist, erweitert sich dieses Problem zu der Frage, was zu tun ist, um die menschliche Gesellschaft zu der Ordnung zu bringen, die sie innerhalb des Weltalls einzunehmen berufen ist. Kungtse findet sich, wie jeder große Mann, in den Verlauf einer geschichtlichen Entwicklung hineingestellt. Und so gewinnt er sein Ideal aus der Auseinandersetzung mit den historischen Zuständen, die er vorfindet.

Der Blick auf die Geschichte belehrt ihn, daß nicht immer die Menschheit die Stellung einnimmt, die sie einnehmen soll. Gerade die Gesellschaft, in der er lebte, zeichnete sich dadurch aus, daß sie sich in einen weiten Abstand von den Idealen verloren hatte, die aus dem Altertum überliefert waren. Indem Kungtse dies zum Ausgangspunkt nimmt, ergibt sich für ihn ein doppelter Standpunkt: das Verhältnis der Verehrung zu den Idealen, die zeitlich in das Altertum projiziert erscheinen, und das Verhältnis der Kritik zu den gleichzeitigen, von den Idealen abweichenden Verhältnissen. Die Verehrung dem Ideal gegenüber ist für ihn aber kein theoretisches Verhalten und keine bloß ästhetische Wertung, sondern sie setzt sich in die unmittelbare praktische Pflicht um, zu lernen und immer zu üben, was an idealem Gehalt aus dem Altertum überliefert ist. Ebenso ist auch seine Kritik an der Gegenwart durchaus praktisch eingestellt: aus der Kritik ergibt sich für ihn unmittelbar die innere Verpflichtung zur Reform.

Was die Ideale des Kungtse anlangt, nach denen er die Welt gestalten wollte, so fand er sie in den Urkunden des Altertums vor. Die historische Überlieferung Chinas unterscheidet sich von der des Westens dadurch, daß die Kulturentwicklung im wesentlichen positiv vor sich geht, nicht revolutionär. Der Schöpfer einer neuen Kulturstufe ist jeweils auch der Führer und Herrscher. Es ist uns an der Hand der vorhandenen Urkunden möglich, einen Blick zu tun in die vorhistorischen Zeiten Chinas. Wir ahnen ziemlich deutlich eine Zeit des Matriarchats in grauer Vorzeit. Wir sehen eine Entwicklung von Jagd und Fischfang zu kultureller Seßhaftigkeit des Ackerbaus. Das alles wird dargestellt als eine Entwicklung nach großen kosmischen Gesetzen. Nicht willkürlich macht der Mensch seine Erfindungen, sondern die Bilder zeigen sich im „Himmel", d. h. in der unsichtbaren Welt des Geistes, und die Kulturschöpfer sind Menschen, deren Augen aufgetan sind. Sie schauen jene Bilder und ahmen sie auf Erden nach. So entstehen Erfindungen und Kulturtaten.[80]) So entwickelt sich die Prähistorie allmählich zur Geschichte. Kungtse hat — falls er von älteren Überlieferungen wußte, wofür wir kein sicheres Zeichen haben — von der ältesten Zeit für die Darstellung seiner Ideale keinen Gebrauch gemacht. Das von ihm herausgegebene Buch der Urkunden beginnt mit dem leuchtenden Dreigestirn höherer Kultur, mit den Herrschern Yao, Schun und Yü, die man in die Gegend des dreiundzwanzigsten Jahrhunderts vor Christus zu setzen sich gewöhnt hat. Ob wir es in diesen Herrschern mit historischen Persönlichkeiten zu tun haben oder nicht, darüber ist ein abschließendes Urteil sehr schwierig. Ihre Bezeichnung als Ti, d. i. Gott, „Divus", spricht nicht eben dafür, doch ist sie auch kein absoluter Gegengrund. Worauf es uns aber vor allem ankommt, ist, den Grund zu finden, der Kungtse bewogen hat, seine ideale Reihe von Kulturschöpfern mit ihnen zu beginnen. Wir haben folgende Äußerungen, die seine Auffassung von ihnen aussprechen:

1. Yao.

Der Meister sprach: „Groß wahrlich ist die Art, wie Yao Herrscher war. Erhaben: Nur der Himmel ist groß, nur Yao entsprach ihm. Unendlich: Das Volk konnte keinen Namen für ihn finden. Erhaben war die Vollendung seiner Werke. Strahlend waren seine Lebensordnungen."[81]

Yao sprach: „Du, o Schun, des Himmels Bestimmung der Zeiten kommt an deine Person. Halte treulich diese Mitte. Wenn die Menschen innerhalb der vier Meere in Bedrängnis und Mangel kommen, so wird des Himmels Lohn für ewig zu Ende sein."

Schun gebrauchte auch diese Worte, um Yü zu betrauen.[82]

2. Schun.

Der Meister sprach: „Erhaben war die Art, wie Schun und Yü den Erdkreis beherrschten, ohne daß sie etwas dazu taten."[83]

Tsï Lu fragte nach dem Wesen des Edlen. Der Meister sprach: „Er bildet sich selbst aus sittlichem Ernst." Tsï Lu sprach: „Ist es damit schon fertig?" Der Meister sprach: „Er bildet sich selbst, um andern Frieden zu geben." Tsï Lu sprach: „Ist es damit schon fertig?" Der Meister sprach: „Er bildet sich selbst, um allem Volk den Frieden zu geben. Sich selbst bilden, um allem Volk den Frieden zu geben: selbst Yao und Schun machte das noch Schwierigkeiten."[84]

Der Meister sprach: „Wer, ohne etwas zu tun, die Welt in Ordnung hielt, das war Schun. Denn wahrlich: was tat er? Er wachte ehrfürchtig über sich selbst und wandte ernst das Gesicht nach Süden, nichts weiter."[85]

3. Yü.

Der Meister sprach: „An Yü kann ich keinen Makel entdecken. Er war sparsam in Trank und Speise. Aber er war fromm vor Gott. Er trug selbst nur schlichte Kleidung, aber beim Gottesdienst war er in Purpur und Krone zugegen. Er wohnte in einer geringen Hütte, aber er verwandte alle Mittel auf die Regulierung der Gewässer. An Yü kann ich keinen Makel entdecken."[86]

Nehmen wir diese Stellen zusammen, so tritt uns daraus eine gemeinsame Charakteristik der Gesinnung und Methode entgegen. Wir sehen, was er an jenen Herrschern schätzt, ist nicht das, was sie tun und machen, sondern ihr Nichthandeln. Dieses „Nichthandeln" besteht darin, daß sie ihr eignes Wesen innerlich so steigern, daß das Tao des Himmels, das Weltgesetz, sozusagen automatisch durch sie wirken kann. Wie die Wirkungen dieser Regierung sind, darüber gibt ein altes Volkslied Auskunft, das einem Bauern zur Zeit Yaos in den Mund gelegt wird:

„Wenn die Sonne aufgeht, stehe ich auf,
Wenn die Sonne sinkt, so schlafe ich.
Ich baue meinen Acker und habe zu essen,
Ich grabe meinen Brunnen und habe zu trinken.
Des Herrn Macht, was geht sie mich an?"

Yao, der, incognito reisend, diese Worte gehört habe, soll sich erfreut an seine Umgebung gewandt haben mit der Bemerkung, daß zu hoffen sei, daß seine Regierung nicht drückend wirke. Was in Yao begonnen — das Eintreten mit der eigenen Person für das Volk — das setzt sich in Schun fort, und auch Yü, der mehr praktisch gerichtet ist, unterscheidet sich in nichts prinzipiell von seinen Vorgängern. Das Herrscher-, bzw. Kulturschöpferideal, das Kungtse diesen Gestalten entnimmt, ist also der Herrscher als ethische Naturkraft kosmischer Art. Wodurch diese Wirkungen ausgeübt werden, das zeigt sich sehr gut aus einer andern Unterhaltung.

Der Jünger Fan Tsch'i fragte nach dem Wesen der Sittlichkeit. Der Meister sprach: „Menschenliebe." Er fragte nach dem Wesen der Weisheit. Der Meister sprach: „Menschenkenntnis." Fan Tsch'i begriff noch nicht. Da sprach der Meister: „Dadurch, daß man die Geraden erhebt, daß sie auf die Verdrehten drücken, kann man die Verdrehten gerade machen." Fan Tsch'i zog sich zurück. Er sah seinen Mitjünger Tsï Hsia und sprach: „Eben war ich bei dem Meister und fragte nach dem Wesen der Weisheit. Der Meister sprach:

„Dadurch, daß man die Geraden erhebt, daß sie auf die Verdrehten drücken, kann man die Verdrehten gerade machen!' Was bedeutet das?" Tsï Hsia sprach: „Das ist ein reiches Wort! Schun hatte das Reich, er wählte unter allen und erhob Kao Yao, da verschwanden die Unsittlichen. T'ang hatte das Reich, er wählte unter allen und erhob I Yin, da verschwanden die Unsittlichen." [87])

Die Art der Wirkung dieser Herrscher beruht also darauf, daß sie durch ernste Selbstkultur die rechten Männer an sich heranzogen und diese dann wirken ließen. Diese zurückhaltende Regierung, die wirkt ohne zu reden, wie der Himmel wirkt, der ohne zu reden das Jahr im Kreislauf der Zeiten sich wandeln läßt, ist das Ideal des Kungtse. So stark war die Macht des Geistes in jenen Heroen, daß nicht die Erbfolge, sondern die Kraft der sittlichen Würdigkeit den Nachfolger bestimmte. Es war also eine Republik auf moralisch-religiöser Grundlage, die das chinesische Kulturideal bildete.

Auf die drei durch freie Wahl einander folgenden Herrscher folgt dann die erste Dynastie, die den Weg aller Dynastien geht: nach anfänglich bedeutenden Männern verkommt sie immer mehr bis sie schließlich in dem Tyrannen Kiä ihr Ende findet.

4. *T'ang.*

Hier tritt eine neue Gestalt in den Kreis des konfuzianischen Ideals ein. Der Neuschöpfer der Kultur — der Empörer als Heiliger. Dies ist die Bedeutung der Gestalt des Vollenders T'ang. Von ihm ist das Gebet erhalten, mit dem er nach beendetem Kampf vor Gott trat: „Ich, dein Sohn, wage es, ein dunkelfarbenes Rind zu opfern. Ich wage es, dir zu unterbreiten, o erhabener, erhabener Herrscher Gott, daß ich dem Sünder nicht wagte zu verzeihen; deine Knechte, o Gott, will ich nicht verdunkeln, ihre Prüfung geschehe nach deinem Herzen, o Gott. Wenn ich selbst Sünde habe, so rechne sie nicht den zehntausend Landen zu; wenn die zehntausend Lande Sünde haben, so bleibe die Sünde auf meinem Haupt."[88])

Man sieht aus diesem Gebet, das man als durchaus ernst gemeint auffassen muß, daß auch bei T'ang die Größe der Persönlichkeit vorhanden ist, die einen weitergehenden Einfluß auf die Gesellschaft auszuüben vermag. Dem Herrscher stand in dem merkwürdigen I Yin ein Gehilfe zur Seite, der mit starker Hand den weiteren Verlauf der Dynastie in den richtigen Geleisen erhielt. Mit fast autokratischer Härte hat er den Nachfolger T'angs von der Regierung ferngehalten, um dann doch im entscheidenden Moment zu dessen Gunsten freiwillig zurückzutreten. Die Schangdynastie, deren Name später anläßlich einer Verlegung der Hauptstadt in Yin geändert wurde, wird in der Regel von 1766 bis 1122 vor Christi angesetzt. Es war eine Übergangszeit. Das Patriarchat war noch nicht streng durchgeführt, häufig folgen Brüder einander auf dem Throne. Die literarischen Reste, die wir im Liederbuch aus jenen Zeiten haben, zeigen einen ausgeprägten Totemismus. Das weibliche Element hat im Buch der Wandlungen damals den Vorrang vor dem männlichen gehabt. Wir haben hier Verhältnisse, die sich in Laotses Philosophie bis auf einen gewissen Grad fortgesetzt haben. Der Gang der politischen Geschichte aber wies in eine andere Richtung.

Nachdem nämlich auch die Yindynastie dem Verfall anheimgegeben war, und der Tyrann Schou oder Tschou-Hsin sich in allen Stücken dem Tyrannen Kiä näherte, da trat ein neues Herrscherhaus in China auf, das am längsten von allen regiert hat: das Haus Tschou (1122 bis 249 vor Christus).

Dieses Geschlecht war von Westen her allmählich im Verlauf von mehreren Generationen unter dem Druck nachrückender Barbaren in China eingedrungen. Während es ursprünglich offenbar ein Nomadenvolk war, dessen Fürstin ihren Gatten auf dem Rücken des Pferdes auf seinen Zügen begleitete, hatte es mehr und mehr die chinesische Kultur angenommen. Es war unter der niedergehenden Yindynastie immer mehr zur Macht gelangt. Unter den Herrschern, die seine Stellung vorbereiteten, sind ebenfalls wieder drei, die Kungtse unter die Kulturschöpfer rechnet.

5. *König Wen (1231 bis 1134).*

Kungtse sagt über ihn: „Es ist nur König Wen, von dem man sagen kann, daß er keinen Grund zum Kummer hatte (in bezug auf Eltern wie Schun und Yü oder Söhne wie Yao und Schun). Sein Vater war Ki Li, sein Sohn der König Wu. Sein Vater legte den Grund zur Herrschaft, und sein Sohn brachte sie auf die Nachwelt. König Wu setzte das Werk des großen Königs (Tan Fu, des Großvaters von König Wen), des Königs Ki Li und des Königs Wen fort. Er schnallte ein einziges Mal seine Rüstung um und erlangte den Besitz des Reiches."[89]

König Wen besaß zwei Drittel des Weltreichs und blieb dennoch dem Hause Yin getreu. Das war die Tugend des Gründers des Hauses Tschou. Von ihm kann man sagen, daß er die höchste Tugend erreicht hat.[90]

Im Buch der Lieder heißt es: „Wie tief war König Wen. Wie klar und standhaft ernst hatte er acht, wo er weilte." Als Herrscher weilte er in Güte, als Diener weilte er in Sorgfalt, als Sohn weilte er in Ehrfurcht, als Vater weilte er in Zärtlichkeit, seinem Volk gegenüber weilte er in Treu und Glauben.[91]

Der Tyrann Tschou-Hsin ernannte den Grafen des Westens (Wen), den Fürsten von Kiu und den Fürsten von O zu seinen drei höchsten Ratgebern. Der Fürst von Kiu gab seine Tochter in den kaiserlichen Harem. Als sie nicht an den Ausschweifungen dort teilnehmen wollte, tötete sie Tschou-Hsin mit eigner Hand und ließ ihren Vater in Stücke hauen. Der Fürst von O, der widersprach, wurde ebenfalls zerhackt. Der Graf des Westens (König Wen) war damals in Ungnade gefallen und in Yu Li eingekerkert, wo er die Entscheidungsworte zum Buch der Wandlungen schrieb. Seine Söhne und Untertanen kauften ihn mit Schätzen und einem Mädchen los. Er wurde freigelassen und in größere Ehren eingesetzt als zuvor. Immer mehr wandten sich die Neigungen der Fürsten und des Volkes ihm zu. Dennoch blieb er sein ganzes Leben seinem Herrscher treu. Erst sein Sohn, der König Wu, unternahm es, ihn zu strafen.

6. *König Wu (1208 bis 1115).*

König Wu stand schon in hohem Alter, als er den Kampf gegen Tschou-Hsin aufnahm. Es kam zur Schlacht bei Mu Ye. Im Buch der Urkunden ist die Kriegserklärung des Königs Wu enthalten mit den Vorwürfen, die er dem Tyrannen Tschou-Hsin machte. Der Kampf entschied sich dadurch, daß die Linien des Tschou-Hsin unter sich in Kampf gerieten. Der König Tschou-Hsin floh und verbrannte sich in seinem Palast. König Wu ließ nach seinem Sieg die äußerste Milde walten. Er entließ das Heer. Er setzte einen Verwandten des Hauses Yin als Fürsten von Sung ein, damit die Opfer für das Haus Yin nicht erlöschen. Das Reich wurde verteilt als Lehen an die Verwandten und treuen Beamten des Hauses Tschou. König Wu sprach, nachdem er den Tyrannen Tschou-Hsin überwunden hatte:

„Groß ist der Lohn des Tschougeschlechts,
Tüchtige Männer sind sein Gut.
Mögen Verwandte zur Seite stehn:
Tugend allein ist ehrenwert.
Fehler des Volkes allzumal
Räche an mir, dem Einen, nur."

Das Haus Tschou achtete sorgsam auf Wage und Maß, prüfte Gesetze und Rechte, setzte entlassene Beamte wieder ein, und die Regierung der vier Himmelsgegenden nahm ihren Lauf. Es brachte erloschene Staaten wieder zur Blüte. Es wurde dafür gesorgt, daß vornehme Familien, die aus Mangel an männlichen Nachkommen ohne den ihnen zukommenden Opferdienst waren, durch Adoptionszuweisungen im Genuß ihrer Ahnenopfer blieben (damit auch im Jenseits jeder zu seinem Rechte kam). Leute, die sich in die Verborgenheit hatten zurückziehen müssen, wurden wieder ans Licht gebracht. Und alles Volk unter dem Himmel wandte ihm sein Herz zu. Was der König besonders wichtig nahm, war die Nahrung des Volkes, Totenbräuche und Opfer. Er war weitherzig, so gewann er das Volk; er war treu, so vertraute ihm das Volk; er war eifrig, so hatte er Erfolg; er war gerecht, so waren alle befriedigt.[92])

Kungtse sprach: „Wie weitreichend war doch die Kindesehrfurcht des Königs Wu und des Fürsten von Tschou. Kindesehrfurcht zeigt sich in der geschickten Ausführung der Wünsche der Ahnen und der geschickten Weiterführung ihrer Werke. Im Frühling und Herbst besserten und verschönerten sie die Tempelhallen ihrer Ahnen, sie bereiteten die Ahnenopfergefäße, sie entfalteten ihre Festgewänder und brachten die Opfer dar entsprechend der Jahreszeit. Durch die Sitten im Ahnentempel ordneten sie die königliche Familie nach ihren Verwandtschaftsgraden. Durch die Aufstellung des Opfergefolges nach dem Rang ordneten sie die Unterschiede von vornehm und gering. Durch Verteilung der Dienstleistungen ordneten sie Talent und Wert. Beim Umtrunk reichten die Untergebenen die Becher ihren Vorgesetzten, so wurde auch dem Niedrigsten etwas zu tun gegeben. Beim Schlußmahl wurden die Plätze angewiesen nach der Rangordnung des Alters, so daß auch der Unterschied der Jahre zu seinem Recht kam.

Sie saßen auf dem Thron ihrer Ahnen, übten ihre Sitten und machten ihre Musik. Sie ehrten die, die jene geehrt hatten, und liebten die, die jene geliebt hatten. So dienten sie den Toten, wie sie ihnen im Leben gedient hätten, und dienten den Abgeschiedenen, wie sie ihnen gedient hätten, wenn sie noch unter ihnen weilten. Durch den Brauch des Opfers für Himmel und Erde dienten sie Gott, durch die Bräuche im Ahnentempel opferten sie ihren Vorfahren. Wer die Bräuche der Opfer für Himmel und Erde und die Bedeutung der verschiedenen Ahnenopfer verstünde, fände die Regierung des Reichs so leicht, als in die Hand zu sehen."[93])

Der Meister sprach: „Die Tschoudynastie sieht auf zwei Dynastien zurück. Ihre ganze Bildung ist daher verfeinert. Ich schließe mich der Tschoudynastie an." [94])

Kung-Sun Tsch'ao von We befragte den Tsï Kung: „Wie kam Tschung Ni (i. e. Kungtse) zu seiner Bildung?" Tsï Kung sprach: „Der Pfad der Könige Wen und Wu ist noch nicht auf den Grund gesunken. Er ist noch vorhanden unter den Menschen. Bedeutende Männer wissen noch die Hauptsachen davon, unbedeutende Männer wissen noch die Nebensachen davon. Es gibt keinen Ort, wo der Pfad von Wen und Wu nicht mehr wäre. Wie hätte der Meister ihn da nicht kennen lernen sollen, und was brauchte er dazu einen einzelnen, bestimmten Lehrer?" [95])

Der Meister sprach: „Die Regierungsgrundsätze von Wen und Wu sind dargestellt in den Aufzeichnungen auf Holz und Bambus. Wenn die rechten Männer da sind, so wird die Regierung blühen; ohne diese Männer kommt die Regierung in Verfall und ruht." [96])

Der Meister sprach: „Seit König Wen nicht mehr ist, ist doch die Kultur mir anvertraut. Wenn der Himmel diese Kultur vernichten wollte, so hätte ein spätgeborner Sterblicher sie nicht überkommen. Wenn aber der Himmel diese Kultur nicht vernichten will: was können dann die Leute von K'uang mir antun?" [97])

7. *Der Fürst von Tschou († 1105).*

Vielleicht am nächsten von allen Heiligen der Vorzeit fühlt sich Kungtse mit dem jüngeren Sohn des Königs Wen, dem Prinzen Tan, Fürst von Tschou, verwandt.

König Wu hatte das Königtum erst im höchsten Alter errungen. Als er starb, hinterließ er ein unmündiges Kind auf dem Thron. Dieser Umstand war nun die Probe aufs Exempel, ob die von der Tschoudynastie vertretenen Grundsätze des Patriarchats und der darauf begründeten Erbfolge vom Vater auf den Sohn standhalten würden. In der vorangehenden Dynastie hatte die Sitte bestanden, daß der Thron von einem

Bruder auf den andern überging und die Söhne erst nachher daran kamen. Am Fürsten Tschou und seiner Standhaftigkeit lag es nun, ob er die neuen Sitten des Tschouhauses wahren oder ob er die Regierung an sich reißen wollte. Er hat das erste getan und hat als Vormund für den kleinen König Tsch'ong die Regierung treu und uneigennützig geführt. Von ihm stammen die meisten Einrichtungen der Tschoudynastie. Er ist der eigentliche Ausgestalter. Auch er hat Anfechtungen zu bestehen gehabt. Er wurde von seinen eignen Brüdern und ihrer Rotte bezichtigt, ehrgeizige Pläne zu haben, und mußte sich auch eine Zeitlang in die Verborgenheit zurückziehen. Hier hat er das Werk seines Vaters am Buch der Wandlungen fortgeführt und was sein Vater für die vierundsechzig Zeichen getan hatte, für die einzelnen Linien ausgearbeitet: Weisheitssprüche und Vorbedeutungen für die einzelnen Lagen gegeben. Später wurde er rehabilitiert. Er bekam den Lehnsstaat Lu übertragen, den er seinem Sohn übergab, da er für die Reichsregierung seine Kräfte brauchte. Dabei sprach er: „Der Edle vernachlässigt nicht seine Nächsten; er gibt seinen Dienern keinen Anlaß zum Groll darüber, daß er sie nicht gebraucht; alte Vertraute verwirft er nicht ohne schwerwiegenden Grund; er verlangt nichts Vollkommenes von einem Menschen."[98])

Daß Kungtse sich gerade diesem Mann besonders verwandt fühlte, kommt vielleicht daher, daß er ein Heiliger war, der selbst nicht auf dem Thron saß, somit die neue Zeit vorbereitete, die nun kommen sollte und die Kungtse selbst anfing: die Zeit des ungekrönten Königtums. Wie nahe Kungtse dem Fürsten von Tschou stand, geht aus einer Klage hervor, die er in einer trüben Zeit äußerte: „Es geht abwärts mit mir. Seit langer Zeit habe ich nicht mehr im Traum den Fürsten Tschou gesehen."[99]) Daß es sich hier um mystische Zusammenhänge handelt, die Kungtse in seiner anspruchslosen Art als „Traum" bezeichnet, braucht für die Kundigen nur angedeutet zu werden.

Dies also sind die sieben Kulturschöpfer, von denen Kungtse einmal sagte: „Sieben Männer gibt es, die geschaffen haben."[100])

Fassen wir zusammen, was das Charakteristische an diesen Gestalten für Kungtse war, in dem er sich mit ihnen eins wußte. Die vier ersten unter ihnen liegen zeitlich zu weit zurück, als daß er von allen ihren Einrichtungen noch hätte Gebrauch machen können. Was sie an einzelnen Kulturorganisationen geschaffen, war entweder schon Allgemeingut geworden und gehörte zu den selbstverständlichen Lebensgrundlagen, oder es war zeitlich bedingt und zeitlich vergangen. Er sagte: „Die Riten der Hsiadynastie könnte ich beschreiben, aber das Haus ihrer Nachkommen im Staate Ki ist nicht imstande, meine Worte zu bestätigen. Die Riten der Yindynastie könnte ich beschreiben, aber das Haus ihrer Nachkommen in Sung ist nicht imstande, meine Worte zu bestätigen. Der Grund dafür ist, daß ihre literarischen Urkunden und Gelehrten nicht auf der Höhe sind. Wenn sie auf der Höhe wären, so könnte ich mich auf sie berufen."[101]) Mehr als Einzelheiten — darunter allerdings die wichtige Einrichtung des Kalenders der Hsiadynastie — kann er also ihren Kulturorganisationen nicht entnehmen. Was von ihnen noch übrig blieb und wirkte, war ihre Persönlichkeit und die Art, wie sie dadurch, daß sie mit ihrer Persönlichkeit in unmittelbaren Kontakt kamen mit den letzten Tiefen kosmischer Wirklichkeiten, zu weltumgestaltenden und kulturschöpferischen Potenzen wurden. Dieses Prinzip des Nichtsmachens, sondern organischen Gestaltens ist es, was jene alten Heroen unsterblich macht. Für alles einzelne Gestalten sind es die Begründer der Tschoudynastie, auf denen er beruht und mit denen er sich in direkter Berührung weiß.

So hat er ein ganz klar definiertes Kulturideal sich durch seine Beschäftigung mit dem Altertum erworben. Dabei ist er weit entfernt davon, nur antiquarisch sich für diese Dinge zu interessieren. Er weiß sehr wohl, daß an allem Wirklichen vieles zeitlich bedingt ist, das man dem Strom der Zeit überlassen muß. Er sprach: „Ein Tor, der geneigt ist, sich auf sein eigenes Urteil zu verlassen, ein Mann aus niederem Stande, der geneigt ist, sich selbst Autorität anzumaßen, ein Mann, der geboren ist in unseren Tagen und zurückkehrt zu den Wegen des Altertums: solche Leute bringen sich nur ins Unglück."[102])

So steht er der Vergangenheit und ihren Idealen positiv, aber frei gegenüber. Er ist sich bewußt, daß er die Kraft besitzt, eine neue Kultur zu schaffen. Dieses Selbstbewußtsein verbirgt er zwar unter Äußerungen stolzer Bescheidenheit. Aber es ist der Kernpunkt seines Wesens, und niemand wird zu einem vollen Verständnis Kungtses gelangen, der nicht erkannt hat, daß er bewußt in sich die Kraft fühlt, an die Stelle der verfallenen Kultur der Tschou-Zeit eine neue, bessere, in organischem Zusammenhang mit dem Altertum, aber durchaus frei aus den Bedürfnissen der Gegenwart gestaltete Kultur aufzubauen.

Dieses Selbstbewußtsein drückt sich aus in der bekannten Sage, daß bei seiner Geburt ein Kilin erschienen sei, das einen Nephrit ausgespien habe, auf dem geschrieben stand: „Sohn der Wasserklarheit, als Nachfolger der untergehenden Tschou-Zeit wirst du als ungekrönter König herrschen." Wir sahen, wie er sich als Verwalter der Kulturgüter seit König Wen weiß. „Diese Kultur ist hier", das ist ein stolzes Wort, wie es nur auf Grund eines schöpferischen Selbstbewußtseins möglich ist. Sein Verkehr im Geiste mit den Heroen des Altertums, seine Träume vom Herzog von Tschou, sein Warten auf das Zeichen: „Der Vogel Fong kommt nicht, aus dem Fluß kommt kein Zeichen: es ist aus mit mir!"[103]) endlich seine Tränen, als das Kilin wirklich naht, das den großen Weisen begrüßen will, aber von roher Hand auf der Jagd getötet wird: das alles spricht deutlich genug für das Selbstbewußtsein, das in ihm war.

Freilich war er sich ebenso bewußt, daß, um wirken zu

können, er die Position dazu brauchte. Nur der Fürst, der die Macht hat, kann Kultur gestalten. Wollte ein Privatmann es versuchen, er müßte scheitern. „Wenn ein Mensch den Thron innehat, aber nicht die nötige Kraft des Geistes besitzt, soll er nicht wagen, Änderungen in der Kultur vorzunehmen. Ebenso wenn einer die Kraft des Geistes hat, aber nicht die höchste Autorität, so kann er es auch nicht wagen, Änderungen in der Kultur vorzunehmen." [102]) Für ihn kam es also, ebenso wie für seinen Geistesfreund, den Fürsten Tschou, darauf an, daß ihm Gelegenheit geboten wurde, unter einem verständnisvollen Fürsten zu wirken. Fand er diese Gelegenheit, so war er sicher, daß die neue Kultur unter seinen Händen entstehen würde. Immer wieder betont er es, daß, wenn ein Fürst ihn brauchte, er in drei Jahren das Werk vollenden würde. Die kurze Spanne Zeit, die ihm in seinem Heimatstaat vergönnt war, die Herrschaft zu führen, zeigt denn auch ein so übermächtiges Aufblühen gestaltender und ordnender Kräfte, daß sie wie ein Posaunenton durch die Weiten klang und jedermann im ganzen Reiche aufmerksam wurde, was dort in Lu geschah.

Aber die Eifersucht der Menschen hat ihm die Möglichkeit des Wirkens zunichte gemacht. Auf langen Wanderungen sucht er die Gelegenheit zu wirken und findet sie — nicht. Das hat ihn schließlich zu der großen Umkehr gebracht. Er mußte die Welt fahren lassen. Was ihm die taoistischen Eremiten und Narren von allen Seiten entgegenhöhnten, das mußte er als Wahrheit erkennen. Es ist nichts zu machen auf der Welt.

„Ist das der Mann, der weiß, daß es nicht geht, und doch fort macht?" Dieses Wort eines wunderlichen Heiligen über Kungtse bezeichnet unwillkürlich seine ganze Größe. Er machte weiter, auch wo nichts mehr zu hoffen war, und dadurch hat er gewonnen. —

Die Welt mußte er aufgeben. Die Gegenwart mußte er aufgeben. Nun wandte er sich an die Zukunft, der er das

Geheimnis überlieferte, wie Kultur gebaut und gestaltet wird. So wird er der große Sämann, der Schrift und Wort in den Acker der Zeit sät, wartend, wann und wo der Mann erstehe, der die Macht und Weisheit vereinige, um diese Lehren zu verwirklichen und dann die Zeit der großen Einheit herbeizuführen, da Friede auf Erden herrscht und die Menschen in Ordnung kommen. Das war seine Zukunftsvision.

Aber er war auch hier nicht der bloße Visionär, der Offenbarungen verkündigte, die vielleicht an irgendeinem Ort und irgendeiner Zeit sich verwirklichen, sondern er war auch hier der Mann der Tat. So paradox es klingt: seine Tat war die Literatur, die er begründet. Der große Schöpfer einer neuen Weltkultur: er beschränkte sich und wurde zum Begründer der chinesischen Literatur. Er wurde Überlieferer, Schriftsteller, Lehrer.

Sein innerliches eigentliches Wesen erkennen wir aus dem Wort: „Ich möchte lieber nichts reden." Tsï Kung sprach: „Wenn der Meister nicht redet, was haben dann wir Schüler aufzuschreiben?" Der Meister sprach: „Wahrlich, redet etwa der Himmel? Die vier Zeiten gehen ihren Gang, alle Dinge werden erzeugt. Wahrlich, redet etwa der Himmel?"[104]) Der Himmel redet nicht mit Worten, sondern mit Werken. Das war es, was eigentlich der Art des Meisters entsprach.

Nun verbirgt er sich in der Welt, in der tätigen Welt des Schrifttums. Erst fühlt er noch die Schwere, die sich um ihn häuft. Er, der emporgeblickt hatte über die Welt des Scheins, hinein in den Himmel, den dunkeln Nachthimmel, wo die Schöpfer standen, die Menschheit schufen, und wo sie sich ihm genähert und ihn begrüßt hatten in ihrem heiligen Kreise: er steigt nun wieder herunter in die Welt des Alltags. Jene Erlebnisse werden ihm zu Träumen. Und worüber der Meister nicht sprach: das war der Lohn, der Wille Gottes, die Menschengüte, Natur und Weltordnung.[105]) Manchmal noch entringt sich ihm ein Seufzer. Der Meister sprach: „Es gibt niemand, der mich kennt!" Tsï Kung sprach: „Was heißt das, daß niemand den Meister kenne?" Der Meister sprach: „Ich murre nicht wider Gott und grolle nicht den Menschen. Ich forsche hier unten, aber ich erschaue, was droben ist. Wer mich kennt, das ist Gott."[106]) Nun stellt sich bei ihm der Humor ein, mit dem er eintaucht in die Welt der Wirklichkeit. Er fügt sich in seine Umgebung. Der Meister war frei von vier Dingen: Er hatte keine Meinungen, keine Voreingenommenheit, keinen Starrsinn, keine Ichsucht.[107]) Ein Mann sagte über ihn: „Meister K'ung ist gewiß ein großer Mann und hat ausgebreitete Kenntnisse, aber er hat eigentlich nichts Besonderes getan, das seinen Namen berühmt machen würde." Der Meister hörte es und sprach zu seinen Jüngern: „Was könnte ich denn für einen Beruf ergreifen? Soll ich mich aufs Wagenlenken legen oder aufs Bogenschießen? Ich glaube, ich muß wohl das Wagenlenken erlernen."[108])

Und nun kommen jene Worte voll tiefster Resignation: „Überliefern und nicht schaffen, treu sein und das Altertum lieben: darin wage ich mich unserm alten P'ong zu vergleichen."[109]) Oder jenes andere, das später an den Anfang seiner Gespräche gestellt wurde und das recht verstanden, sein ganzes Geheimnis enthält:

„Forschen und gleichzeitig ausüben: ist das nicht erfreulich? Wenn es Freunde gibt, die aus großer Ferne kommen, ist das nicht fröhlich? Wenn die Menschen einen nicht kennen, doch nicht murren: ist das nicht die Art des Edlen?"

Aber umhüllt von dieser tiefsten Verborgenheit, der Verborgenheit des Alltags, da Forschen und Üben nur literarische Tätigkeiten waren, da die Freunde aus großen Fernen nur seine Träume besuchten, und da die Menschen nichts von ihm wußten, da hat er doch seinen Beruf erfüllt. Er hat die Schätze des Altertums der Nachwelt überliefert, hat das ganze Material und die Pläne zusammengetragen, aus denen jederzeit, wenn der Mann kam, der die geheimen Zeichen zu deuten verstand, der neue Bau der Kultur erstehen konnte.

Er hat Gericht gehalten über die Finsterniskräfte, die an

dem Leben der Kulturen nagen und sie zu Fall bringen. Sein letztes Vermächtnis war es, dieses Weltgericht in der Form der Weltgeschichte: die schlichten, starren Annalen von Frühling und Herbst, vor denen doch alle die aufrührerischen Knechte und die mörderischen Söhne erbebten. Frühling und Herbst ist das Werk eines königlichen Mannes, eben jenes ungekrönten Königs der Literatur, der in jenem Werke beginnt: „Es war im rechten Monate des Königs." Der rechte Monat des Königs ist eben der erste Monat der Zeitrechnung, die durch Kungtse in China bis auf den heutigen Tag die herrschende geworden ist. „Wer ist der König?" fragt geheimnisvoll der Kommentar. „Es ist der König der Kultur" (Wen Wang, man beachte den Doppelsinn, der in dem Worte liegt; man konnte an den alten König Wen dabei denken, aber dessen „rechter Monat" war ein anderer).

Auf jene Zeiten hohen Kulturschaffens, mit denen sich Kungtse im direkten Zusammenhang wußte, waren andere gefolgt. Das Geschlecht der Tschou beruhte in seiner Kultur auf zwei Grundpfeilern: dem patriarchalischen Familienverhältnis, dessen Grundlage die Kindesehrfurcht war, und dem feudalen Vasallenverhältnis, dessen Grundlage die Mannentreue war.

Wir sahen oben, wie die Religion der Tschouzeit eine Vereinigung der alten Naturreligion mit dem patriarchalischen Ahnenkult war. Die Zeit der Yindynastie war wegen ihres Aberglaubens bekannt. Wir sahen, daß die Reste des Totenkultus sich noch fanden, indem das Geschlecht seine Herkunft von der dunkeln Schwalbe ableitete. Wir finden außerdem auch Reste eines chthonischen Kultus. An den Terrassen des Erdaltars wurden Menschenopfer gebracht. Magische Bräuche sollten die dunkeln Dämonen abhalten, und das Grauen lauerte in den Tiefen des Geheimnisses. Demgegenüber sehen wir die reine Religion der Tschou, die ruhig und gemäßigt an jenen Abgründen vorbeigeht wie die homerische Religion an den prähistorischen Dämonenorgien in Griechenland. Die Familie wurde zusammengeschlossen unter dem freundlichen Walten der Ahnen. Die Ahnen kamen herbei als die gütigen Geister, die sich mit ihren Nachkommen freuten bei der großen und heiligen Opferfeier, die die religiöse Grundlage des Familienzusammenhaltes bildete. Und bei den königlichen Opfern, da war auch der höchste Ahn des Menschengeschlechtes, der himmliche Vater anwesend. Zu Beginn der Tschoudynastie war es gewesen, daß man die Ahnen des Herrschergeschlechts dem Himmel beiordnete bei den großen Opfern für Himmel und Erde, die auf dem Anger vor der Hauptstadt gebracht wurden. Der Herrscher war der Himmelssohn und hatte als solcher den Menschen gegenüber eine ebenso sehr hohepriesterliche wie königliche Stellung. Gott selbst war der weise, mächtige Herr des Himmels, der herabsah auf der Menschen Geschlechter, der die Guten belohnte und die Bösen bestrafte. Ihm zur Seite stieg König Wen auf und ab, der Freund Gottes, der mit ihm sprach wie Abraham oder Mose mit Jahveh.

Das war aber im Lauf der Zeiten alles anders geworden. Schon im Buch der Lieder wachen die Zweifel auf an der Allmacht und Güte Gottes. Mit der Religion ging die Moral in die Brüche. Auch das Tschoureich blieb nicht verschont von dem Verfall, den die andern beiden Dynastien gezeigt haben. Das hängt zusammen damit, daß der andere Grundpfeiler der Gesellschaft zusammenbrach: der Feudalstaat.

Die Tschoudynastie hatte das Reich sich angegliedert, indem sie ein moralisches Gleichgewicht schuf zwischen der königlichen Zentralmacht und den Ländern der Vasallen. Das Königsgebiet mit überragender Macht lag im Zentrum des Reichs. Es war umgeben von einem System von Lehnsstaaten. Die Verwandten des Königs, wie der Fürst von Tschou und die treuesten Diener des Hauses, wie der große Feldherr und Weise Lü Schang wurden mit Staaten belehnt. Das System war eine Kombination von Familienrücksichten und Rücksichten auf geleistete Verdienste. Die wichtigsten

Lehen waren im Zentrum, die unbedeutenderen an der Peripherie. Dieses System mußte aber aus dem Gleichgewicht kommen, sobald der Umkreis des politischen Schauplatzes sich ausdehnte. Dies geschah in doppelter Richtung. Einmal mußte das Königshaus seinen Sitz verlegen. Unwürdige Herrscher hatten das moralische Kapital der Ahnen verbraucht. So fanden sie nicht mehr die Unterstützung der Vasallen, als von Westen her feindliche Barbaren ihre Angriffe erneuerten. Zwar gelang es unter dem König Hsüan, das Herrscherhaus, dessen Zentralsitz nunmehr nach Loyang in Honan verlegt war, zu reorganisieren. Aber der Lehnsstaat Ts'in, der in die alte königliche Domäne einrückte und aus der allmählichen Unterwerfung der westlichen Stämme einen steigenden Machtzuwachs bezog, störte durch seine Uebermacht das Gleichgewicht im Reiche, besonders, da das Königshaus im Zentrum keine Ausdehnungsmöglichkeit besaß.

In ähnlicher Weise kamen im Süden, im Yangtsetal, die Staaten Wu und Tsch'u auf. Das waren Außengebiete in losem Zusammenhang mit dem chinesischen Kulturkreis gewesen, deren Herrscher den Titel von Baronen erhalten hatten, aus Gütigkeit sozusagen, um ihnen einen Platz zu verleihen in der Skala der chinesischen Rangordnung. Diese Staaten waren nun in vollem Umfang in den Kreis der innerchinesischen Politik eingetreten, ihre Herrscher nannten sich Könige, und sie haben jeweils die Führung im Reiche gehabt.

Auch die innerchinesischen Lehnsstaaten hatten sich verändert. Die kleineren begannen allmählich von ihren mächtigeren Nachbarn annektiert zu werden. Die größeren bildeten Heere aus und führten Krieg auf eigene Rechnung. Der Staat Ts'i unter dem Fürsten Huan und seinem Minister Kuan I Wu regierte eine Zeitlang tatsächlich das Reich, wenn er auch den Schein der Herrschaft des Königs von Tschou bestehen ließ. Das führte zu einem System fester Hegemonien, die jeweils entsprechend den kriegerischen Erfolgen wischen den verschiedenen Staaten wechselten. Dabei ging die Autorität des

Königshauses immer mehr zurück. Schon der zweite der Hegemonen, der Herzog Wen von Tsin, schonte auch nicht mehr die Form, sondern berief mit Gewalt den König zu der von ihm veranstalteten Fürstenzusammenkunft. Aber während in dauernden Machtkämpfen das Volk unter dem Ehrgeiz seiner Herrscher zu leiden hatte, während Not und Blutvergießen das weite Land erfüllten, nahm eine allgemeine Lockerung aller Bande der Autorität immer mehr überhand. Die Fürsten behielten schließlich in ihren eigenen Staaten nicht mehr die Herrschaft, sondern mächtige Adelsgeschlechter griffen nach der Gewalt im Staate, und immer näher rückte die Gefahr, daß die alten Dynastien ausgerottet wurden und Usurpatoren sich auf die Throne setzten. Damit ging Hand in Hand eine sich immer mehr breitmachende gesellschaftliche Umschichtung. Nachkommen von Fürsten wurden in die Sklaverei verkauft. Angehörige der niedrigsten Schichten kamen auf maßgebende Ministerposten. Eine kapitalistische Wirtschaftsordnung verdrängte mehr und mehr den alten Staatskommunismus, auf dem das Tschoureich beruhte. Das Privatkapital kam auf, und übte seine proletarisierenden Wirkungen auf die Glieder der alten Gesellschaft aus. Daß unter diesen Umständen auch die Religion und Moral ins Wanken geriet, ist selbstverständlich.

Schon im Buch der Lieder finden wir, daß der Glaube an den patriarchalischen Gott bedenklich ins Wanken geriet. Das Unglück war zu schwer, und zu wahllos traf es Gute und Böse, ja mehr die Guten, während mancher Frevler die Früchte seiner Untaten genoß. Es sind Zustände ähnlich wie sie in Israel während des Wechsels der politischen und wirtschaftlichen Verhältnisse sich finden. So kommen Zweifel auf an der Macht und Güte des Himmels, revolutionäre Stimmungen grollen in der Tiefe, während wieder andre die Welt ihren Gang gehen lassen und dem Augenblick abzugewinnen suchen, was er an Freuden zu bieten hat.

Die Moral war nicht dauerhafter als die Religion. Mongtse

sagt von jener Zeit: „Verkehrte Lehren und frevelhafte Taten gingen im Schwange. Es kam vor, daß Diener ihre Herren mordeten. Es kam vor, daß Söhne ihre Väter mordeten." In den zweihundertundvierzig Jahren der sogenannten Frühlings- und Herbstperiode kamen sechsunddreißig Fürstenmorde vor, darunter viele, bei denen es der Kronprinz war, der seinen Vater mordete. Adelsgeschlechter usurpierten die Herrschaft, wie das Geschlecht T'ien in Ts'i, die drei Prinzenhäuser in Lu, die sechs Ministerfamilien in Tsin. Weiberwirtschaft schlimmster Art machte sich an vielen Höfen breit.

Aber nicht nur die Untaten nahmen überhand, auch in der Theorie ging alles immer mehr in chaotische Unsicherheit über. Um sich einen Begriff zu machen von der Art dieser Gedankenströmungen, ist es von Nutzen, einen Zeitphilosophen der damaligen Tage näher zu betrachten: den Tong Si. Er lebte in dem Staate Tschong, wo der Freund von Kungtse, Tsi Tsch'an, Kanzler war. Es sind Werke von Tong Si vorhanden, die aber wohl zum größten Teil gefälscht sind. Der Anfang, der vielleicht echt ist, läßt eine äußerst radikale Weltanschauung sehen:

„Der Himmel meint es nicht gut mit den Menschen. Die Fürsten meinen es nicht gut mit dem Volk. Wie beweise ich das? Der Himmel vermag nicht die schädlichen Einflüsse abzuwehren und das Leben des Menschen zu verlängern, so daß die guten Menschen alle ein hohes Alter erreichen. Das zeigt, daß der Himmel es nicht gut mit den Menschen meint. Wenn unter dem Volk Diebe und Räuber, Lügner und Betrüger entstehen, so kommt das alles davon her, daß die Lebensmöglichkeiten nicht ausreichend sind, die Armut ist schuld daran. Aber die Fürsten wissen nichts anderes, als mit Gesetzen einzuschreiten und zu strafen. Das zeigt, daß die Fürsten es nicht gut mit dem Volke meinen."

Tong Si scheint sich regelrecht als Rechtsanwalt aufgetan zu haben. Er wußte jeder Seite ihre Wahrscheinlichkeit abzugewinnen und konnte aus Unrecht Recht und aus Recht Unrecht machen. Als Bezahlung nahm er für einen großen Prozeß ein Feierkleid und für einen kleinen Prozeß ein Obergewand. Wie er das handhabe, ergibt sich aus folgender Geschichte: „Ein Fluß war angeschwollen, und ein reicher Mann ertrank. Ein Fischer fand den Leichnam. Die Familie wollte ihn loskaufen, aber der Finder verlangte zu viel Geld. Da sagten sie es Tong Si. Der sprach: „Ihr könnt ruhig sein, es kauft ihm sonst niemand seinen Fund ab." Der Finder ward besorgt und wandte sich ebenfalls an Tong Si. Der sprach abermals: „Du kannst ruhig sein, sie können ihn sonst nirgends kaufen."

Er war nicht nur der erste Rechtsanwalt, sondern gab auch die erste Zeitung — offenbar oppositionellen Inhalts — heraus. Er pflegte seine Nachrichten öffentlich anzuschlagen. Tsi Tsch'an verbot es, Bekanntmachungen auszuhängen. Da versandte sie Tong Si. Tsi Tsch'an verbot den Versand, da schmuggelte sie Tong Si mit andern Dingen durch. So viele Verordnungen auch erlassen wurden, Tong Si wußte sie alle zu umgehen.

Es heißt dann, Tsi Tsch'an sei schließlich nichts übrig geblieben, als den Tong Si totzuschlagen. Das ist aber wohl kaum historisch richtig. Tsi Tsch'an zeigte sich im allgemeinen der öffentlichen Kritik gegenüber sehr großzügig. Tong Si wurde wahrscheinlich hingerichtet, aber erst nach Tsi Tsch'ans Tod.[110])

Jedenfalls gehörten solche Schwätzer mit ihren destruktiven Tendenzen zu den Irrlehrern, die Kungtse bekämpfte. Auch in Lu muß es solche Leute gegeben haben. Die Sage berichtet von einem einflußreichen Mann, namens Schao Tschong Mao, den Kungtse ohne weiteres habe hinrichten lassen, als er die Macht im Staate Lu erlangte. Auf das Ungesetzliche seines Vorgehens aufmerksam gemacht, habe er erwidert, er habe drei Fehler gehabt, noch schlimmer als Raub und Mord, er habe Parteiungen gebildet, er habe staatsgefährliche Ansichten verbreitet und habe die Vorstellungen von Recht und Unrecht verwirrt. Es ist nicht anzunehmen, daß Kungtse den Schao Tschong Mao auf diese Weise hat summarisch töten lassen, ohne einen Anlaß abzuwarten. Aber die Sage hat insofern recht, als Kungtse in diesen Heuchlern und Schwätzern seine grimmigsten Feinde sah.[111])

Er sprach: „Im Äußern streng und innerlich haltlos: das sind gemeine Menschen. Sind sie nicht wie Diebe, die durch die Wände graben und über die Mauern steigen?

Jene ehrbaren Leute im Land sind Räuber der Tugend.

Was man auf dem Wege aufgeschnappt, auf der Straße wieder weiterreden: das ist Preisgabe des Geistes.

Jene Niederträchtigen! Wahrlich, kann man denn mit ihnen zusammen einem Fürsten dienen? Wenn sie ihr Ziel noch nicht erreicht haben, so sorgen sie nur, es zu erreichen; wenn sie es dann erreicht haben, so sorgen sie nur, es nicht zu verlieren. In ihrer Sorge aber, ihre Stellung zu verlieren, scheuen sie vor keiner Gemeinheit zurück.

Bei den Alten gab es drei Fehler, die heute verschwunden sind. Früher waren die Schwärmer fanatisch, heute sind sie frech. Früher waren die Harten verschlossen, heute sind sie zänkisch und rechthaberisch. Früher waren die Toren gerade, heute sind sie verschlagen.

Glatte Worte und einschmeichelnde Mienen sind selten vereint mit Sittlichkeit.

Ich hasse es, wie das Violett den Purpur beeinträchtigt, wie die laszive Musik von Tschong die klassische Musik verwirrt, wie die scharfen Mäuler Staat und Familie umstürzen."[112])

Diese Umsturztendenzen nagten immer mehr an den Grundlagen des Bestehenden. Ihnen gegenüber vollzog der Meister jenes strenge Gericht in seinen Frühlings- und Herbstannalen dadurch, daß er die Dinge bei ihrem rechten Namen nannte, schwarz schwarz nannte und weiß weiß. Wir werden auf diese Tätigkeit noch zurückzukommen haben.

Neben diesen gemeinen, auf das grob Materialistische gerichteten Tendenzen waren aber auch noch sehr sublime Theorien im Umlauf, von denen auch schon die Rede war, die nicht minder lähmend wirkten. Unter den Feinden des Friedens gibt es nicht nur die Menschen, die einfach sagen, ich will den Krieg; es ist mir gleichgültig, ob die Welt zugrunde geht, wenn nur mein Eigensinn recht behält. Viel gefährlicher sind die Menschen, die eine fromme und religiöse Lebensansicht haben, die den Krieg verurteilen als vom Satan stammend, die den ewigen Frieden als ein Ideal anerkennen, aber nur der Theorie nach, im Jenseits oder in fernen, fernen Zeiten, die aber gerade aus ihrer Frömmigkeit die Berechtigung herleiten, zu hetzen zu einem frischen, fröhlichen Krieg.

Auch Kungtse hatte unter den Idealisten am meisten zu leiden, die der Meinung waren, daß die Welt so schlecht sei, daß ihr nicht mehr geholfen werden könne. Wir sind ihnen in der Lebensgeschichte des Kungtse wiederholt begegnet und haben gesehen, wie sie ihn mit Hohn verfolgten.

Die Welt ihrem Verderben zu überlassen, ist leicht. Bei diesem Verderben die Hände mit im Spiel zu haben und mit frommem Augenaufschlag zu freveln, ist noch leichter. Selbst unterzutauchen in die Hefe des Volkes und ein Leben des Narren zu führen, ist keine Kunst.

Aber nicht zu verzweifeln, das ist schwer. Kungtse hat seinen Standpunkt klar ausgesprochen, als er sagte: „Mit Vögeln und Tieren kann ich doch nicht zusammenleben; wenn ich nicht mit diesem Menschengeschlecht sein will, mit wem soll ich dann sein? Wenn die Wahrheit auf der Welt herrschte, so wäre ich nicht nötig, sie zu ändern."

Eben weil keine Wahrheit auf Erden war, deshalb lief er unermüdlich umher, um den Zustand der Unordnung zu verwandeln in den der Ordnung. Man muß diesen Punkt verstehen, um die Lehren des Meisters K'ung zu verstehen. Und wenn man diesen Punkt versteht, dann wird man auch verstehen, daß Kungtse nicht nur eine Persönlichkeit war, mit der sich kühle historische Forschung abzugeben hat, daß es nicht nur Modevorliebe für die Welt des Ostens ist, die ihn uns nahe bringt, sondern daß seine Probleme solche sind, die ihrem Wesen nach auch für unsere Zeit höchst aufregend und wichtig sind, und daß wir nicht an ihm vorbei dürfen, ohne uns mit ihm auseinanderzusetzen.

III. DIE LEHREN

1. Die Einheitslehre (Der durchgehende Faden)

Der Meister sprach: "Sï (Tsï Kung), du hältst mich wohl für einen, der vieles gelernt hat und es auswendig weiß?" Er erwiderte: "Ja, ist es nicht so?" Der Meister sprach: "Es ist nicht so; ich habe eines, um alles zu durchdringen."[113])

Der Meister sprach: "Nicht wahr, mein Schen (Tsong Schen), meine Lehre hat eines, um alles zu durchdringen?" Tsong Tsï sprach: "Ja." Als der Meister hinaus war, fragten die Schüler: "Was bedeutet das?" Tsong Tsï sprach: "Unsres Meisters Lehre ist Bewußtsein der Mitte und der Gleichheit: darin ist alles befaßt."[114])

Wir haben in diesen Aussprüchen das Zentrum des konfuzianischen Systems erfaßt. Er spricht es hier deutlich aus, daß seine Lehre einen durchgehenden Faden hat, an dem alles aufgereiht ist, was an Einzelheiten darin enthalten ist. Ohne diesen durchgehenden Faden wird es nie gelingen, das Einheitliche an Kungtse zu verstehen, und statt eines Kulturschöpfers erster Ordnung haben wir dann nur einen Aphorismensammler vor uns.

Was zunächst von großer Wichtigkeit ist, das ist die Methode, die in diesen Worten liegt, kennen zu lernen. Wir werden dann sehen, wie diese Methode sich ganz von selber auf die Theorie und die Praxis (Erkennen und Handeln) anwenden läßt.

Dieser durchgehende Faden des Meisters ist zunächst die Einheit des Bewußtseins in Konzentration und Expansion. Dies ist ausgesprochen in dem Wort Tsong Tsï's, daß des Meisters Lehre Bewußtsein der Mitte und der Gleichheit sei. Das chinesische Wort, das wir mit "Bewußtsein der

Mitte" wiedergegeben haben, heißt Tschung. Es wird geschrieben mit dem Zeichen „Mitte", unter dem das Zeichen „Herz" steht. Das Zeichen, das wir mit „Bewußtsein der Gleichheit" wiedergegeben haben, heißt Schu. Es wird geschrieben mit dem Zeichen „wie", unter dem das Zeichen „Herz" steht. Wir haben hier also zunächst den Vorgang der Konzentration, die Wendung des Bewußtseins zur eignen Tiefe des Innern. In dieser Tiefe leben die Urbilder des Seins, die Ideen. Diese Urbilder werden geschaut zunächst als das tiefste einheitliche Menschenwesen. Das „Bewußtsein der Mitte" erfaßt also in seiner Konzentration das Menschenwesen, den Menschen, die Menschheit. Hier ist der Zugang zu einer jenseitigen Intuition. Das Menschenwesen liegt nämlich jenseits der Individuation, auch jenseits des eignen Individuums. Diese Innenschau dringt dann noch eine Stufe tiefer und erfaßt das Menschenwesen als Schicksal, als „Willen des Himmels". In dieser Zusammenschau von Menschheit und Gottheit kommt das „Bewußtsein der Mitte" zum Ziel. Wir haben hier also ein sehr tiefes Eindringen in die unterbewußten Regionen, wo das Individuelle und Kosmische eine letzte Einheit bilden. Dieses Eindringen ist kein rein intellektueller Akt. Es ist zugleich eine Kraftquelle, wie ja jeder Anschluß an die intelligible Welt und ihre Imperative eine Triebfeder der reinen Vernunft enthält. Daher kommt es, daß das „Bewußtsein der Mitte", wo es in mehr exoterischem Zusammenhang steht, recht wohl mit Gewissenhaftigkeit, Treue und dergleichen wiedergegeben werden kann. Es wurde hier nur der durchgehende Faden in seine letzten Tiefen verfolgt.

Mit dieser Auffassung haben wir einen esoterischen Punkt in der Lehre des Meisters berührt, über den er sich gewöhnlich nicht zu äußern pflegte.[115]) Aber seine Erkenntnis gibt uns Licht über eine Menge von Stellen, die alle in diese Richtung weisen.

Hierher gehören zunächst die Aussprüche der Schrift über Maß und Mitte, die, wenn sie auch späteren Ursprungs ist, dennoch durchaus im Zusammenhang mit der konfuzianischen Lehre steht: „Wer sein Herz (Bewußtsein) völlig zu ergründen vermag, der vermag sein (überbewußtes) Wesen zu ergründen..., der vermag das überbewußte Wesen des Menschen zu ergründen..., der vermag mit Himmel und Erde die große Dreiheit zu bilden im Schaffen und Erhalten."[116]

„Das, was vom Himmel als Schicksal bestimmt ist, heißt das (überbewußte) Wesen."[117]

„Der vollkommen Wahre vermag sein Wesen zu ergründen."[118]

„Dem Wesen nach stehen die Menschen einander nahe, durch Gewöhnung erst rücken sie einander fern."[119]

„Wer das Schicksal nicht kennt, kann nicht ein Edler genannt werden."[120]

„Will man den Menschen kennen, muß man notwendig den Himmel kennen."[121]

Wir haben denselben Hergang in der einen, der konzentrativen Hälfte der großen Wissenschaft: „Wer seine Person zu bilden bedacht ist, muß sein bewußtes Seelenleben (Herz) in Ordnung bringen; um das Seelenleben in Ordnung zu bringen, muß man die Ideen (aktiven Gedankenkomplexe) wahr machen; um die Ideen wahr zu machen, muß die Erkenntnis ans Ziel kommen. Das Ziel der Erkenntnis beruht auf dem Erfassen der Wirklichkeit."

Auch hier führt eine immer weiter gehende Konzentration auf das Erfassen der kosmischen überindividuellen Tatsachen. Diese intuitive Konzentration ist von jeher auch der Weg der Mystik gewesen. Der Gedanke des Tao bei Laotse ist ganz in der Richtung dieser Erwägung. Die Vereinigung des Menschen mit dem Tao geht ebenfalls auf die Weise vor sich, daß immer weiter von den Unterschieden und Gegensätzen abstrahiert wird, bis wir schließlich jenseits der polaren und daher diesseitigen Gegensätze und jenseits selbst aller Namen und Bezeichnungen über die verschwommen existierenden Bilder (Ideen) zu der namenlosen Einfalt kommen, in der alle Gegensätze aufgehoben sind, zu jenem ewig Mütterlichen, das die Quelle der Erscheinungen ist, die sich endlos drängen und nur wie beharrend erscheinen. Die Vereinigung mit diesem Namenlosen ist das mystische Erlebnis im Taoismus. Das große Meer des Tao nimmt alles einzelne in sich auf und löst alle Gegensätze, Unvollkommenheiten und Schmerzen auf. Der Mensch kehrt zurück zum Mutterschoß der Natur und versinkt im großen Meer des ewigen Werdens und Vergehens, und während alles Individuelle geboren wird und stirbt, hat er die große Einheit erlangt, die jenseits von Geburt und Tod ewig schwebt mit dem großen Unendlichen.

Hiervon unterscheidet sich nun Kungtse ganz wesentlich. Für ihn ist das Individuelle nicht etwas, das er aufgibt, sondern es bleibt für ihn bestehen als das eigentliche Kraftfeld der Wirksamkeit. Indem er nämlich als letzte Einheit den Willen Gottes, das kosmische Schicksal, erfaßt, liegt darin ein Antrieb, nicht in quietistischer Überlegenheit sich aus der Welt zu entfernen, sondern aus dem Jenseits des Überbewußten wieder zurückzukehren in die Welt des Bewußten.

Dabei bleibt natürlich die Wirkung bestehen, daß die Schranken zwischen Ich und Du gefallen sind. Indem er auf dem Hintergrund des Ich das Menschenwesen entdeckt hat, hat er gleichzeitig auch den Hintergrund gefunden, von dem im Reich der Einzelwesen und Gegensätze sich das Du abhebt. Indem er im Überbewußtsein den Hintergrund gefunden hat, hat er auch eine Berührung und Wirkungsmöglichkeit entdeckt. Das Bewußtsein der Mitte, wenn es sich auf die vielgestaltige Welt der Wirklichkeit zurückwendet, wird zum Bewußtsein der Gleichheit, Schu.

Auch hier haben wir eine ganze Reihe von Stellen zur Verfügung, die auf die Früchte dieser Betätigung hinweisen.

Tsï Kung fragte: „Gibt es ein Wort, nach dem man das ganze Leben hindurch handeln kann?" Der Meister sprach: „Das Bewußtsein der Gleichheit (Nächstenliebe). Was du selbst nicht wünschest, tu nicht den andern!" [122])

Tsï Kung sprach: „Wenn einer dem Volke reiche Gnade spendete und es vermöchte, die ganze Menschheit zu erlösen, was wäre ein solcher? Könnte man ihn sittlich nennen?" Der Meister sprach: „Nicht nur sittlich, sondern göttlich wäre der zu nennen. Selbst Yao und Schun waren sich mit Schmerzen der Schwierigkeit davon bewußt. Was den Sittlichen (Menschenliebenden) anlangt, so festigt er die Menschen, da er selbst wünscht, gefestigt zu werden, und hilft den Menschen zum Erfolg, da er selbst wünscht, Erfolg zu haben. Das Nahe als Beispiel nehmen können, das kann als Mittel zur Sittlichkeit (Menschenliebe) bezeichnet werden." [123])

In der Großen Wissenschaft heißt es:

„Was du an deinem Oberen hassest, das biete nicht deinem Unteren. Was du an deinem Unteren hassest, damit diene nicht deinem Oberen. Was du an deinem Vorgänger hassest, damit gehe nicht deinem Nachfolger voran. Was du an deinem Nachfolger hassest, damit folge nicht deinem Vorgänger nach. Was du an deinem Nachbarn zur Rechten hassest, das bringe nicht deinem Nachbarn zur Linken entgegen. Was du an deinem Nachbarn zur Linken hassest, das bringe nicht deinem Nachbarn zur Rechten entgegen. Das heißt der Weg der Anwendung des Maßstabes."

In Maß und Mitte heißt es:

„Bewußtsein der Mitte und der Gleichheit sind nicht fern von dem rechten Wege. Was du nicht liebst, wenn es dir angetan würde, das tu niemand anderem an. Es gibt vier Pfade des Edlen, von denen ich auch nicht einen wirklich ausüben kann: Was ich von meinem Sohne wünsche, meinem Vater zu tun, das kann ich noch nicht; was ich von meinem Diener wünsche, meinem Herrn zu erweisen, das kann ich noch nicht; was ich von meinem jüngeren Bruder wünsche, meinem älteren Bruder zu tun, das kann ich noch nicht; was ich von meinen Freunden wünsche, ihnen erst zu erweisen, das kann ich noch nicht."

Mongtse sprach:

„Meine Alten ehren, so daß es den Alten der andern zugute kommt, meine Jungen pflegen, so daß es den Jungen der andern zugute kommt . . . . Worin die Leute des Altertums andern Menschen so ungeheuer weit überlegen waren, ist nichts anderes, als daß sie es gut verstanden, das, was ihnen am Herzen lag, zu übertragen."

Wir haben hier ebenso wie in der Lehre Christi die sogenannte Goldene Regel. Man hat viel davon gesprochen, daß sie im Konfuzianismus nur in ihrer negativen Form sich finde, und namentlich Missionare haben daraus einen Beweis gemacht, daß das Christentum als Moral eben doch viel höher stehe. Wie man sieht, ist das weiter nichts als Unkenntnis des Tatbestandes. Die goldene Regel findet sich sowohl in ihrer negativen als auch in ihrer positiven Form im Konfuzianismus.

Gewiß, die negative Form herrscht vor. Einmal weil es die Form ist, die unbedingter und allgemeiner angewandt werden kann. Unannehmlichkeiten sind etwas, das sehr schnell empfunden wird und das zu vermeiden verhältnismäßig leicht ist. Und wieviel ist damit schon gewonnen, wenn man einander in Ruhe läßt mit den Dingen, die man selbst nicht wünscht, daß sie einem angetan werden. Die positive Form, den andern das zu tun, was man selbst getan wünscht, bedarf einer gewissen Einschränkung. Denn für einen eifrigen Bekehrer mag es unter Umständen wünschenswert sein, wenn man ihn derb anfaßt, ihm die Höllenstrafen vormalt und ihn dann durch die Gnade auf den Weg der Erlösung weist. Zum mindesten wird er sich einbilden, dies zu wünschen. Wenn er aber daraus die Christenpflicht ableitet, zur Zeit oder Unzeit, ob erwünscht oder nicht erwünscht, seinen Nebenmenschen mit seinen Bekehrungsreden lästig zu fallen, so kann er damit beträchtliche Unannehmlichkeiten diesen Nebenmenschen zufügen.

Darum hat die etwas kühlere und vorsichtigere Form, in der die chinesische Regel gefaßt ist, immerhin auch gewisse Vorzüge.

Worauf es aber ankommt, ist, daß wir in den angeführten

Stellen deutlich sehen, wie auf Grund der Konzentration, die ins eigene Innere vordringt und dort Gott findet, ein Impuls erwacht, der expansiv über das eigne Ich hinaus sich erstreckt und dort ebenfalls „den Menschen", das Gleichgeartete, entdeckt. Wir haben hier das Gegenteil des ethnischen Egoismus, der das Göttliche aus sich hinaus projiziert und das Menschliche nur in sich selbst findet. Liang K'i Tsch'ao bemerkt sehr richtig, daß das Wesentliche bei diesem Bewußtsein der Gleichheit der Schluß von sich auf die anderen ist. Nur wo die Gemeinsamkeit der Art vorhanden ist, kann man von einem auf den andern schließen. Wenn das, was ich nicht wünsche, etwa einem Hund oder Pferd geschieht, so kann man nicht wissen, ob es sich vielleicht trifft, daß sie es sehr wünschen. Wenn ich aber Mensch bin, und der andre ist auch Mensch, und ich empfinde das Widerfahren von etwas als schmerzlich, so wird jener, wenn es ihm widerfährt, es sicher ebenso wie ich als schmerzlich empfinden. Wenn ich nun von meinem Bewußtsein auf das seine schließe und es ihm nicht antue, so äußert sich die negative Seite der Sympathie. So sagt Mongtse: „Wer ein starkes Bewußtsein der Gleichheit hat und danach handelt, der kommt der Menschenliebe am nächsten." Negativ ist also das Gefühl der Gleichheit der Menschenliebe nahekommend. Positiv geht aber die Menschenliebe noch einen Schritt weiter. Kungtse sagt: „Was den Menschenliebenden anlangt, so festigt er die Menschen, da er selbst wünscht, gefestigt zu werden, so hilft er den Menschen zum Erfolg, da er selbst wünscht, Erfolg zu haben. Das Nahe als Beispiel nehmen können, das kann als Mittel zur Menschenliebe bezeichnet werden." Beispiel bedeutet Vergleich. Daraus, daß ich existiere, durch Vergleich zu wissen, daß der andre existiert, daraus, was ich wünsche, durch Vergleich zu wissen, was der andre wünscht, das heißt das Nahe als Beispiel nehmen können. Das Nahe als Beispiel nehmen, ist eben das Bewußtsein des Gleichen. Indem Liebe sich begrifflich von diesem Bewußtsein des Gleichen unterscheidet, besteht der Unterschied darin, daß das Bewußtsein des Gleichen hauptsächlich das betont, was man selbst nicht wünscht, während die Liebe darauf gerichtet ist, das auf andere zu übertragen, was man selbst wünscht. An dem Ort, an dem ich jetzt stehe, sind sicher noch andere von derselben Art, die aufeinander angewiesen sind, um festzustehen. Der Ort, den ich zu erreichen wünsche, ist sicher einer, den andere Gleichgeartete mit mir zusammen zu erreichen streben. Woher kommt das? Die Art des menschlichen Lebens ist so beschaffen, daß es auf der Vereinigung und Verbindung von Einzelnen beruht. Wenn nicht alle diese Einzelnen gemeinsam an diesem Platze stehen, so kann ich allein nicht bestehen; wenn nicht alle diese Einzelnen gemeinsam diesen Ort erreichen, so kann ich ihn allein nicht erreichen. Die Menschen zu festigen, den Menschen zum Erfolg zu helfen, bedeutet also nicht, andere Menschen zu festigen und zu fördern, sondern den Menschen, die Menschheit zu festigen und zu fördern. Die andern bilden mit mir gemeinsam die Menschheit; wenn ich daher die andern festige und fördere, so festige und fördere ich damit die Menschheit und damit auch mich. Wenn man mit der Methode, die das Nahe als Beispiel nimmt, diesen Gedanken erprobt, so wird alles klar; deshalb heißt es, daß sie ein Mittel zur Menschenliebe ist. Wenn Hand oder Fuß das Gefühl verloren haben, so nennt man sie gefühllos, weil sie mit dem Körper, von dem sie Teile sind, nicht zusammen fühlen. Erst mehrere Menschen zusammen können eine menschliche Gemeinschaft bilden; wenn nun einer um die gemeinsamen Empfindungen sich nicht kümmert, so heißt das Gefühllosigkeit, das Gegenteil ist Menschenliebe. Von hier lassen sich die Begriffe der Menschenliebe und der Gefühllosigkeit definieren: Gefühllos ist derjenige, in dem die Gefühle für die Gemeinsamkeit erstorben sind, und menschenliebend ist der, in dem die Gefühle für die Gemeinsamkeit lebendig sind." [134])

Wir sehen hier einen neuen Begriff verwendet, den Liang K'i Tsch'ao als das positive Gegenstück des Bewußtseins der Gleichheit auffaßt: den Begriff der Menschenliebe oder Sittlichkeit. Dieser Begriff hat im konfuzianischen System eine zentrale Stellung. Während das Bewußtsein der Mitte und das Bewußtsein der Gleichheit sozusagen den Weg bilden zur Erkenntnis des Gemeinsamen, Überindividuellen, ist der Begriff der Menschenliebe ein Wesensbegriff. Ehe wir an seine Darlegung gehen, müssen wir noch einige Belege beibringen für den Weg der Einheit, den jene beiden Begriffe führen.

„Die Erkenntnis des Bewußtseins der Mitte führt zur Erkenntnis der Mitte. Die Erkenntnis der Mitte führt zur Erkenntnis der Gleichheit. Die Erkenntnis der Gleichheit führt zur Erkenntnis des Äußeren. Innere Meditation bis zur Ergründung des Bewußtseins heißt Erkenntnis der Mitte. Von der Mitte aus der Wirklichkeit begegnen, heißt Erkenntnis des Bewußtseins der Gleichheit. Innerlich die Gleichheit im Bewußtsein haben und von da aus auf das Äußere schließen, heißt Erkenntnis des Äußeren." [135])

„Die Fähigkeit des Bewußtseins zum Schließen auf Ähnliches heißt das Bewußtsein des Gleichen. Geschlossenheit in der Unterscheidung der Dinge heißt Bewußtsein der Mitte. Darum ist die Fähigkeit, wenn man eines hört, zehn zu wissen, wenn eine Ecke genannt wird, es auf die drei andern Ecken zu übertragen, Sache des Bewußtseins der Gleichheit; Geschlossenheit in der Unterscheidung der Dinge, nach den verborgenen Anzeichen die gesetzmäßigen Richtlinien zu erkennen, ist die Sache des Bewußtseins der Mitte. Intuitive Erkenntnis ist Sache des Bewußtseins der Mitte. Überwindung der Hemmung durch die Mannigfaltigkeit ist Sache des Bewußtseins der Gleichheit." [136])

Die „Überwindung der Hemmung durch die Mannigfaltigkeit" ist eigentlich ein Ausdruck, der in der Philosophie des Mo Ti vorkommt. Was hier damit gemeint ist, ist jedoch klar: daß man nämlich sich in der Erkenntnis der wesentlichen Einheit des Menschen nicht durch die Vielheit der Erscheinung, die Menge der einzelnen Menschen, stören läßt, sondern in ihnen allen das e i n e metaphysische Menschenwesen erkennt.

Diese Ausführungen sind deshalb sehr interessant, weil sie zeigen, wie diese Begriffe im konfuzianischen System sich nicht auf das ethische Gebiet beschränken, sondern zugleich als erkenntnistheoretische Methoden eine Rolle spielen. Daß sie für Kungtse auch beim Unterricht seiner Schüler von großer Bedeutung waren, geht aus folgenden Stellen hervor:

Tsï Kung sprach: „Arm sein ohne zu schmeicheln, reich sein ohne Hochmut: wie ist das?"

Der Meister sprach: „Es geht an, kommt aber noch nicht dem gleich: arm und doch fröhlich sein, reich und doch die Sitte lieben."

Tsï Hsia fragte: „Was bedeutet die Stelle:
> Erst geschnitten, dann gefeilt,
> Erst gehauen, dann geglättet.

Damit ist wohl eben das gemeint?"

Der Meister sprach: „Mit dir kann man anfangen, über die Lieder zu reden; sage ich die Folgerung, so kannst du das zugrunde liegende Gesetz finden."[137])

Tsï Hsia fragte: „Was bedeutet die Stelle:
> Ihres schelmischen Lächelns Grübchen,
> Ihrer schönen Augen Blinken
> Macht schlichtes Weiß zur höchsten Zier."

Der Meister sprach: „Beim Malen ist das Schlichte das letzte." Der Schüler sprach: „Also sind die Formen des Benehmens das letzte." Der Meister sprach: „Wer mir behilflich ist, meine Gedanken herauszubringen, das ist Schang (Tsï Hsia). Mit dem kann man anfangen, über die Lieder zu reden."[128])

Diese Stellen zeigen Auswirkungen des Bewußtseins der Mitte. Sie führen von den Folgerungen auf den Grund (Induktionsverfahren).

Der Meister sprach: „Wer nicht strebend sich bemüht, dem

helfe ich nicht voran. Wer nicht nach dem Ausdruck ringt, dem eröffne ich ihn nicht. Wenn ich eine Ecke zeige, und er kann es nicht auf die drei andern Ecken übertragen, so wiederhole ich nicht." [129])

Der Meister sagte zu Tsï Kung: „Du oder Yän Hui, wer von euch beiden ist weiter?" Er erwiderte: „Wie könnte ich wagen, auf Hui zu blicken! Wenn Hui eines hört, so weiß er zehn. Wenn ich eines höre, so weiß ich zwei." Der Meister sprach: „Du kommst ihm nicht gleich. Ich gebe dir zu, du kommst ihm nicht gleich!" [130])

In diesen Gesprächen zeigt sich die Auswirkung des Bewußtseins der Gleichheit (Analogieschluß). Wenn nun auch diese Methoden als Erkenntnismethoden in Betracht kommen, so sind sie natürlich in erster Linie von Wichtigkeit als Methoden des praktischen Verhaltens, die als solche über die Vereinzelung hinausführen zur Erkenntnis und dem Gefühl der Gemeinsamkeit.

Dieses Gefühl der Menschenliebe ist für Kungtse die höchste Sittlichkeit. Das chinesische Wort Jen besteht aus dem Zeichen „Mensch" und „zwei". Es deutet also auf das Verhältnis von Mensch zu Mensch. So wird es auch definiert. Menschenliebe heißt Menschentum, der rechte Weg des Menschen. Es ist eine soziale Empfindung und soziale Erkenntnis. Dieser Begriff des Menschentums, der Menschenliebe, steht daher nicht nur im Zentrum der Ethik des Kungtse, sondern überhaupt der Wissenschaft. Denn für Kungtse ist Wissenschaft eben das Wissen vom Menschen und Sittlichkeit die Liebe zum Menschen. Was er dabei unter dem Weg, Tao, versteht, ist nicht der geheime Sinn der Welt, das automatisch sich durchsetzende Gesetz des Himmels, wie bei Laotse, sondern der Weg, das Tao, ist der Weg des Menschen, der Weg, auf dem die Natur, das Wesen des Menschen sich zu bewegen hat. Denn die konfuzianische Wissenschaft beschäftigt sich mit dem Problem, was der Mensch sein muß, um Mensch zu sein. Während bei Laotse das Tao zur Natur hinführt und dies ganze Menschenwesen auflöst in jenem unendlichen Meer, führt der Weg des Menschen, den Kungtse betont, zur Kultur, zur Pflege und Erhöhung der menschlichen Natur.

Wie hoch Kungtse die Menschenliebe achtete, geht auch noch aus folgenden Aussprüchen hervor:

„Ein Mensch ohne Menschenliebe (Güte), was hilft dem die Form? Ein Mensch ohne Menschenliebe, was hilft dem die Musik?" [131])

„Ohne Menschengüte kann man nicht dauernde Bedrängnis ertragen, noch langen Wohlstand ertragen. Der Gütige findet in der Güte Frieden, der Weise achtet die Güte für Gewinn." [132])

„Nur der Gütige kann lieben und hassen." [133])

„Wenn der Wille auf die Güte gerichtet ist, gibt es kein Böses." [134])

„Wessen Herz drei Monate nicht von der Güte abweicht, der wird sie dann in seinem übrigen Leben alle Monate und Tage zu erreichen wissen." [135])

Fan Tsch'i fragte, was Weisheit sei. Der Meister sprach: „Seiner Pflicht gegen die Menschen sich weihen, Dämonen und Götter ehren und ihnen fern bleiben: das mag man Weisheit nennen." Er fragte, was Güte sei. Er sprach: „Der Gütige setzt die Schwierigkeit voran und den Lohn hintan: das mag man Güte nennen." [136])

Der Meister sprach: „Der Wissende freut sich am Wasser, der Gütige freut sich am Gebirge. Der Wissende ist bewegt, der Gütige ruhig; der Wissende hat viele Freuden, der Gütige hat langes Leben." [137])

Der Meister sprach: „Weisheit macht frei von Zweifeln, Güte macht frei von Trauer, Entschlossenheit macht frei von Furcht." [138])

Yän Hui fragte nach dem Wesen des Menschentums (Güte). Der Meister sprach: „Sich selbst überwinden und sich den Gesetzen der Schönheit zuwenden: dadurch bewirkt man Menschengüte." [139])

Fan Tsch'i fragte nach dem Wesen der Menschengüte. Der Meister sprach: „Liebe zu den Menschen." Er fragte nach dem Wesen der Weisheit. Der Meister sprach: „Kenntnis des Menschen." [140])

Der Meister sprach: „Ein willensstarker Mann von gütiger Gesinnung strebt nicht nach Leben auf Kosten der Güte. Ja, es gab solche, die ihren Leib in den Tod gaben, um ihre Güte zu vollenden." [141])

2. Die Organisation der menschlichen Gesellschaft
A. Die Ziele

Die allgemeine Menschenliebe ist ein Ideal, das außer Kungtse auch Mo Ti durchzuführen bestrebt ist. Aber Mo Ti bleibt viel mehr auf die Welt der Erscheinung beschränkt. Er kennt wohl einen Gott im Himmel, der die Menschen liebt und will, daß die Menschen einander lieben sollen. Aber von da aus geht er dann direkt weiter und zieht die einfache Folgerung, daß die einzelnen Menschen gleiche Bedürfnisse haben, daß deshalb die Liebe sich gleichmäßig auf alle zu erstrecken habe, daß jeder jeden in gleicher Weise lieben solle, daß alle Unterschiede nach Möglichkeit aufzuheben seien und Einschränkung aller zu vielen Ausgaben, aller Kunst und bloßen Schönheit die Mittel beschaffen soll für das möglichst große Glück der möglichst großen Zahl. Es ist kein Zweifel, daß der Weltanschauung des Mo Ti persönlich ein großer sittlicher Ernst zugrunde lag, und es ist kein Wunder, daß sie eine Zeitlang mindestens ebenso viele Aussicht auf Durchdringen hatte wie die konfuzianische. Sie hat für den modernen Menschen etwas Bestechendes durch die rationale Mechanik in der Auffassung der Menschen.

Dennoch steht die Lösung Kungtses ungleich höher. Auch für ihn ist kein Klassenunterschied unter den Menschen von prinzipieller Bedeutung, da, wie wir ja sahen, das

Menschenwesen in jedem Menschen vorhanden ist. Aber worauf es ihm ankommt, ist eine Organisation der Menschheit. Für ihn ist die Menschheit als Kulturprodukt nicht eine mechanische Menge unterschiedsloser Einzelner, sondern ein Organismus höherer Art, und jeder Teil dieses Organismus kommt dadurch am besten zu seinem Recht, daß er an dem ihm entsprechenden Platze steht und eingefügt ist in ein System von Beziehungen, aus dem ihm ganz von selber alles kommt, wessen er bedarf.

Um das zu verstehen, müssen wir zunächst das Ideal kennen, das der konfuzianischen Organisation zugrunde liegt. Dieses Ideal ist ausgesprochen in der Schilderung des Zustandes „der großen Gemeinsamkeit". Es heißt da:

„Wenn die große Wahrheit siegt, dann wird die Erde allgemeines Eigentum sein. Man wird die Weisesten und Tüchtigsten wählen, um Friede und Eintracht aufrecht zu halten. Dann werden die Menschen nicht mehr nur ihre Nächsten lieben, nicht mehr nur für ihre eignen Kinder sorgen, so daß alle Alten ein friedliches Ende haben, alle Kräftigen eine nützliche Arbeit leisten, alle Jungen in ihrem Wachstum gefördert werden, Witwer und Witwen, Waisen und Einsame, Schwache und Kranke ihre Fürsorge finden, die Männer ihre Stellung und die Frauen ihr Heim haben.

Die Güter will man nur nicht verderben lassen, aber man will sie nicht für sich privatim aufstapeln. Die Arbeit will man nur nicht ungetan lassen, aber man will sie nicht um des eignen Gewinns willen tun.

Darum bedarf es keiner Absperrung und keines Schlosses, denn Räuber und Diebe treten nicht auf. So läßt man die äußeren Tore unverschlossen: das heißt die große Gemeinsamkeit."[142])

In diesem Abschnitt sind drei Grundgedanken. Zunächst die Organisation der Regierung. Als Objekt der Regierung ist hier die ganze Erde bezeichnet. Das Ideal ist also auf die ganze Menschheit ausgedehnt, es ist übernational.

Das ist überhaupt ein charakteristisches Merkmal des Konfuzianismus, daß als höchste Idee immer das Land „unter dem Himmel", die Erde, die Menschheit, auftritt. Kungtse glaubt nicht daran, daß, solange die Menschheit als solche in Verwirrung ist, ein einzelner Staat wirklich und dauernd blühen kann; denn die Menschheit ist für ihn nicht ein abstrakter Gedanke, sondern eine Wirklichkeit. Sie ist in ihrer äußeren Erscheinung der Leib, an dem die einzelnen Nationen nur Glieder sind.

Wir sehen hier den diametralen Gegensatz der Grundauffassung zu der europäisch-modernen Auffassung, die ihren kongenialen Ausdruck im Weltkrieg gefunden hat, und die heute wieder mit großer Energie an der Arbeit ist: zum Nationalismus. Der Nationalismus glaubt bekanntlich nicht, daß es eine Menschheit wirklich gibt, sondern die letzte Wirklichkeit ist für ihn die völkische Gemeinschaft, die daher auch alle religiösen Gefühle für sich in Beschlag nimmt. Da aber ein Nationalismus gleichgeordneter und unabhängiger Nationen nicht möglich ist, so ist der Nationalismus immer mit Imperialismus verbunden. Er muß nach einer inneren Notwendigkeit danach streben, die anderen Nationen entweder zu vernichten oder der eignen Nation anzugliedern, beziehungsweise zu unterwerfen.

Dieser imperialistische Nationalismus ist für Kungtse nichts weiter als ein ins Ungeheuerliche angeschwollener Egoismus, der mit Notwendigkeit letzten Endes destruktiv sein muß. Indem die Menschheit als höchste Einheit angesehen wird, kommen die Nationen zu ihrem Recht als Glieder in einem größeren Ganzen.

Damit hängt ein anderes zusammen. Die Regierungsorgane gehen aus einer allgemeinen Wahl als die Weisesten und Tüchtigsten hervor. Die ideale Regierungsform ist daher für Kungtse ebenso wie für Kant die republikanische. Nicht die Herrschaft einer privilegierten Klasse ist das Ideal, nicht Erbfolge oder andere äußere Formen, sondern die Tüchtigkeit.

Dieses Ideal der Republik im höchsten Sinn des Wortes findet sich ja im chinesischen Altertum schon verwirklicht. Indem die großen Heroen am Beginn der Geschichte, die Kungtse aufs höchste verehrt, nicht ihre Söhne auf den Thron setzen, sondern in Übereinstimmung mit den Beamten und dem Volk den jeweils Tüchtigsten, ist die republikanische Form der Regierung in der chinesischen Geschichte schon durch ihr Alter sanktioniert.

Der zweite Gedanke ist die Organisation der Gesellschaft auf der Basis einer allgemeinen Dienstpflicht. Diese Organisation der Gesellschaft ist auf die Familie als ihre Einheitszelle gegründet, wie die politische Organisation auf die Volksgemeinschaft. Aber wie dort die Menschheit als eine übernationale Einheit in Betracht kommt, so hier die Gesellschaft als eine überfamiliäre Einheit. Die kräftigen Individuen haben eine allgemeine Arbeitspflicht, die Alten, die Schwachen und die Jungen werden von der Gesellschaft getragen.

Auch auf diesem Punkt befindet sich das konfuzianische Ideal in einem gewissen Gegensatz zu den europäischen Auffassungen. Aber gerade umgekehrter Art. Wenn wir auf politischem Gebiet vom konfuzianischen Standpunkt aus von einer Hypertrophie des Nationalismus in Europa reden mußten, so auf gesellschaftlichem Gebiet von einer Verkümmerung des Familiensinns. Während durch die Mechanisierung und Atomisierung der Gesellschaft der ganze soziale Zusammenhang immer mehr gelockert wird, unpersönliche Einrichtungen die Versorgung der sozial Bedürftigen übernehmen, während zwischen den verschiedenen Gesellschaftsklassen immer weniger überbrückbare Abgründe klaffen, sucht das konfuzianische Ideal der Familie als Naturgemeinschaft die Funktionen zuzuweisen, die auf der Grundlage einer persönlichen Blutsverbundenheit und Zuneigung sich viel leichter vollziehen als durch fremde unpersönliche Organe. Aber auch hier ist die Aussicht erweitert. Nicht nur Nächstenliebe, Zusammenschluß in Familienverbänden ist das Ideal. Denn auch der Familienzusammenschluß ist nichts als ein erweiterter Egoismus, wenn ihm die Aussicht auf die Gesamtgesellschaft verbaut wird. Darum wird in der Zeichnung des Ideals ausdrücklich auch das Moment aufgenommen, daß die Gesellschaft sich der Notleidenden annimmt, die im Familienzusammenhang keinen Rückhalt haben. Auch hier wird das Ideal gestützt durch historische Vorbilder. Als die Tschoudynastie zur Herrschaft kam, ließ sie es sich angelegen sein, einerseits den Familienzusammenhang zu stützen, unterbrochene Familien wieder durch Adoption zu ergänzen. Andererseits hebt Kungtse hervor, daß die Herrscher des Tschouhauses für die Notleidenden und Verlassenen besonders gesorgt haben.

Der dritte Gedanke ist die Organisation der Wirtschaft. Hier ist der Gedanke der, daß Sparsamkeit in der Konsumption und Ausgiebigkeit der Produktion allgemeine Gewohnheit werden. Dieser Punkt ist vom Standpunkt des kapitalistischen Wirtschaftssystems aus am wenigsten leicht zu verstehen. Hier muß man die ganz verschiedenen Wirtschaftsverhältnisse in China in Betracht ziehen. China ist Agrarland und war es zur Zeit Kungtses noch weit mehr als heute. Damit ist verbunden ein sehr weitgehender wirtschaftlicher Kommunismus innerhalb der Familie. Die Produktionsmittel sind Gemeineigentum der Familie. Der Familienälteste setzt die Arbeitskräfte an, und die Erzeugnisse, die über den täglichen Bedarf nicht sehr weit hinausgehen, werden von der Familie gemeinsam verbraucht, ohne daß der Gedanke des Privatbesitzes eine Rolle spielte. Privatbesitz sind im wesentlichen nur die Gegenstände des persönlichen Gebrauchs. Was darüber hinausgeht, ist Gemeinbesitz der Familie, in der auch die Angestellten in ungefähr gleicher Stufe der Lebenshaltung mit ernährt werden. Eine reiche Familie lebt in der Regel nicht wesentlich luxuriöser als andere, sondern hat nur einen größeren Kreis von Zugehörigen. In diesem Familienzusammenhang ist es verhältnismäßig leicht, daß die Pflicht, die durch Acker und Jahreszeit von selber sich ergibt, mit einer gewissen Selbstverständlichkeit um ihrer selbst willen getan wird, ohne daß der Gedanke der Entlohnung eine besondere Rolle spielte. In ähnlicher Weise war zur Zeit des Konfuzius die Staatsregierung noch in weitgehendem Maße der Träger der Wirtschaftsregulierung, so daß man in der früheren Tschouzeit unbedingt von einer Art Staatskommunismus reden kann. Dies sind die Grundlagen, von denen aus auch die wirtschaftlichen Ideale begreiflich erscheinen. Indem alle Teile je nach ihrer Kraft und Geschicklichkeit an der Produktion beteiligt sind, und indem die Konsumption so geregelt wird, daß jeder seine wichtigen Bedürfnisse decken kann, entfällt der Grund zu Raub und Diebstahl, und es ist keineswegs eine Utopie, daß die Tore nicht geschlossen zu werden brauchen. Wenn man bedenkt, daß in China noch heute, wenn einigermaßen geordnete Verhältnisse herrschen, Diebstahl etwas sehr seltenes ist, und daß organisierter Diebstahl sich nur im Anschluß an das Eindringen der europäischen Zivilisation in China ausbreitet, gewinnt auch dieses Ideal an Farbe und Leuchtkraft.

Wir haben die Organisation der Menschheit, wie sich Kungtse sie denkt, absichtlich an dem Ideal gezeigt, das sich aus dem Bewußtsein der Gleichheit ergibt. Die Organisation, von der wir dabei gesprochen, findet sich auch sonst immer wieder erwähnt, so zum Beispiel in der Großen Wissenschaft, wo es heißt:

„Indem die Alten die ursprünglich reine Natur des Menschen auf der ganzen Erde leuchten lassen wollten, ordneten sie zuerst ihren Staat; indem sie ihren Staat ordnen wollten, einigten sie zuerst ihre Familien; indem sie ihre Familien einigen wollten, bildeten sie zuerst ihre Person." Es kommt dann der Passus, den wir schon erwähnt haben, der von der konzentrativen Ausgestaltung des Innern handelt.

Daß es sich bei den entwickelten Gedanken der großen Gemeinsamkeit um ein Ideal handelt, ist natürlich auch für Kungtse ohne weiteres klar. Allein ein Ideal ist für ihn nicht etwas, das zwar zu loben ist, das aber von der Wirklichkeit hermetisch abgeschlossen werden muß, wie das augenblicklich in Europa so häufig der Fall ist. Sondern für Kungtse ist das Ideal etwas, das, wenn es auch noch nicht erreicht werden kann, dennoch die Anstrengung des Willens in seiner Richtung verlangt, damit wenigstens eine Annäherung daran sich ermöglicht.

Fragen wir nun, wie kann dieses Ideal seiner Verwirklichung näher gebracht werden? Die Antwort ist: durch berufene Heilige, in denen das Bewußtsein jener Gleichheit besonders stark ist, und die daher Führer der Menschen sein können auf jenem Wege zum Ideal.

„Der Heilige vermag die ganze Erde als eine Familie anzusehen und das ganze Reich der Mitte als einen Menschen. Nicht nur so, daß er allgemeine Vermutungen hätte, sondern so, daß er genau die Gefühle der Menschen kennt, daß er ihre Pflichten weiß, daß er klar ist darüber, was gut für sie ist, daß er ihre Leiden versteht: dann erst kann er es vollbringen. Was sind die Gefühle der Menschen? Es ist Freude, Zorn, Trauer, Furcht, Liebe, Haß und Begehren: diese sieben Dinge kennt jeder, ohne sie gelernt zu haben. Was sind die Pflichten der Menschen? Daß der Vater mild ist und der Sohn ehrfürchtig, der ältere Bruder freundlich und der jüngere fügsam, der Gatte gerecht und die Gattin gehorsam, das Alter gütig und die Jugend folgsam, der Herrscher liebevoll und der Diener gewissenhaft: diese zehn Dinge sind die Pflichten der Menschen. Zuverlässigkeit verbreiten und Frieden stiften, das ist gut für die Menschen. Streiten, rauben und töten: das sind die Leiden der Menschen. Womit der Berufene die sieben Gefühle der Menschen ordnet, sie in ihren zehn Pflichten ausbildet, Zuverlässigkeit verbreitet und Frieden stiftet, Freundlichkeit und Duldsamkeit fördert, Streit und Raub beseitigt, was anders ist das Mittel zu dem allem als die Sitte?"[143])

Wir sehen hier vier Dinge, die zur Organisation der Menschheit wichtig sind: einmal die Bewegungen des Seelenlebens.

Diese Bewegungen, wie Freude, Zorn, Trauer, Furcht, Liebe, Haß und Begehren sind Zustände, in denen das ursprüngliche Wesen des Menschen aus sich heraustritt. In der großen Wissenschaft ist darum gezeigt, wie durch diese Gefühle Verdunklungen der Klarheit in der Beurteilung der Dinge entstehen. Das Bewußtsein der Gleichheit, das Zusammengehörigkeitsgefühl mit den andern Menschen wird durch Hervortreten der Gefühle getrübt. Das allen gemeinsame Menschenwesen erhält, durch die Brille der Zu- und Abneigungen angesehen, eine besondere Färbung. Durch Liebe oder Haß verwirrt, sieht man im andern nicht mehr den Menschen, der mit uns letzten Endes identisch ist, sondern den andern, den zweiten.

In Maß und Mitte geht die Betrachtung einen Schritt weiter. Solange die sieben Gemütsbewegungen sich nicht regen, ist das Bewußtsein der Mitte vorhanden. Man schaut die Welt an sich, jenseits des Scheins. Nun aber gibt es auch eine Äußerung der psychischen Regungen, die den rechten Rhythmus trifft und daher Harmonie bedeutet. Wenn Liebe und Haß, Furcht und Freude, Trauer, Zorn und Begehren nicht zufällig erregt werden, sondern so, daß sie in einem Verhältnis zu ihrem Anlaß stehen, das ein Gleichgewicht bedeutet, so sind sie nicht Täuschungen und Hemmungen, sondern lebendige Impulse der Bewegung. Wenn, um ein Beispiel zu erwähnen, das Kungtse häufig braucht, die Zuneigung nicht auf Vergängliches geht, wie zum Beispiel ein schönes Gesicht, sondern auf etwas wirklich Liebenswertes, wie zum Beispiel inneren Wert, so ist die Zuneigung nicht ein Vorurteil, das in die Vergänglichkeit verstrickt, sondern ein Antrieb, der dem Guten näher bringt. Die Gefühle als Natur sind indifferent, diesseits von gut und böse. Wenn sie sich ungeordnet, zufällig, ohne zureichenden Anlaß erheben, sind sie wie Stürme, die schaden und verwüsten. Wenn sie aber geleitet werden in harmonischer Weise, sind sie Kräfte, die voranbringen. Um diese Kräfte zu leiten, müssen die Menschen Führer haben, die Sitten schaffen, nach denen sich die Gefühle äußern. So heißt es dann in Maß und Mitte: „Dadurch, daß man Harmonie des Zentrums schafft, kommen Himmel und Erde in Ordnung."

Das zweite sind die organischen Beziehungen der Menschen zueinander. Das sind die gesellschaftlichen Beziehungen, in denen die Menschen zueinander stehen. Die Menschenliebe wird im Konfuzianismus nicht als eine abstrakte Gesinnung aufgefaßt, die sich gleichmäßig und pflichtgemäß auf alle Menschen erstreckt und eben dadurch allgemein etwas Dürftiges und Fadenscheiniges erhält, sondern sie wird in ihrer erdnahen Kraft erhalten, indem sie sich entsprechend den Naturgegebenheiten auswirken kann. Jeder Mensch wird aufgefaßt als in ein festes Beziehungssystem eingeordnet, aus dem sich für ihn Pflichten ergeben, die Sondergestaltungen der Menschenliebe sind und als solche Sonderbildungen mit den Naturtrieben übereinstimmen. Fünf solche Beziehungssysteme umfassen die menschliche Gesellschaft: die Familienbeziehungen Vater — Sohn, Gatte — Gattin, älterer Bruder — jüngerer Bruder, die gesellschaftliche Beziehung Herr und Diener und die freie persönliche Beziehung zwischen Freund und Freund. Jeder Mensch steht in einer oder mehreren dieser Beziehungen notwendig darin. Sie sind natürlich nur konkrete Namen für abstraktere Gedanken. Wenn das eine Verhältnis zum Beispiel Vater — Sohn heißt, so ist darin das Verhältnis Mutter — Tochter auch mit inbegriffen, überhaupt alle Familienbeziehungen zwischen älterer und jüngerer Generation. Wenn das andere Verhältnis Herr und Diener heißt, so ist damit nicht nur Fürst und Minister, sondern auch Arbeitgeber und Arbeitnehmer, Vorgesetzter und Untergebener inbegriffen. Allen diesen Beziehungen entsprechen nun gegenseitige Pflichten. Wenn der Sohn zur Ehrfurcht verpflichtet ist, so hat er ebensogut ein Recht auf die Güte des Vaters etc. Keine Pflicht ohne Recht. Indem diese Pflichten und Rechte sich aus ganz konkreten Verhältnissen ergeben, sind sie unmittelbar mit der Naturbasis der Gefühle verbunden und ziehen daher aus dieser Naturbasis die kräftige Farbe des Blutes. Daß der Vater seinen Sohn liebt und der Sohn seinen Vater ehrt, ist nicht etwas Schwieriges, sondern etwas durch das Verwandtschaftsverhältnis von selbst Bedingtes. Auf diese Weise wird das Menschengefühl, die Liebe, entsprechend ihrer naturgemäßen Äußerung abgestuft. Je näher die Beziehungen, desto kräftiger die gefühlsmäßige Stärke, mit der die Pflichten sich durchsetzen. Daß ein Sohn seinen Vater mehr liebt als einen Fremden auf der Straße, ist selbstverständlich. Aber diese Abstufung wird dadurch ausgeglichen, daß der Fremde auf der Straße auch einen Sohn hat, von dem er die Unmittelbarkeit der ehrfurchtsvollen Liebe beanspruchen darf. So dient die Organisation der Menschheit nach den fünf großen Beziehungen dazu, jedem an seiner Stelle die unmittelbare Stärke naturbedingter Zuneigung zukommen zu lassen. Auch hier besteht die Arbeit der Kultur darin, daß von seiten der Führer feste Sitten geschaffen werden, nach denen sich diese Nächstenpflichten ordnungsgemäß gestalten.

Dasselbe gilt von dem dritten und vierten Komplex, dem Frieden und der Eintracht, die für die Menschen gut sind, und Streit und Zank, die den Menschen Leid bringen: Auch hier sind es die Führerpersönlichkeiten, die feste Sitten schaffen, um das Nützliche zu fördern und das Leidbringende zu entfernen.

Wenn wir fragen, wie diese Dinge bewirkt werden können, so müssen wir auf einen Punkt zurückgreifen, den wir oben schon erwähnt haben. Wir haben bei der Bewegung nach dem Zentrum zu gesehen, wie Kungtse im Unterschied von Laotse die Persönlichkeit nicht auflöst, sondern als Kraftfeld der Wirkung bestehen läßt. Selbstverständlich kann ein solches Kraftfeld nicht etwas abgeschlossen Starres sein, da es ja sonst aufhören müßte, Kraftfeld zu sein. Vielmehr werden je nach der Größe der Persönlichkeit im Ich, im zentralen Bewußtsein der Person, größere oder kleinere Menschheitsgebiete mitschwingen. Der eine vermag vielleicht sein Ich zu erweitern, so daß er den ganzen Familienzusammenhang mit einschließt, ein andrer zur Nation, ein andrer zur Menschheit. Dadurch nun, daß ein solch erweitertes Ich (durch Liebe erweitertes Ich) geordnet wird, bekommt es Kraft, und seine Wirkungen werden ganz automatisch auf den Kreis sich erstrecken, der in ihm befaßt ist. Das ist das, was Kungtse nennt „durch die Kraft seines Wesens" wirken. Diese Wirkung ist natürlich transzendent, im Unterbewußtsein der beeinflußten Menschen sich vollziehend, aber sie ist darum nicht minder real. Je mehr Wirkung im Unterbewußtsein ausgeübt wird durch die Kraft des Wesens, desto weniger muß äußerlich gemacht und gehandelt werden, und umgekehrt. Das ist die konfuzianische Auffassung des Nichthandelns, des Wirkens ohne Worte. Man sieht, daß die Erklärung dieser Wirkungsart als „Macht des Beispiels" eine dürftige Rationalisierung ist. Die Macht des Beispiels bringt nur gelegentliche Suggestivwirkungen hervor, die ganz unabhängig sind von einer moralischen Beeinflussung und von der Stärke der Persönlichkeit, von der es ausgeht. Für Kungtse aber handelt es sich um eine wohl geordnete, zweckmäßige und einheitliche Wirkung durch eine gesteigerte und durchgeordnete Persönlichkeit. Solche Persönlichkeiten sind je nach dem Umfang ihrer Wirkung Würdige, Edle, Berufene, Heilige. In allen Fällen ist der Mechanismus der Wirkung derselbe: die Kraftäußerung eines hochwertig durchgeordneten Einzelwesens durch seine überbewußte Einheitsverbindung mit einem Kreis von andern Individuen, die in diesem Führer zur Gruppe zusammengeschlossen sind.

Wir sahen oben, daß das Ideal Kungtses streng republikanisch ist im Kantschen Sinne, das heißt, daß alle politischen, sozialen und wirtschaftlichen Gebilde nicht Vorrecht einer Klasse sind, sondern für alle da sind, daß alles für das Volk und alles um des Volkes willen zu geschehen hat. „Der Himmel liebt das Volk und hat ihm deshalb Führer gesetzt," heißt es einmal im Buch der Urkunden. Und die Stimme des Volkes — nicht die öffentliche Meinung — ist die Stimme Gottes. Aber damit geht Hand in Hand eine durchaus aristokratische Auffassung der Regierung. Nicht die Masse soll regieren, sondern die Tüchtigsten. Bei jedem Beruf kommt nur etwas heraus, wenn fachmännische Kenntnisse vorhanden sind. Ein Laie kann keinen guten Schuh machen. Es ist nicht einzusehen, warum das höchste Geschäft, die Leitung und Ordnung der menschlichen Angelegenheiten, von Laien gemacht werden könnte. Nur sind die Fachvoraussetzungen der Regierung in erster Linie nicht Detailkenntnisse; was daran nötig ist, können die Schreiber machen, die bei der Regierung angestellt sind. Der leitende Mann braucht als Fachvoraussetzung zum Ordnen der Menschen eine umfassende und tiefe Liebe zu den Menschen. Wer in seinem Ich die Welt liebt, nur dem kann man die Welt anvertrauen.

Eine solche Persönlichkeit wird auch nicht als Zwang empfunden, sondern als Hilfe und Erleichterung in der Erreichung der eigensten Zwecke. Sie wirkt nicht als Druck, sondern sie beflügelt das Volk zur Selbsttätigkeit. Hier haben wir das Geheimnis der Menschenleitung bei Kungtse. Über die Mittel und Methoden, die dabei anzuwenden sind, werden wir im nächsten Abschnitt zu reden haben. Hier kam es vor allem darauf an, die Ziele klar herauszuarbeiten. Einige Belegstellen mögen diese Gedanken noch etwas deutlicher machen:

Tsï Hsia sprach: „Die Handwerker sitzen in ihrer Werkstatt und vollenden dadurch ihre Arbeit, der Edle lernt und erreicht dadurch die Wahrheit.

Der Edle erwirbt sich das Vertrauen, dann erst bemüht er seine Untergebenen; wenn sie noch kein Vertrauen haben, so halten sie es für Härte. Er erwirbt sich das Vertrauen seines Fürsten, dann erst macht er ihm Vorhaltungen; wenn jener noch kein Vertrauen hat, hält er es für Vorwürfe." [144]

Der Meister sprach: „Bei der Leitung eines Großstaates muß man auf die Geschäfte achten und zuverlässig sein, sparsam verbrauchen und die Menschen lieben, das Volk benützen zu seiner Zeit." [145])

„Wer kraft seines Wesens herrscht, gleicht dem Nordstern, der an seinem Ort verweilt, und alle Sterne umkreisen ihn." [146])

„Wenn man durch Erlasse regiert und durch Strafen ordnet, so weicht das Volk aus und hat kein Gewissen.

„Wenn man kraft seines Wesens regiert und durch Sitte ordnet, so hat das Volk Gewissen und erreicht es." [147])

„Das Volk kann man dazu bringen, dem Rechten zu folgen, aber man kann es nicht dazu bringen, es zu verstehen." [148])

Prinz Ki K'ang fragte den Meister nach der Regierung. Kungtse sprach: „Regieren heißt recht machen; wenn Eure Hoheit die Führung übernimmt im Rechtsein, wer sollte wagen, nicht recht zu sein?"

„Wenn Eure Hoheit es nicht wünscht, so wird, ob selbst Belohnung darauf gesetzt würde, niemand rauben."

„Wenn Ihr die Regierung ausübt, was bedarf es der Hinrichtungen? Wenn Ihr das Gute wirklich wollt, wird das Volk gut. Das Wesen des Herrschers gleicht dem Wind, das Wesen des Geringen gleicht dem Gras. Das Gras beugt sich, wenn der Wind darüber fährt." [149])

Fan Tsch'i bat um Belehrung über den Ackerbau. Der Meister sprach: „Darin weiß ich nicht so viel wie ein alter Bauer." Darauf bat er um Belehrung über den Gartenbau. Er sprach: „Darin weiß ich nicht so viel wie ein alter Gärtner." Da ging Fan Tsch'i hinaus. Der Meister sprach: „Ein beschränkter Mensch, dieser Fan Tsch'i! Wenn die Oberen die Sitte hochhalten, so wird das Volk nie wagen, unehrerbietig zu sein. Wenn die Oberen die Gerechtigkeit hochhalten, so wird das Volk nie wagen, widerspenstig zu sein. Wenn die Oberen Wahrhaftigkeit hochhalten, so wird das Volk nie wagen, unaufrichtig zu sein. Wenn es aber so steht, so werden die Leute aus allen vier Himmelsgegenden mit ihren Kindern auf dem Rücken herbeikommen. Was braucht man dazu die Lehre vom Ackerbau!" [150])

B. Die Methoden
a) Das Buch der Wandlungen

Kungtse hat für seine Methodenlehre die Philosophie des Buchs der Wandlungen zugrunde gelegt. Wir sahen, wie die Ausbildung der Persönlichkeit, die der Ausgangspunkt der Menschheitsorganisation ist, nach innen zu über die Ordnung des Bewußtseins, die Wahrmachung der Gedanken zu der Erfassung der Wirklichkeit führt. Daß also die Wirklichkeit tatsächlich erreicht wird, ist das letzte Ziel; denn nur wenn man tatsächlich in Kontakt mit der maßgebenden Wirklichkeit ist, wird es möglich sein, solche Methoden aufzustellen, die wirksam werden können, weil sie mit den Gesetzen des Weltgeschehens im Einklang sind. Ein System, das mit diesen Gesetzen nicht im Einklang ist, kann keine Ordnung hervorbringen und muß daher an seiner inneren Instabilität zugrunde gehen. Dabei handelt es sich für Kungtse, wenn er von Erfassung der Wirklichkeit [151]) redet, natürlich nicht um irgendein verborgenes „Ding an sich", sondern um die Menschenwirklichkeit; denn Wissenschaft ist ja, wie wir gesehen haben, für ihn nicht eine Ansammlung von Kenntnissen über Gott und die Welt, sondern die Erforschung des Menschen. Fragen wir nun, was Kungtse in dem Buch der Wandlungen für Gesetze der Wirklichkeit gefunden hat.

a) Die Keime

Es sind drei Grundgedanken, die sich ihm darboten und die wir in seinem System wiederfinden können. Das erste ist der Gedanke der Wandlung. Es wird uns einmal erzählt, wie der Meister an einem Flusse stand, ihm nachsah und seufzend sprach: „So fließt alles hin, ohne Aufhören, Tag und Nacht." [152]) Dieser dauernde Wechsel alles Geschehens ist im Buch der Wandlungen deutlich ausgesprochen. Die Welt in ihrer Ausbreitung in der Form der Erscheinung ist nämlich polar organisiert. Aus dem unterschiedslosen reinen Sein tritt in der Erscheinung die Position, die Setzung des Einen, des großen Pols hervor. Mit dem Einen ist aber nun zugleich das

Zweite, Geteilte, Abgeleitete gesetzt. Das Ineinandergreifen dieser beiden Urprinzipien, des Starken und des Schwachen, des Lichten und des Dunkeln, des Männlichen und des Weiblichen und wie sie sonst noch sich äußern, erzeugt nun die Welt des Werdens, des ewigen Wechsels. Dieser Wechsel kann zum Guten oder zum Bösen sein. Keine der beiden Urkräfte ist böse, nur besteht ein Unterschied der Betonung und des Rangs ihrem Wesen nach zwischen ihnen: das Starke ist herrschend, das Schwache ist gehorchend. Das Böse entsteht erst dann, wenn die beiden Prinzipien nicht ihrer Stellung entsprechen, wenn das Schwache herrschen will und das Starke verdrängt wird. Da stark und schwach keine starren Gegensätze sind, so können sie sich ineinander verwandeln. Und zwar tun sie das gerade durch Übersteigerung. Indem das Starke seine expansive Tendenz steigert, zerfällt es, und wird aus einer ungeteilten Einheit ein Geteiltes und daher Schwaches, ebenso wird das Schwache durch Übersteigerung der ihm innewohnenden konzentrativen Tendenz zusammenschmelzen zu einer ungeteilten und daher starken Einheit.

Im Buch der Wandlungen sind die verschiedenen Wandelzustände abgebildet durch Kombinationen von ganzen oder starken und geteilten oder schwachen Linien. Und zwar gibt es acht Urzeichen, die aus je drei ganzen oder geteilten Linien bestehen. Diese werden untereinander kombiniert zu den $8 \times 8 = 64$ sechslinigen Hexagrammen des Buchs der Wandlungen. Jedes dieser vierundsechzig Zeichen kann je nach der Wandlung seiner Linien in jedes andere Zeichen umschlagen. Auf diese Weise ist eine Symbolisierung der Wandlungen des Weltgeschehens gegeben. Dabei zeigt sich eine Reihe von Gesetzen des Wandelns, die in die Wirklichkeit übertragen werden können und für die Beherrschung des Geschehens durch den Menschen von größter Bedeutung sind. Die eine Erkenntnis ist der gesetzmäßige Verlauf der Wandlungen überhaupt. Die Wandlungen sind keine zufälligen, ungeordneten Veränderungen, sondern ein festes Gesetz liegt ihnen zugrunde.

Eben darum verleiht die Kenntnis dieser unwandelbaren Gesetze dem scheinbar chaotischen Wechsel gegenüber einen festen Standpunkt. Infolge davon kann man „das Alte in der Erinnerung wiedererwecken und das Neue erkennen".[153]) Das historische Werden wird dadurch etwas Einheitliches, daß man die überzeitlichen und überräumlichen Gesetze in ihm sich auswirken sieht, wie aus folgender Geschichte hervorgeht:

Tsï Tschang fragte, ob man zehn Zeitalter wissen könne. Der Meister sprach: „Die Yindynastie beruht auf den Sitten der Hsiadynastie; was sie davon genommen und dazu getan, kann man wissen. Die Tschoudynastie beruht auf den Sitten der Yindynastie. Was sie davon genommen und dazu getan, kann man wissen. Eine andere Dynastie mag die Tschoudynastie fortsetzen, aber ob es auch hundert Zeitalter wären, man kann sie wissen." [154])

Dieses gesetzmäßige Wandeln ist nun entweder kreisförmig, das heißt wiederholbar, wie zum Beispiel der Wechsel der Jahreszeiten, der Wechsel zwischen Blüte und Untergang der Kulturen und viele andere Wandlungskomplexe das zeigen. Oder aber ist das Wandeln eine fortschreitende, nicht in sich zurückkehrende Veränderung, wie ein Tag auf den andern folgt, jeder mit besonderem Inhalt erfüllt, oder wie der Fluß, der unwiederbringlich sein Wasser ändert, das in stetigem Fließen begriffen ist. Selbstverständlich sind diese beiden Arten des Wandelns nicht streng voneinander geschieden, vielmehr ist der Kreislauf des Werdens die große Regel, innerhalb derer das fortschreitende Wandeln die individuellen und zufälligen Besonderheiten hervorbringt. Man kann es vergleichen mit dem Dämon und der Tyche in Goethes orphischen Urworten.

Da aber Kungtse nicht nur erkenntnismäßig orientiert ist, sondern alles Wissen sich in Handeln umsetzen muß, so verfolgt er auch die Gesetze des Wandelns noch weiter und findet das Gesetz des status nascendi: Alle Wandlungen gehen allmählich vor sich. Sehen wir in die Welt des Geschehens hinein, so werden wir überwältigt von dem Ungeheuren, von dem Vielfältigen des Geschehens. Aber indem das Buch der Wandlungen alles Geschehen und Werden zurückführt auf die beiden Pole des Werdens: das Starke und das Schwache, vereinfacht sich die Wandlung. Denn das Gesetz des Starken ist, daß seine Bewegungen ganz unmerklich, ganz leicht beginnen und sich allmählich beschleunigen und steigern, bis das Gefährliche, Schwere erreicht ist. Ebenso ist es mit dem Pol des Schwachen. Alle seine Veränderungen fangen mit dem Einfachsten, Kleinsten an, bis sie sich allmählich immer mehr komplizieren bis zur verwirrenden Mannigfaltigkeit. Es gilt nun, diese Anfänge oder Keime des Werdens (Ki) herauszufinden. Ein Beispiel dafür gibt die Bemerkung Kungtses zu dem 2. Zeichen des Buchs der Wandlungen, wo der Urtext bei Linie 1 sagt: „Tritt man auf Reif, so naht das feste Eis." Kungtse sagt darüber: „Daß die Diener ihre Herren morden, die Söhne ihre Väter morden, ist nicht die Folge eines Morgens und Abends, sondern es ist allmählich so weit gekommen. Dadurch, daß man nicht rechtzeitig die Bewegung, die dahin führte, erkannt hat. Im Buch der Wandlungen heißt es: Tritt man auf Reif, so kommt das feste Eis. Das heißt: wenn man den Dingen ihren Lauf läßt."

Wir sehen hier ganz deutlich, wie die Worte des Buchs der Wandlungen von Kungtse benutzt werden, um mit ihrer Hilfe die Dinge zurückzuverfolgen auf ihren Keimzustand. Wie das feste Eis des Winters sich mit Notwendigkeit entwickelt, nachdem man im Spätherbst auf Reif zu treten begonnen hat, so geschieht es auch in der menschlichen Gesellschaft, daß anfangs unbedeutende Dinge, wenn man sie gehen läßt, sich zu schweren und starren Mißständen verhärten, die sich nicht dadurch beseitigen lassen, daß man direkt gegen sie einschreitet, ebensowenig wie eine Krankheit dadurch geheilt wird, daß man gegen ihre Symptome einschreitet. Es ist hier von Kungtse der Gedanke ausgesprochen, daß, wenn man die Keimzustände der Dinge erkennt, man sie in ihrer leichten und einfachen Bewegung entscheidend beeinflussen kann. Dieser Gedanke ist einer der Grundgedanken der konfuzianischen Philosophie. Hier ist für ihn der Angelpunkt, wo der Mensch souverän ins Weltgeschehen eingreifen kann. Daher seine Maxime: „Durch Vorbereitung vermag man die Dinge zu festigen." Daher der Ernst und die Aufmerksamkeit, die der Führer den Dingen entgegenbringen muß, weil Gehenlassen und Nachlässigkeit dem Versinken und Abwärtsgleiten, das im Naturleben liegt, seinen Lauf lassen, und dadurch die Dinge sich nach der niederen Naturgesetzlichkeit entwickeln.

Man kann diesen doppelten Möglichkeitsverlauf Kungtses vergleichen mit der Art, wie z. B. im lebenden Organismus die mechanischen Gesetze wirken. Das Leben vermag nichts gegen die im Ablauf begriffenen mechanischen Gesetze. Wenn es ihre Richtung mit sich bringt, so wird ihre Auswirkung notwendig das Leben zerstören. Aber der lebende Organismus vermag durch Fermente oder sonstwie den Chemismen des Körpers im status nascendi eine Richtung zu geben, daß die daraus folgenden Zustände in ihrem Ablauf aufbauend, statt zerstörend wirken. Genau dasselbe will Kungtse auf dem Gebiet des Menschenlebens. Auch hier ist eine psychologischgesetzmäßige Folge vorhanden, die an sich sinnlos verläuft. Auch sie muß, „damit Ordnung auf Erden herrsche", rechtzeitig beeinflußt werden, so daß sie aufbauend statt zerstörend wirken muß.

Wir sehen auch hierin wieder den Gedanken vom durchgehenden Faden. Nicht um große Gewaltwirkungen handelt es sich, die mit ihrer Schwere und Masse die Erscheinungen zerdrücken, denn solche Wirkungen lösen nur Gegenwirkungen aus. Durch Gesetze und Strafen erreicht man nur, daß man das Volk sich entfremdet und daß es systematisch ausweicht, und je verwickelter das System der Verordnungen wird, desto listiger wird das System der Schiebereien, und der Staat geht darüber schließlich zugrunde. Statt dessen will Kungtse auf die Veränderungen einwirken, da wo sie beginnen, wo alles ganz leicht und ganz einfach ist. Freveltaten müssen vermieden werden, ehe sie sich zeigen, ja, ehe das Volk daran denkt, sie zu begehen. Wir werden sehen, wie Kungtse von hier aus dazu kommt, die Sitte an Stelle des Gesetzes zu verwenden bei der Ordnung der Menschheit.

β) *Die Bilder*

Der zweite Gedanke, der in der Methode des Buchs der Wandlungen liegt, ist der Gedanke der Bilder (Hsiang), der mit der platonischen Ideenlehre manche Verwandtschaft hat. Wir haben gesehen, wie die Zeichen des Buchs der Wandlungen aus 8 verschiedenen Urzeichen von je drei ganzen oder geteilten Linien bestehen, die dann wieder je zu zweien zu den 64 Zeichen des Buchs zusammentreten. Schon die acht Urzeichen enthalten neben ihren Namen Bilder. Indem sie nun sich zu den abgeleiteten Zeichen vereinigen, entstehen zusammengesetzte Bilder, die aber nicht zufällig und unzusammenhängend sind, sondern sinnvoll und organisch, daher entstehen auf diese Weise Sinnbilder. Es gibt z. B. ein Zeichen, das besteht aus den beiden Urzeichen: Berg oben und darunter Wasser. Das gibt das Bild eines Quells, der unten am Berge entspringt, und legt so das Sinnbild der Jugend und ihrer Erziehung nahe. Aehnlich sind alle 64 Zeichen des Buchs mit sinnbildlichem Inhalt erfüllt. Die Sinnbilder geben dann die Richtung des Geschehens an.

Diese Struktur des Buchs der Wandlungen ist nun für Kungtse gewissermaßen das Abbild der Wirklichkeit. Alles Entstehen und Vergehen, alles Werden und Wandeln kommt dadurch, daß Sinnbilder, sinnvolle Bilder, in die Erscheinung treten. Die Bilder als solche sind Sinneszusammenhänge, die jenseits der Welt der Erscheinung zeitlos ewig vorhanden sind. Es sind Urtypen des Weltgesetzes. Werden und Wechseln entsteht nur dadurch, daß diese Urtypen sozusagen aus ihrer Ueberzeitlichkeit heraustreten in die Welt der Erscheinung herein. Und zwar sind es die Tore der polaren Gegensätze, durch die sie in die Erscheinung eintreten.

Darum sagt Kungtse, daß das Prinzip des Schöpferischen (Starken) und des Empfangenden (Schwachen) die Tore zu den Wandlungen sind. „Das Schließen der Tore ist das Empfangende, das Öffnen der Tore ist das Schöpferische. Ein Schließen und Öffnen bewirkt die Veränderung. Daß es hin- und hergeht, ohne sich zu erschöpfen, das ist das Wirkende. Was erscheint, sind die Bilder. Was Gestalt gewinnt, sind die Dinge; um sie zu erfassen und benutzen zu können, bedarf es der Methoden. Das Kommen und Gehen nützlich zu gestalten, so daß die Menschen alle sich seiner bedienen können, das ist das Göttliche."

„Was jenseits der Gestaltung ist, das ist der Sinn, was diesseits der Gestaltung ist, das sind die Dinge. Sie zu verwandeln und formen, das ist die Veränderung. Sie anzustoßen und in Bewegung zu halten, das ist das Wirken. Sie zu erfassen und für alle Menschen hinzustellen, das ist das Werk der Kultur."

„Indem im Himmel Bilder sich vollenden und auf Erden zu Gestalten werden, erscheint Veränderung und Wechsel."

„Der Himmel zeigt die Bilder, der Heilige nimmt sie zum Vorbild."

In all diesen Aussprüchen, die in der großen Abhandlung zum Buch der Wandlungen stehen, zeigt sich die Bedeutung, die Kungtse den Sinnbildern zuschreibt. Das Werk des Kulturschöpfers ist es, jeweils einen Sinnbildzusammenhang zu erschauen und ihn in der Wirklichkeit zur Erscheinung zu bringen. Auf diese Weise entstehen die organischen Kulturen auf Erden. Es gibt im Buch der Wandlungen einen Abschnitt, der eine ganze Kulturgeschichte enthält und dabei die sämtlichen Erfindungen vom Netz und Pflug bis zu Schiff und Wagen auf einen solchen Zusammenhang zwischen einem transzendenten Bild und einer in die Wirklichkeit übertragenen Gestalt zurückführt. In jeder Erfindung gewinnt eine im Menschengeist sozusagen präexistent vorhandene Idee Gestalt und Erscheinung. Das Ein- und Ausgehen der Ideen in der Wirklichkeit, so daß sie gestaltete Erscheinung werden, bewirkt den Wandel des Daseins.

Von hier aus ergibt sich für Kungtse ebenfalls eine praktische Folgerung. Es gilt, diese Bilder in ihrer letzten Klarheit zu erfassen, damit das, was in die Wirklichkeit hereinkommt, tatsächlich der Idee entspricht. Der Geist muß eine solche Klarheit gewinnen, daß er das Rechte so unzweifelhaft zu unterscheiden weiß, wie man Schönheit liebt oder einen üblen Geruch verabscheut. Es darf nicht ein äußeres Besinnen sein, sondern muß ein intuitives, unmittelbares Erfassen werden. Nur dann können die Bilder, die der Himmel zeigt, auf Erden verwirklicht werden. Daß Kungtse eine solche Intuition hatte, spricht er wiederholt aus. Er weiß, daß, wenn er die Gelegenheit zum Wirken hätte, im Laufe eines Jahres schon etwas zu sehen wäre und nach drei Jahren alles in Ordnung wäre. [155])

Auch hier ist die Person des Führers der Ansatzpunkt der Wirkung. Er selbst muß in seinem ganzen Betragen bildartig wirken. Alle seine Handlungen müssen einen klaren, bildartigen Zusammenhang zeigen, zu dem seine Worte gleichsam nur der Kommentar sind. Alles Verschwommene, Unsaubere, Opportunistisch-Konnivente ist ihm im Innersten zuwider. Scharfkantigkeit des Charakters ist das Haupterfordernis. Denn auch hier gilt das Wort: im Himmel entstehen die Bilder, auf Erden entstehen die Gestalten. Der Himmel ist das Unsichtbare, das Unterbewußtsein der Geführten. Dieses Unterbewußtsein nimmt ganz von selber das scharfgeprägte Bild des Führers in sich auf und bildet sich danach unwillkürlich um. Wir haben weiter oben gesagt, daß es eine oberflächliche Rationalisierung wäre, wollte man die Wirkung der Führerpersönlichkeiten einfach der Macht des Beispiels zuschreiben. Diese Macht liegt in der transzendenten Einheit des Führers mit den Geführten, die der Führer durch Erweiterung des Ichbewußtseins herzustellen imstande ist. Aber auf dem so hergestellten Kraftfeld ist das Vorbild des Führers, von dem Kräfte ausstrahlen, das Mittel der Wirksamkeit. [156])

Wie das gedacht ist, spricht Kungtse häufig aus: „Wer selbst recht ist, braucht nicht zu befehlen, und es geht. Wer selbst nicht recht ist, der mag befehlen: doch wird nicht gehorcht." [157])

„Wer sich selbst regiert (recht macht), was sollte der für Schwierigkeit bei der Regierung haben? Wer sich selbst nicht regieren kann, was geht den die Regierung von andern an?" [158])

Fürst Ting fragte: „Mit einem Wort des Staates Blüte befassen, kann man das?" Meister K'ung erwiderte: „Ein Wort kann so weit nicht reichen. Doch gibt es ein Wort der Leute: „Herrscher sein ist schwer, Kanzler sein nicht leicht." Wenn man die Schwierigkeit des Herrscherberufs kennt, ist dann nicht ein Wort nahe daran, des Staates Blüte zu befassen?"

Fürst Ting sprach: „Mit einem Wort des Staates Untergang befassen, kann man das?" Meister K'ung erwiderte: „Ein Wort kann so weit nicht reichen. Doch gibt es ein Wort der Leute: „Es freut mich nicht, ein Fürst zu sein, außer wenn in seinen Worten mir niemand widerspricht." Wenn er tüchtig ist und ihm niemand widerspricht: dann ist es ja auch ganz gut; wenn er aber nicht tüchtig ist und ihm niemand widerspricht: ist dann nicht ein Wort nahe daran, des Staates Untergang zu befassen?" [159])

Alle diese Aussprüche, die noch beliebig vermehrt werden könnten, stimmen darin überein, daß die Selbstbildung und Selbstdarstellung des Herrschers die eigentliche Grundlage ist. In dieser Selbstdarstellung besteht die Schwierigkeit des Herrschens, denn alle Worte, die keine Dinge in sich befassen, sondern leer sind, bleiben notwendig unwirksam wie taube Nüsse, ganz einerlei, ob es Ermahnungen, Gesetze oder Zwangsmaßregeln sind. Das geht so weit, daß eine Machtregierung, der es gelingt, durch Anwendung mechanischer Macht allen Widerspruch gegen die Person des Herrschers äußerlich zu unterdrücken, gerade im Momente des Erfolgs den Bestand des Staates wirksam untergraben hat.

Dieser Grundsatz gilt natürlich nicht nur für die Regierung, sondern in noch verstärktem Maße für die Erziehung.

Auch hier ist das klare Charakterbild der Eltern nötig, um auf die Kinder zu wirken. Auch hier sind alle Ermahnungen fruchtlos, die nicht durch das eigene Vorbild zum voraus bestätigt sind. Auch hier gilt es: „Erst handeln und dann mit seinen Worten sich danach richten." [160]

Ein anderer Gesichtspunkt entspringt hier aber auch noch, der von Wichtigkeit für die konfuzianische Lebensgestaltung ist. Obwohl Kungtse als Grundlage der Moral unbedingt die Gesinnung, den guten Willen festsetzt und nicht den Erfolg der Handlungen, so muß an leitender Stellung die Gesinnung irgendwie ihren Ausdruck finden, damit sie wirken kann. Der Standpunkt der bloßen Innerlichkeit der invertierten Moral entspricht nicht den Anforderungen an das Wirken auf andere. Für die Pflege der persönlichen Moral mag es fördernd sein, wenn sie mit der Zeit dahin kommt, auf Äußeres gar nicht mehr, beziehungsweise vollkommen gleichförmig zu reagieren. Dies ist der Standpunkt von Laotse: „Zu den Guten bin ich gut, zu den Nichtguten bin ich auch gut; denn das Leben ist Güte." Dieser Standpunkt entspricht dem Kungtse nicht vollkommen. Für die persönliche Moral erkennt er ihn an, für die Moral des Führers verlangt er aber einen klaren Unterschied in der Reaktion. Als er einmal gefragt wurde: Was ist davon zu halten: Bosheit mit Hingebung zu vergelten? Da sprach er: „Womit willst du dann Hingebung vergelten? Vergilt Hingebung mit Hingebung und Bosheit mit Gerechtigkeit." [161]

Ebenso kommt die äußere Form in Betracht. Der Gehalt muß bildhaft werden, damit er wirken kann, und bildhaft wird er nur durch die rechte Form.

Der Meister sprach: „Bei wem der Gehalt die Form

überwiegt, der ist ungeschlacht, bei wem die Form den Gehalt überwiegt, der ist ein Schreiber. Bei wem Form und Gehalt im Gleichgewicht sind, der ist ein Edler." [162])

Es sagte jemand: „Dem Edlen kommt es auf das Wesen an und sonst nichts. Was braucht er sich um die Form zu kümmern?" Tsï Kung sprach: „Bedauerlich ist Eure Rede über den Edlen. Ein Viergespann holt die Zunge nicht ein. Die Form ist Wesen, das Wesen ist Form. Das von Haaren entblößte Fell eines Tigers und Leoparden ist wie das von Haaren entblößte Fell eines Hundes und Schafes." [163])

Von hier aus gewinnen wir einen Einblick in das Wesen der Sitten (Li). Sie dienen dazu, jeder Innerlichkeit den entsprechenden Ausdruck zu verschaffen, damit Ausdruck und Innerlichkeit übereinstimmen und die Innerlichkeit durch den Ausdruck wirksam wird. Auch hier haben wir den Gedanken, wie durch sinnvolle Bilder das Werden, die Bewegung, zu gestalten ist. Für Kungtse ist jede aufrichtige Regung des Gemütes eine Idee, die sich zu verwirklichen, zu erscheinen berufen ist. Zu diesem Zweck muß sie in dem entsprechenden Gewand der äußeren Form sich zeigen, damit sie in ihrer Richtung und Dynamik verstanden wird. Die Form, die in der Sittenregel ihre Kristallisation gefunden hat, muß dem Gehalt genau entsprechen. Übertriebene Formen sind ebenso verwerflich wie die Abwesenheit der Form. Nichts ist verkehrter, als in lächerlichen Übertreibungen der Höflichkeit die konfuzianischen Regeln des Benehmens zu finden. Diese Auffassung des Chinesentums entspringt einem großen Mißverständnis. Die schöne Form vereinigt Anmut und Würde. Sie geht nur so weit, daß sie den inneren schönen Regungen des Gefühls den äußeren schönen Ausdruck verleiht. Darum ist bei der Anwendung der Formen die harmonische Leichtigkeit die Hauptsache, denn nur Leichtigkeit der Darstellung gibt Schönheit. Aber mit der Schönheit muß der Ernst verbunden sein.

Yu Jo sprach: „Bei der Ausübung der Formen ist eine harmonische Freiheit und Leichtigkeit die Hauptsache. Der alten Könige Pfad ist dadurch so schön, daß sie im Großen und Kleinen danach handelten. Dennoch ist damit noch nicht alles getan. Diese Freiheit kennen, aber die Freiheit nicht durch den Rhythmus fester Formen regeln: das geht auch nicht."[164])

In diesem Zusammenhang sehen wir im konfuzianischen System den Punkt, wo Wahrheit und Schönheit zusammen das Gute erzeugen. Das innere Bild muß wahr sein. Das Gefühl muß dem Gegenstand entsprechen. Harmonie des Zentrums ist vorhanden. Nun muß es in die Erscheinung treten, um als Sinnbild zu wirken. Dafür bedarf es des Schleiers der Schönheit; denn die schöne Form ist es allein, die der Wahrheit die Kraft verleiht, auf die Menschheit zu wirken ohne Zwang, so daß sie Freudigkeit der Nachahmung erzeugt. Über diese Wirkung der Sitten wird jedoch im späteren Zusammenhang noch weiter zu reden sein.

γ) *Die Urteile*

Im Buch der Wandlungen haben wir außer den bildlichen Darstellungen der Zeichen, den Bildern, die dazu anleiten, die Keime des Werdens zu erkennen und durch Verkörperung bildhafter Ideen das Werden zu beeinflussen, noch die Urteile (Ts'ï). Solche Urteile existieren, wie oben schon erwähnt wurde, sowohl für die vierundsechzig Hexagramme als Gesamtsituationen betrachtet — diese stammen von dem König Wen — als auch für die einzelnen Linien der Zeichen — diese stammen von dem Fürsten Tschou. Kungtse hat zu beiden Kommentare geschrieben.

Fragen wir, was der Sinn dieser Urteile ist. Die Bilder drücken nur die Situation als solche aus. Das Bild des Zeichens Mong, Jugendtorheit, zum Beispiel zeigt, wie erwähnt, ein Wasser, das unten an einem Berge entspringt und dadurch den Gedanken der Jugend nahelegt. Das Zeichen Kiän, die Bescheidenheit, zeigt das Bild eines Berges unterhalb der Erde, der in dieser Erniedrigung wirklich als Bild der Bescheidenheit aufgefaßt werden kann. Die Bilder zeigen Situationen, zeigen auch die Keime, die in den Situationen enthalten sind und sich weiter entwickeln werden, wenn die Bewegung angefangen hat. Aber sie zeigen nicht den Zusammenhang dieser Situationen mit dem gesamtkosmischen Geschehen, sie zeigen also nicht, wohin diese Situationen führen werden, wenn sie sich entwickeln. Dies ist nun die Aufgabe der Urteile. Die Urteile stellen die Sinnbilder der Zeichen sozusagen hinein in den Weltzusammenhang und bestimmen daraus die positiven oder negativen Vorzeichen des Geschehens: Glück oder Unglück.

In der großen Abhandlung heißt es: „Im Buch der Wandlungen gibt es vier Bilder, um zu zeigen. Es sind Urteile beigefügt, um zu raten. Die Heiligen haben die Bilder aufgestellt, um dadurch die Ideen zu erfassen, sie haben die Zeichen besprochen, um Echtheit und Falschheit zu erfassen, sie haben die Urteile beigefügt, um ihre Reden vollständig zu machen."

Was die vier Bilder in diesem Satz bedeuten, darüber besteht einige Unklarheit. Vielleicht erhält der Satz seine Beleuchtung aus dem andern, der ebenfalls in der großen Abhandlung steht:

„Heil und Unheil sind die Bilder des Erlangens und Verlierens, Reue und Beschämung sind die Bilder der Trauer und der Sorge." [165])

Was die Urteile anlangt, so lassen sich zwei Arten feststellen. Die eine Art steht den Bildern insofern nahe, als sie auch nur auf den tatsächlichen Zusammenhang mit dem Kosmos hinweist, indem sie sich beschränkt auf die Worte: Heil, Unheil, Reue, Beschämung. Von diesen vier Worten, die hier ebenfalls als Bilder bezeichnet sind, bedeutet das erste: Heil, die Übereinstimmung mit den innersten Gesetzen des Weltlaufs. Eine solche Situation ist natürlich erfolgreich und hat Heil. Das zweite, Unheil, ist das Gegenteil. Reue bedeutet, daß die Bewegung eine rückläufige ist, die aus Unheil zu Heil führt. Damit ist natürlich die Trauer der Einsicht in den zunächst verkehrten Weg verbunden, während Beschämung darauf deutet, daß die Bewegung aus den Gebieten des Heils in die des Unheils führt, und daher Sorgen, Kummer die notwendige Folge sein wird.

Außer diesen allgemeinen Urteilen sind dann noch deutlichere angeführt, wie zum Beispiel bei dem eben erwähnten Zeichen K'iän, die Bescheidenheit, das Urteil: „Bescheidenheit hat Gelingen. Der Edle führt es zu Ende." Das ist, was in obigem Satz als das Besprechen der Zeichen, um Echtheit und Falschheit zu erfassen, bezeichnet ist.

Die Urteile geben auf diese Weise Ratschläge zum Handeln unter den durch die Bilder angedeuteten Verhältnissen:

„Der berufene Heilige, der die Mannigfaltigkeit auf Erden sieht und ihre Gestalten ermißt, bildet den Sinn der Dinge ab. Das nennt man die Bilder. Der berufene Heilige, der die Bewegungen auf Erden sieht und ihr Zusammentreffen schaut, um ihre Gesetze und Sitten durchzuführen, fügt Urteile hinzu, um Heil oder Unheil zu entscheiden. Das nennt man die Urteile. Die Mannigfaltigkeiten auf Erden sind so in den Bildern enthalten, und der Antrieb für die Bewegungen auf Erden ist in den Urteilen enthalten." [166]

So werden also durch die Urteile oder Entscheidungen, die den Symbolen beigefügt sind, die Handlungen in der Form von Ratschlägen oder Warnungen positiv oder negativ beeinflußt. Diese Urteile haben als Voraussetzung für ihre Richtigkeit, daß die Bilder, auf die sie sich beziehen, mit der wirklichen Lage übereinstimmen. Nur wenn der Tatbestand wirklich ganz eindeutig ist, kann er unter die Urteile subsumiert werden und wird durch das Urteil die richtigen Impulse bekommen können.

Diese Übereinstimmung zwischen Idee (Bild) und Wirklichkeit beruht aber darauf, daß die Bezeichnungen der Wirklichkeit richtig sind. Nur wenn die Wirklichkeit so bezeichnet wird, wie sie in der Tat ist, dann kann sie richtig beurteilt werden, und nur auf Grund dieses richtigen Beurteilens kann sie richtig beeinflußt werden. Worauf es daher vor allem ankommt für Kungtse, das ist die richtige Anwendung der Begriffe.

Der Begriff ist das Bild, die Idee, wie sie vom wahrhaftigen Bewußtsein des Menschen aufgefaßt wird, wenn jede Trübung durch Gefühlsvoreingenommenheiten wegfällt. Um daher die Methoden des Buchs der Wandlungen anwenden zu können und die Organisation der Menschheit nach den Erfahrungen der Menschheitsheroen, die in diesem Buche niedergelegt sind, vornehmen zu können, ist es nötig, die Richtigstellung der Begriffe oder Namen vorzunehmen. Durch die Richtigstellung der Namen wird die Grundlage geschaffen für die Ordnung der Menschheit.

b) Die Richtigstellung der Namen (Frühling und Herbst)

Tsï Lu sprach: „Der Fürst von We wartet auf den Meister, um die Regierung auszuüben. Was würde der Meister zuerst in Angriff nehmen?" Der Meister sprach: „Sicherlich die Richtigstellung der Begriffe." Tsï Lu sprach: „Darum sollte es sich handeln? Da habt Ihr weit gefehlt, Meister! Warum denn deren Richtigstellung?" Der Meister sprach: „Wie bist du roh, Yu! Der Edle läßt das, was er nicht versteht, sozusagen beiseite. Wenn die Begriffe nicht richtig sind, so stimmen die Reden nicht; stimmen die Reden nicht, so kommen die Werke nicht zustande; kommen die Werke nicht zustande, so gedeihen Moral und Kunst nicht; gedeihen Moral und Kunst nicht, so treffen die Strafen nicht; treffen die Strafen nicht, so weiß das Volk nicht, wohin Hand und Fuß setzen. Darum sorgt der Edle, daß er seine Begriffe unter allen Umständen in seine Reden bringen kann und seine Reden unter allen Umständen zu Taten machen kann. Der Edle duldet nicht, daß in seinen Reden irgend etwas Unpräzises ist. Das ist es, worauf alles ankommt."[167])

Was damit gemeint ist, ergibt sich ohne weiteres aus den tatsächlichen Verhältnissen im Staate We. Dort war der Sohn des alten Fürsten Ling, namens Kuai Wai, nach einem mißglückten Mordversuch auf die Frau seines Vaters, die berüchtigte Nantsï, landesflüchtig geworden. Der alte Fürst war gestorben und hatte seinen Enkel Tscho als Fürst eingesetzt, der nun für ihn die Sohnesopfer darbrachte, während der Vater des regierenden Fürsten als Landesfeind sich außerhalb des Staates aufhielt. So waren alle Begriffe in Verwirrung, und es mußten fortwährend Vertuschungen angewandt werden, was eine gründliche Ordnung der staatlichen Verhältnisse zur Unmöglichkeit machte.

Wir sehen denselben Standpunkt Kungtses, wenn er gelegentlich der Bezeichnung eines becherartigen Gefäßes, das früher vierkantig gewesen war, aber allmählich rund gemacht wurde und dabei doch den Namen Ku, Eckenschale, behielt, einmal sich äußerte: „Eine Eckenschale ohne Ecken, was ist das für eine Eckenschale, was ist das für eine Eckenschale?" [168])

Ferner ist die wichtige Stelle zu erwähnen, als der Fürst King von Ts'i den Meister über die Regierung fragt. Kungtse sprach: „Der Fürst sei Fürst, der Diener sei Diener; der Vater sei Vater, der Sohn sei Sohn." Der Fürst sprach: „Gut, fürwahr! Denn wahrlich, wenn der Fürst nicht Fürst ist und der Diener nicht Diener; der Vater nicht Vater und der Sohn nicht Sohn: obwohl ich mein Einkommen habe, kann ich dessen dann genießen?" [169])

Dieselbe Gesinnung spricht aus der Beurteilung der Usurpatorenbräuche, wie sie in den Familien der Prinzen Ki, Mong und Schu in Lu üblich waren. Diese Familien entstammten einem Seitenzweig des Herrscherhauses von Lu, das selbst seine Herkunft auf den Fürsten Tschou, den jüngeren Sohn des Königs Wen, zurückführte. Daraus leiteten sie nun das Recht ab, bei ihren Hausopfern die Opfergesänge des kaiserlichen Hauses zu gebrauchen, in denen u. a. die Stelle vorkam: „Die Vasallen dienen,

Der Himmelssohn sieht ernst darein."

Der Meister sprach: „Welchen Sinn haben diese Worte in der Halle der drei Familien?" [170])

Hierzu können wir die Ausführungen späterer Konfuzianer, wie Hsün K'ing und Tung Tschung Schu, heranziehen. Hsün K'ing sagt: „Die Könige sind es, die die Namen schaffen. Sind die Namen bestimmt, so läßt sich die damit bezeichnete Wirklichkeit unterscheiden. Der Weg ist gangbar, und die Meinungen lassen sich mitteilen. Auf diese Weise wird das Volk zur Einheit geführt. Heutzutage sind die heiligen Könige ausgestorben, die Namen werden nachlässig bewahrt, verwirrende Urteile kommen auf, das Verhältnis von Name und Wirklichkeit wird gestört, die Form von Recht und Unrecht wird unklar, deswegen helfen alle Schreiber, die die Gesetze aufrecht erhalten, und alle Gelehrten, die ihre Bücher hersagen, nichts, um die Verwirrung zu lösen. Wenn man durch Meinungen, die von den Dingen, die dadurch bezeichnet werden, abweichen, sich verständigen will, wenn Namen und Wirklichkeiten von verschiedenen Dingen miteinander verstrickt sind, so kann man nicht mehr erkennen (wo Begriff und Sache sich decken oder nicht), was deshalb zu schätzen oder zu verwerfen ist, und Übereinstimmung oder Gegensatz läßt sich nicht mehr unterscheiden. Auf diese Weise entsteht das Übel der Mißverständnisse unter den Meinungen und das Unglück, daß die Werke gehemmt werden und mißlingen müssen."[171])

Wir sehen hier, wie Hsün K'ing ausführt, daß durch eine Verwirrung der Bezeichnungen, so daß nicht jede Sache und jede Beziehung ihren eindeutig definierten Begriff hat, mit dem man sie benennen und dadurch handhaben kann, eine babylonische Verwirrung entsteht, da vor lauter Mißverständnissen man nicht mehr unterscheiden kann, ob man dasselbe meint oder nicht.

In ähnlicher Weise führt Tung Tschung Schu, der während der Hanzeit lebte, aus: „Der Name ist die Überschrift eines ganzen Zusammenhangs von Eigenschaften. Indem man diese Überschrift definiert, um dadurch den von ihr umschlossenen Inhalt zu bezeichnen, kann man Recht und Unrecht erkennen und Übereinstimmung und Widerspruch wird von selbst klar."[172])

Ferner sagt er:

„Der Name entsteht aus der Wirklichkeit. Was in Wirklichkeit nicht so ist, kann nicht mit einem solchen Namen bezeichnet werden. Die Namen sind das Mittel, mit dem die berufenen Heiligen die Wirklichkeit der Dinge bezeichnen. Wenn daher unter allerlei verschiedenen Meinungen Unklarheit herrscht, so darf man nur jede auf ihre Wirklichkeit zurückführen, und aus der Unklarheit wird Klarheit. Wenn man krumm oder gerade beurteilen will, so gibt es nichts besseres dafür, als die Richtschnur anzulegen. Wenn man Recht oder Unrecht beurteilen will, so gibt es kein besseres Mittel, als die Namen anzulegen. Die Namen sind für die Beurteilung von Recht und Unrecht dasselbe, was die Richtschnur für die Beurteilung von krumm und gerade ist. Wenn man Name und Wirklichkeit zusammenhält und schaut, ob sie widersprechen oder übereinstimmen, so kann man die Verhältnisse von Recht und Unrecht mit unbeirrbarer Deutlichkeit erkennen."

Wir sehen aus diesen Ausführungen, wie nach der konfuzianischen Lehre die Namen die Instrumente sind zur Ordnung des Staates. Namen, die ihren Begriffsinhalt decken, sind taugliche Werkzeuge und daher zu schätzen. Namen, die ihren Begriffsinhalt nicht decken, sind untaugliche Werkzeuge und daher zu verwerfen. Wenn ich mit einer Eckenschale etwas Eckiges bezeichne so deckt der Name die Wirklichkeit. Wenn ich aber mit einer Eckenschale etwas Rundes bezeichne, so wird dadurch der Gebrauch des Namens Ecke unsicher, und ich kann das Wort nicht mehr zu einer eindeutigen Aussage benützen, da ich nie weiß, ob damit eine eckige oder eine runde Ecke gemeint ist. Wenn schon im täglichen Leben durch unsaubere und ungenaue Bezeichnungen Unheil angerichtet wird, so erst recht bei der Ordnung der menschlichen Beziehungen, wo es sich um Beurteilungen und Wertzuteilungen handelt. An sich ist das Verhältnis von Vater und Sohn ein höchst wertvolles, wenn aber das Verhältnis so ist wie in We das Verhältnis zwischen dem Fürsten Tscho und seinem als Staatsfeind im Ausland lebenden Vater Kuai Wai, dann ist es kein wertvolles Verhältnis. Und indem an der Spitze der Regierung ein unsauberes Verhältnis steht, das man nicht aussprechen kann, wird dadurch notwendig bei der ganzen Ordnung des Staates Unsauberkeit entstehen, die eine Ordnung unmöglich macht.

Auch hier ist wieder ein allgemeiner Zusammenhang den konfuzianischen Gedanken zu konstatieren. Es handelt sich zunächst um eine besondere Auffassung des Verhältnisses zwischen Namen und Wirklichkeit, das heißt um die Frage: Wie verhalten sich die Begriffe des Menschen zu der objektiven Wirklichkeit? Für den Taoismus liegt die Sache sehr einfach. Die Wirklichkeit ist für ihn nichts als eine Erscheinung des Sinns (Tao). Im Tao sind in einem unfaßbaren Zwischenzustand Bilder, Ideen, vorhanden. Die Ideen formen sich zu den Erscheinungen, den Dingen. Diese Dinge aber haben nur ein scheinbares Dasein. „Endlos drängt sich's und ist doch wie beharrend", aber alles wird immer wieder zurückgenommen in den Mutterschoß der Natur, aus dem es hervorgekommen ist. Namen können daher wohl den Erscheinungen beigelegt werden. Diese Namen sind dann auch das Werkzeug der Erkenntnis. Aber sie sind nichts Wesentliches. Das Wirkliche ist namenlose Einfalt. Die Vielheit des Namenhabenden ist nur Schein. Daher ist der Name nur der Gast der Wirklichkeit, und die Erkenntnis, die sich auf Namen stützt, ist nur äußerlich und vergänglich. Aus dieser Lehre hat sich dann später der radikale Agnostizismus eines Yang Tschu entwickelt, für den jede Erkennbarkeit der Welt eine Unmöglichkeit ist, und für den ein pessimistischer Quietismus die letzte Auskunft ist. Dieses Versagen des Menschen vor der Fülle der Natur, die Hoffnungslosigkeit, etwas beeinflussen zu können, tritt uns ja auch in den taoistisch gerichteten Narren und verborgenen Heiligen entgegen, die den Meister auf seinen südlichen Wanderungen mit ihrem Hohn verfolgten.

Kungtse steht all diesen Fragen positiver gegenüber. Die Wirklichkeit ist für ihn dem Menschengeist erreichbar; denn er sucht nicht eine scheinbar objektive, außermenschliche Wirklichkeit, er sucht nicht die Natur an sich, sondern er sucht die Menschenwirklichkeit — auch hierin Kant in seinen letzten Intentionen vergleichbar. Wahrmachen der Gedanken ist ihm etwas Mögliches, und es wird erreicht dadurch, daß die Erkenntnis ihr Ziel erreicht im Erfassen der Wirklichkeit. Worin besteht nun dieses Erfassen der Wirklichkeit? Das ist auch für Kungtse kein einfach rationaler Vorgang. Mit dem bloßen sogenannten gesunden Menschenverstand kommt man über einen flachen positivistischen Relativismus nicht hinaus. Vielmehr ist für Kungtse die Quelle der Erkenntnis die intuitive Evidenz. Nicht jeder Mensch ist ohne weiteres befähigt zu dieser unmittelbaren Intuition, sondern nur der berufene Genius, der Heilige (Schong Jen). Für ihn gilt das Wort: „Der Himmel zeigt die Bilder, und der Heilige nimmt sie zum Vorbild und richtet sich danach." Der Heilige steht in Kontakt mit den kosmischen Wirklichkeiten, mit den Ideen. Indem er sie schaut, schafft er Namen. Die Namen entsprechen also in der tiefsten Wahrheit der Wirklichkeit. Dem Namen „Vater" entspricht in der Wahrheit ein Beziehungskomplex. Er ist mit dem Sohn zusammen eine Wirklichkeit höherer Ordnung, ein Gesetz von Gesinnungen und Handlungen, das eine ganz bestimmte Art von Beziehungen herstellt, die durch keinen anderen Begriff gedeckt werden können. Der Name entspricht der Idee. Daran macht es keinen Unterschied, ob in den empirischen Welten ein Vater lebt oder stirbt. Das Beziehungsverhältnis bleibt, nur wandelt sich sein Ausdruck entsprechend den Verhältnissen. Wenn der Sohn dem Vater während seines Lebens Ehrfurcht entgegenzubringen hat, die in Gehorsam besteht, so nimmt dieses Verhältnis nach dem Tod des Vaters die religiöse Form an, und an die Stelle des Gehorsams tritt das Ahnenopfer.

Aber auch die Möglichkeit ist denkbar, daß der Vater dem

Begriff des Vaters nicht entspricht und der Sohn dem Begriff des Sohnes nicht entspricht, in diesem Falle ist der Name nicht in Ordnung, und das Verhältnis muß rektifiziert werden.

Man kann drei Stufen unterscheiden.

1. Wenn der Name den Tatsachen der Wirklichkeit entspricht, so ist das Übereinstimmung, wenn er nicht entspricht, so ist das Widerspruch.

2. Man muß mittels der Namen unterscheiden das Rechte und das Unrechte.

3. Deshalb ist das, was recht ist, zu schätzen und zu fördern, und das, was unrecht ist, zu beseitigen und zu verwerfen.

Dies ist der Vorgang der Richtigstellung der Namen. Es müssen Verhältnisse geschaffen werden, eine öffentliche Stimmung muß erzeugt werden, da die Namen, die mit der Wirklichkeit übereinstimmen — oder umgekehrt betrachtet: die Wirklichkeit, die mit dem Postulat, das im Namen liegt, übereinstimmt —, als wertvoll geschätzt werden, und das Gegenteil: nachlässige Bezeichnungen, ungenaue Verhältnisse, verabscheut und verachtet werden.

Wir sehen also hier ein Doppeltes: Erst bekommt der Name, der Begriff, seinen Inhalt durch die intuitive Erkenntnis des berufenen Heiligen, der die ewigen Ideen im Himmel schaut. Dann dient der so bestimmte Name zum Maßstab der Wirklichkeit. Ein wirkliches Verhältnis, das seinem Namen entspricht, verdient Achtung, denn es ist recht, ein wirkliches Verhältnis, das seinem Namen nicht entspricht, verdient Verachtung, denn es ist unrecht.

Warum sagt Kungtse denn aber nicht Richtigstellung der Verhältnisse, sondern Richtigstellung der Namen? Weil die Richtigstellung der Namen eben das Mittel ist zur Richtigstellung der Verhältnisse. Denn in der sachentsprechenden Anwendung des Namens (beziehungsweise seiner Nichtanwendung) liegt ein Urteil, und im Urteil zugleich ein positiver Impuls, das Richtige zu wahren und das Unrechte zu bessern.

Wir sehen hier wieder den Zusammenhang mit der Stellung, die die Urteile im Buch der Wandlungen einnehmen.

Eine falsche Wirklichkeit wird oft lange noch von einem Namen gedeckt, den sie längst nicht mehr verdient. Unter dem Schutz dieses Namens genießt sie Duldung und Anerkennung, die ihr unrechtmäßigerweise zukommen und wodurch die Verhältnisse von Recht und Unrecht in Verwirrung geraten.

Als zum Beispiel jemand Mongtse fragte: der König Wu habe doch seinen Fürsten gemordet und damit ein schweres Unrecht begangen, antwortet Mongtse: „Ich habe nur davon gehört, daß er einen schlechten Kerl hingerichtet hat, nicht daß er seinen Fürsten gemordet hat."[173]

Die Richtigstellung der Namen besteht hier einfach in der Aberkennung des Fürstennamens. Zu einem Fürsten gehört nach chinesischer Auffassung fünferlei: Er muß Haupt und Führer sein, er muß Ursprung und Quelle des Staatswohls sein, er muß die Macht nach Billigkeit handhaben, er muß gütig sein, und er muß das allgemeine Vertrauen genießen.[174] Wo eines dieser fünf Stücke fehlt, ist der Fürst nicht mehr Fürst. Damit hat er das Anrecht auf die Stellung des Fürsten verscherzt, und wenn er eine Tat begeht, die die Hinrichtung verdient, so ist diese Hinrichtung nicht Fürstenmord, sondern Beseitigung eines Verbrechers.

Man sieht, welch scharfes Mittel in der Richtigstellung der Namen liegt, wenn sie als Urteil auf die Tatsachen angewandt wird. Kungtse hat keine Gelegenheit gefunden, eine längere Zeit hindurch dieses Instrument zur Ordnung der Verhältnisse tatsächlich anzuwenden. Aber er hat in seinem höchsten Alter ein Paradigma geschaffen indem er die Geschichte der letzten Jahrhunderte vor ihm mit diesem Maßstab beurteilte.

Das Werk, in dem er es tat, war das Tsch'un Ts'iu, Frühling und Herbst. Die Tatsachen der Geschichte setzt er als bekannt voraus. Aber er nennt sie nun mit den richtigen

Namen. Und damit werden sie, wenn man Tatsache und Benennung zusammenhält, gerichtet.

Die Richtigstellung der Namen nimmt er in diesem Werk sehr ernst. Nicht nur die politischen und moralischen Verhältnisse werden richtiggestellt, sondern diese Richtigstellung erstreckt sich auch auf die Logik und die Grammatik. Der kleinste Umstand wird in der Form berichtet, die seiner Wirklichkeit entspricht: Wenn zum Beispiel Meteorsteine fallen, so wird zuerst das Fallen genannt, dann, daß es Steine waren, und endlich, daß es fünf waren. Das entspricht dem Hergang der Feststellung beim Hören; denn man hört zuerst etwas fallen, dann sieht man, daß es Steine waren, dann zählt man und findet fünf. Wenn aber Vögel rückwärts über eine Stadt fliegen, wird zuerst die Zahl genannt, dann die Art der Vögel und dann das Rückwärtsfliegen. Aus denselben Gründen, da es sich hier um eine Gesichtswahrnehmung handelt; denn man sieht zuerst fünf Dinge, dann bemerkt man, was für Vögel es sind und dann, daß sie rückwärts fliegen.

So hat Kungtse mit diesem Werk die Aufmerksamkeit auf den schriftlichen Ausdruck gelenkt und wurde dadurch zum Schöpfer der chinesischen Literatur mit ihrer klaren, logisch scharfen, feinziselierten Ausdrucksweise.

„Die Worte müssen den Gedanken vollkommen ausdrükken."[175]) Das war sein Grundsatz auf diesem Gebiet.

Aber viel weitreichender war seine praktische Wirkung. Er hat damit Schule gemacht. Die Unbestechlichkeit der chinesischen Geschichtschreibung geht auf ihn zurück. Gewiß gab es schon vor ihm einige mutige Männer, die ihr Zeugnis für die Wahrheit selbst mit dem Leben bezahlten.[176]) Aber er hat alle diese Einzelbestrebungen zusammengefaßt und sie gestützt durch dieses Werk.

Zum Schluß dieses Abschnittes muß auch noch darauf hingewiesen werden, daß die Richtigstellung der Namen zu ihrer wirksamen Durchführung der nötigen Autorität bedarf. Gerade in jener Zeit war ja die Verwirrung in China ähnlich wie zur

Zeit der Sophisten in Griechenland. Indem das Denken sich emanzipierte von der Praxis und luftige Gedankengespinste gepflegt wurden, konnten ja alle möglichen Theorien aufgestellt werden, und mit den dialektischen Kunststücken eines Tong Si und anderer zeitgenössischer „Schwätzer" konnte alles in Verwirrung gebracht werden. Um die Namen richtig zu stellen, mußte man daher wieder in Kontakt mit der Wirklichkeit kommen. Das war ja überhaupt das dauernde Bestreben Kungtses.

Zu diesem Zweck aber mußte er Autorität schaffen. Es mußte Persönlichkeiten geben, die durch ihre äußere, allgemein anerkannte Stellung so viel Einfluß besaßen, daß sie Sitte schaffen konnten, Sitte, durch die eine Stufenfolge von Stellungen geschaffen wurde, die, vom Volk allgemein anerkannt, dem inneren Wert ihrer jeweiligen Inhaber entsprachen. Nur wo höhere Stände vorhanden sind, zu denen das Volk emporschaut und von denen es seine Sitten und Meinungen bereitwillig beeinflussen läßt, gibt es eine Autorität, die imstande ist, die Namen richtigzustellen. Das ist der Grund, warum Kungtse immer wieder die Ehrfurcht als die Grundlage des gesamten sozialen und politischen Lebens betont. Die Ehrfurcht ist aber etwas, das sehr schwer gedeiht, wenn erst einmal die Frechheit Platz gegriffen hat.[177]) Deshalb setzt Kungtse da ein, wo dieses Samenkorn allein gedeihen kann, bei der Jugenderziehung. Auch für die Richtigstellung der Namen mußte der Boden erst vorbereitet werden durch Heranwachsen eines neuen Geschlechtes. So hat auch hier Kungtse seinen Jüngern die Geheimnisse überliefert, die dann in späteren Zeiten, als die Verhältnisse das Chaos überwunden hatten, ihre Früchte trugen.

c) Die Sitte

In der konfuzianischen Praxis spielt die Sitte (Li) eine sehr wichtige Rolle, wie schon wiederholt zu erwähnen war. Die Sitte ist das Mittel, durch das die Richtigstellung der

Namen in der Praxis durchgeführt wird. Man muß, um in diesem Punkt klar zu sehen, feststellen, was Kungtse unter dem Begriff Sitte (Li) übernommen hat, und was er daraus gemacht hat. Das chinesische Wort Li, das wir mit Sitte wiedergeben, ist ursprünglich ein kultischer Begriff. Es bedeutet die rechte und daher wirksame Form beim Dienst der Gottheiten; denn das alte China hat mit andern alten Kulturen die Vorstellung gemein, daß auf die rechte Art beim Vollzug der Opfer und der sonstigen Bräuche alles ankommt, damit sie wirklich ihren Zweck erfüllen. Nur ein rite dargebrachtes Opfer kann wirklich als Opfer bezeichnet werden usw. Von hier aus war der Begriff schon früh auch auf die menschlichen Angelegenheiten ausgedehnt worden. Außer den gottesdienstlichen Sitten, beziehungsweise Riten gab es nun auch Sitten für die Verrichtung der menschlichen Geschäfte. Denn auch diese mußten auf die richtige Art erledigt werden, um wirksam zu sein. So gab es verschiedene Arten von Riten für die verschiedenen Angelegenheiten. Außer den Opferriten kamen in Betracht: Riten für fröhliche Anlässe: Hochzeit, Geburt, Mannbarkeitserklärung etc.; Riten für traurige Anlässe: Todesfall und Begräbnis; Riten für Gastbehandlung: Festmahle, Gauschießen etc.; Riten für kriegerische Unternehmungen. Natürlich war in erster Linie der Hof der Ort, wo die Riten ausgeübt wurden, wie denn auch jede Dynastie einen neuen Kodex dieser Riten und Sitten schuf. So kam es denn ganz von selbst, daß das höfische, formvollendete Leben von einem ganzen Kranz solcher Sitten umgeben war, und die Kenntnis der höfischen Sitte gab die Berechtigung zur Teilnahme an der Gesellschaftsschicht, die sich diese Formen auferlegt hatte. Dies ging so weit, daß innerhalb dieser Gesellschaftsschicht die Sitten das Maßgebende für das Verhalten waren, ebenso wie für das niedere Volk die Gesetze. Die Sitte reichte nicht hinab bis zum gemeinen Volk, und das Gesetz reichte nicht hinauf bis zum Adel. Auch die Strafe für schwere Fehltritte war etwas, das der Adlige sich selbst auferlegte, wie denn zum Beispiel in Japan im Harikiri des Adels noch immer diese Vorstellung herrscht. Selbstverständlich ist, daß die Kenntnis höfischer Sitte und „höfliches" Benehmen auch in den niederen Ständen allmählich immer mehr nachgeahmt wurde. Die große gesellschaftliche Umschichtung, die in den Jahrhunderten vor Kungtse vor sich ging, hatte naturgemäß eine immer weitergehende Nivellierung und Ausbreitung der Sitte zur Folge. Die Kenntnis der Sitte war und blieb etwas sehr Schwieriges; denn es gab dreihundert wichtige und dreitausend geringere Vorschriften, die nicht nur alle gelernt werden mußten, sondern auch richtig eingeübt und bei richtigen Gelegenheiten angewendet sein wollten. Aber die Beherrschung der Gebräuche gab auf der andern Seite innere Freiheit und Leichtigkeit des Auftretens. Ein Mann, der die Sitten kannte, war jeder Lebenslage gewachsen.

In diesem Stadium fand Kungtse den Gebrauch der Sitten vor. Es fragt sich nun, was er daraus gemacht hat. Die Antwort wird lauten: Er hat sich ihre Kenntnis in vollem Umfang angeeignet, er hat sie kritisch bearbeitet und vergeistigt, und er hat sie schließlich zum geeignetsten Werkzeug der Regierung gemacht das die Welt bis auf den heutigen Tag gesehen hat.

a) Das Lernen der Sitten. Verhältnis von Kultur und Natur

Was Kungtse unter Lernen (hsüo) versteht, ist nicht das, was wir heute in unsern Schulen darunter verstehen: gedächtnismäßiges Aneignen eines dargebotenen Stoffs. Es ist auch nicht das, was wir als Wissenschaft bezeichnen könnten: eine rein theoretische Betrachtung eines Gegenstandes, sondern Lernen ist für Kungtse eine Beschäftigung theoretischer und praktischer Art. Die Kenntnis muß zur Kunst führen, sonst ist sie wertlos. Lernen und fortwährend üben sind Dinge, die unbedingt zusammengehören. So finden wir, daß er von sich selber sagt, daß mit fünfzehn Jahren sein Wille aufs Lernen gerichtet gewesen sei, und schon unter seinen Jugendspielen wird uns die Beschäftigung mit Opfergefäßen und Riten berichtet. Als er auf seiner Reise nach der Hauptstadt von Tschou das königliche Heiligtum betrat, erkundigte er sich nach jeder einzelnen Verrichtung. Da sprach jemand: „Wer will behaupten, daß der Sohn des Mannes von Tsou die Sitten kenne, da er sich beim Betreten des großen Tempels erst nach jeder einzelnen Verrichtung erkundigt?" Der Meister hörte es und sprach: „So eben will's die Sitte."[178])

Auch sonst erfahren wir, wie er jede Gelegenheit zum Lernen benützt hat. So war zum Beispiel sein Verkehr mit Laotse in jener Zeit ebenfalls in erster Linie dem Erforschen der Sitten der Vorzeit gewidmet, die Laotse als königlicher Bibliothekar, dem alle Urkunden zugänglich waren, besonders gut kannte. Allerdings hat ihn Laotse, wenn er ihm auch einiges mitgeteilt hat, im ganzen doch ziemlich schroff abgewiesen.

Als Prinz Ki Tscha von Wu in der Nähe eine Beerdigung seines Sohnes vollzog, reiste er hin, um die Formen in diesem schwierigen Fall zu lernen; wenn ein Fürst aus einem der Nachfolgerstaaten der früheren Dynastien zu Hofe kam, so wußte er mit ihm zusammenzukommen, um auf diese Weise seine Kenntnis zu bereichern; kurz, wir finden ihn sein Leben lang beschäftigt, viel zu hören und viel zu sehen, das Zweifelhafte beiseite setzend und das Zuverlässige übend. Dieses praktische Eindringen in die Sitten betrachtete er als die Vollendung der Natur durch Kultur. „Wecken durch die Lieder, festigen durch die Sitten, vollenden durch Musik."[179]) Das war der Grundsatz seiner durchaus ästhetisch gerichteten Erziehungslehre. Ähnlich ist auch die Lehre beschaffen, die er seinem Sohne gibt: „Wenn man die Sitten nicht kennt, hat man kein Mittel zur inneren Festigung."[180]) Selbst seinem Lieblingsjünger gibt er als tiefstes Geheimnis der Menschengüte: „Sich selbst beherrschen und der Sitte unterwerfen."[181])

Für den Sinn, den die Sitte für Kungtse hatte, können wir ebenfalls im Buch der Wandlungen einen Anhaltspunkt gewinnen. Dort heißt das Zeichen, das sich mit der Sitte beschäftigt: das Auftreten.[182]) Es hat das Urteil, daß jemand auf den Schwanz eines Tigers tritt, aber der Tiger beißt ihn nicht. Wie das möglich ist, zeigen die Eigenschaften der Urzeichen: innen Heiterkeit und außen Stärke. Ein Auftreten, das aus innerer Heiterkeit beziehungsweise Freundlichkeit hervorgeht und nach außen die Festigkeit hat, die gute Formen verleihen, wird auch in der gefährlichsten Lage Erfolg haben. Selbst der Tiger beißt den Menschen nicht, der diese Formen des Auftretens besitzt.

Es ist in diesem Zeichen zugleich die richtige Stellung von hoch und niedrig angedeutet: der See, das Sinnbild des unteren Zeichens, ist das Tiefste, der Himmel, das Sinnbild des oberen, das Höchste. Auf diese Weise sind hoch und niedrig vereinigt, ohne daß auch nur der Gedanke aufkommen könnte, daß eine Unordnung der Verhältnisse entstehen könnte. Darum fügt Kungtse in seinem Kommentar zum Bild hinzu: „So unterscheidet der Edle hoch und niedrig und festigt dadurch den Sinn des Volkes." Hier sehen wir schon die Bedeutung der Sitten für die Regierung. Wir werden darauf noch zurückzukommen haben. In der großen Abhandlung steht über die Bedeutung des Zeichens in Beziehung auf die Ausbildung des persönlichen Charakters: das Zeichen „Auftreten" zeigt das Fundament des Charakters. Es ist harmonisch und erreicht das Ziel; es bewirkt einen harmonischen Lebenswandel.

Wir haben in diesen Ausführungen einen sehr wichtigen Schlüssel zu der Auffassung Kungtses über die sozusagen metaphysische Bedeutung der Sitte. Sitte ist, im allgemeinsten Sinn verstanden, die Kultur, die Kunst, die menschliche Tätigkeit gegenüber dem Rohstoff der Natur. Weil Laotse absolut gegen die Kultur und für die Natur ist, darum ist ihm die Sitte etwas Greuliches.

„Wer das Leben hochhält, ist ohne Handeln und ohne Absichten. Wer die Liebe hochhält, handelt, aber hat keine Absichten. Wer die Gerechtigkeit hochhält, handelt und hat Absichten. Wer die Sitte hochhält, handelt, und wenn man ihm nicht entgegenkommt, so fuchtelt er mit den Armen und zieht einen herbei. Darum: ist das Leben abhanden, dann kommt die Liebe. Ist die Liebe abhanden, dann kommt die Gerechtigkeit. Ist die Gerechtigkeit abhanden, dann gibt es Sitte. Die Sitte ist Treu und Glaubens Dürftigkeit und der Verwirrung Beginn. Vorbedacht ist des Sinnes Schein und der Torheit Anfang. Darum weilt der rechte Mann beim Völligen und nicht beim Dürftigen, er bleibt beim Sein und nicht beim Schein."[183])

Kungtse hat den entgegengesetzten Standpunkt: für ihn ist die Sitte die Vollendung der Natur, und Vorbedacht ist das Mittel, das Böse im Keim zu ersticken. Hier taucht aber eine weitere Frage auf: Ist Sitte möglich? Ist die Natur des Menschen so beschaffen, daß sie sich durch Sitte verklären läßt? Das ist eine sehr wichtige Frage, und von ihrer Beantwortung hängt die Stellung der verschiedenen Menschheitsheroen ab. Die meisten sind im Gegensatz zu Laotse, der die Natur für vollkommen hält und jedes Bessern daran für gefährlich ansieht, der Meinung, daß die Natur weite Gebiete hat, die einer Veredlung überhaupt nicht fähig sind und die daher ausgemerzt werden müssen. In der westlichen Philosophie seit Plato ist diese Auffassung immer wieder hervorgetreten. Alles, was mit Sünde, Erbsünde und Askese zusammenhängt, gehört in dieses Gebiet. Die Sünde ist das Widergöttliche, das durch Askese abgetötet werden muß, das vergeben werden muß. Am radikalsten geht der Buddhismus vor, der das ganze Naturleben als solches ausscheidet als das Gebiet des Unerlösbaren.

Kungtse nimmt die Natur des Menschen als Wirkungsfeld für die Kultur an. Bekanntlich entstand später in der konfuzianischen Schule ein Schisma über die Frage, ob die menschliche Natur gut sei ihrem Wesen nach, wie Mongtse es behauptete, der sagte, daß die Güte ebenso zum Wesen der menschlichen Natur gehöre, wie die Tendenz zum Abwärtsfließen zum Wesen der Natur des Wassers. Während sein Gegner Kaotse — wohl dem Taoismus nahestehend — die Natur des Menschen als moralisch indifferent, als Leben schlechthin bezeichnete, das man so oder so gestalten könne (das kommt ungefähr auf die Theorie der Tabula rasa hinaus), trat im konfuzianischen Lager selbst kurz nach Mongtse der bedeutende Denker Hsün K'ing auf, der die menschliche Natur als wesentlich böse bezeichnete, so daß alles Gute im Menschen nur der Kultur, der Sitte zu verdanken sei, die von großen Männern erschaffen wurde, die sie den Menschen künstlich auferlegten. So stark der Unterschied der beiden Lehrrichtungen in die Augen fällt, der vielleicht, zum Teil daher kommt, daß Mongtse das Menschenwesen als solches im Auge hat, während Hsün K'ing an die einzelnen empirischen Menschen denkt: in einem Punkte stimmen sie überein, daß nämlich das Wesen des Menschen für Sitte und Kultur ein geeignetes Material bildet, daß der Mensch zur Sitte erzogen werden kann, und daß der durch diese Erziehung hervorgerufene Zustand ein höherer und wertvollerer Zustand ist. Erst später, nachdem Han Yü, vielleicht im Anschluß an manichäische Gedanken, eine Dreiteilung der Menschen in höhere, mittlere und niedere versucht hatte, kam durch die Sungphilosophie der buddhistische Gedanke auf, daß der Mensch mit seinem eigentlichen geistigen Wesen (Hsing) bei der Geburt in eine psychische Sphäre von Kräften (K'i) eintauche, die entweder reich oder dürftig, klar oder trüb seien. So werden die Menschen mit einer reichen und klaren Psyche bessere Menschen sein als die, denen eine dürftige und trübe Psyche zuteil geworden ist. Aber eben damit kommt der Gesamtheit des psychischen Lebens gegenüber auch die Askese auf, die gewisse Teile der Psyche unterdrücken, andere steigern will, um zur Vollkommenheit zu gelangen. Wang Yang Ming bringt den Umschlag herbei, daß er alles auf die ursprüngliche Intuition, in der Wissen und Können eins ist, zurückführt, was bei weniger genialen Nachfolgern mit Notwendigkeit zur Oberflächlichkeit führen mußte. Und erst Tai Tschen, der große Zeitgenosse Kants in China, ist es, der die menschliche Natur als Ganzes mitsamt ihren Trieben und Begehrungen bejaht und ihr nur eine Bildung durch die Sitte als notwendige Erziehung vorschreibt.

Kungtse selbst steht jenseits dieser ganzen Differenzen. Ihm kommt es nicht auf eine theoretische Feststellung darüber an, ob der Mensch von Natur gut ist oder nicht, sondern für ihn ist die Erziehung des Menschen eine praktische Aufgabe. Gewiß sieht er Unterschiede unter den Menschen. Er weiß, daß unbeherrschte Sinnlichkeit ein Zeichen von Schwäche ist.[184]) Er seufzt gelegentlich über Weiber und Knechte, mit denen schwer auszukommen sei. Sei man zu intim, so werden sie plump vertraulich, halte man sich zurück, so werden sie unzufrieden.[185]) Oder verzweifelt er über die Menschen, die es fertig bringen, den ganzen Tag sich satt zu essen, ohne den Geist irgendwie zu beschäftigen.[186]) Er spricht es wohl einmal aus, daß nur die höchststehenden Weisen und die tiefststehenden Narren unveränderlich seien.[187]) Oder er sagt: „Bei der Geburt schon Wissen zu haben, das ist die höchste Stufe. Durch Lernen Wissen zu erwerben, das ist die nächste Stufe. Schwierigkeiten haben und doch lernen, das ist die übernächste Stufe. Schwierigkeiten haben und nicht lernen, das ist die unterste Stufe des gemeinen Volks."[188]) Aber er rechnet sich selbst zur zweiten Stufe. Ein wesentlicher Artunterschied wird nicht anerkannt. „Ob man bei der Geburt die Kenntnis hat oder durch Lernen die Kenntnis erwirbt oder durch Überwindung von Schwierigkeiten die Kenntnis erringt: wenn man nur die Kenntnis erreicht, so kommt alles auf eines hinaus." Ein andermal sagt er: „Von Natur stehen die Menschen einander nahe, durch Übung entfernen sie sich voneinander."[189])

Aber damit gibt er kein theoretisches Urteil ab über wesentliche Naturunterschiede oder Naturgleichheit. Noch ist damit ein Urteil gefällt über die Güte oder Schlechtigkeit der menschlichen Natur. Alles bleibt im lebendigen Fluß der Wirklichkeit. In Beziehung auf die Bildung gibt es für ihn keine Standes-, Klassen-, Rassen- oder sonstwie gearteten Unterschiede.[190]) Alles ist für ihn aufs Praktische abgestellt. Es kommt nur darauf an, daß der Mensch, der sich belehren will, sich wie leer macht, daß er eignes Streben hat, die erkannte Wahrheit nicht bloß intellektuell billigt, sondern sie zur Tat macht. Denn jeder Mensch hat eine Kraft des Willens, die auch dem Geringsten niemand nehmen kann. Wer diesen Willen mit Beharrlichkeit gebraucht, der wird es erreichen, sich zur Harmonie durchzubilden. Gewiß sind die Menschen nicht alle gleich, jeder hat seine besonderen Vorzüge und Nachteile in der Veranlagung. Ja, jedes Lebensalter hat seine besonderen Gefahren. „In der Jugend, wenn die Lebenskräfte noch nicht gefestigt sind, muß man sich vor der Sinnlichkeit hüten, im Mannesalter, wenn die Lebenskräfte in voller Stärke sind, vor Streitsucht und im Greisenalter, wenn die Kräfte schwinden, vor Geiz."[191])

Aber dieser Mannigfaltigkeit der Erscheinung gegenüber stellt sich Kungtse durchaus positiv ein. Das Material der menschlichen Natur ist für ihn in seinem ganzen Umfang brauchbar. Während in andern Weltanschauungen, sei es die Sinnlichkeit, seien es die Haßgefühle, eliminiert werden entweder durch Askese oder in der Form der Erlösungspsychologie, nimmt Kungtse — übrigens im Anschluß an das Buch der Wandlungen — die ganze Wirklichkeit der Naturgrundlage des Menschen als Objekt für die Organisation auf.

Wie wir gesehen haben, ist im Buch der Wandlungen das „Auftreten" geschaut unter dem Bild des Tretens auf den Schwanz eines Tigers, der aber dennoch nicht beißt. Wenn wir die Erklärung suchen für dieses Bild, das aus den Zeichen K'iän, das Schöpferische, und darunter Tui, das Heitere, der See, besteht, so müssen wir in Betracht ziehen, daß in der kosmischen Anordnung der acht Urzeichen das Bild Tui, See, Freude, im Westen und das Bild K'iän, Himmel, Stärke, im Nordwesten steht. Der Westen des Himmels steht unter der Herrschaft des weißen Tigers. Der Punkt, wo die beiden

Zeichen zusammentreffen, ist der Schwanz des Tigers. Daher das Auftreten auf den Schwanz des Tigers. Damit ist aber eine andere Symbolik angedeutet. Der Westen, dem zugleich der Herbst entspricht, ist die Gegend des Gerichts, des Todes, der Einsammlung der Früchte, beziehungsweise Ernte. Der Tiger als gefährliches Tier, als verzehrendes Raubtier, wird hier zusammen geschaut mit dem Zeichen Tui, Heiterkeit, See. Die Heiterkeit, als zerfließende, bringt ebenfalls Gefahren mit sich, sie wirkt zerstörend, wenn sie nicht geformt und beschränkt wird, wie dies im vorliegenden Fall durch die Herrschaft von K'iän, dem Himmel, dem Starken, Geistigen, geschieht. Indem also das Geistige oben ist, die Vormachtstellung hat, und das Psychische unten ist und willig sich fügt, werden die Gefahren des Tigers vermieden.

Das ergibt, auf das vorliegende Problem angewandt: Die Sitte muß als starkes Geistiges die Natur in einer Weise festigen und regeln, daß die Natur nicht vergewaltigt wird, sondern sich freiwillig der Leitung des Geistigen unterwirft. Damit wird sie gut, und die Gefahren, die durch einen Konflikt zwischen Geist und Fleisch hervorgerufen würden (das Treten auf den Schwanz des Tigers), werden vermieden. Der Charakter erlangt Festigkeit, und der Wandel erlangt Ordnung, indem die Plätze des Vornehmen, Geistigen, und des Geringen, Körperlich-Psychischen, so deutlich gemacht werden, daß eine Verwechslung unmöglich ist und jedes an seinem Platz sich beruhigt.

Dementsprechend handelt es sich für Kungtse nun in erster Linie darum, daß die Sitte die Gesamtpersönlichkeit festigt, ihr das Zerfließende der in ihr befindlichen gegensätzlichen Tendenzen nimmt und sie zu einer starken einheitlichen Richtung zusammenfaßt. Indem Schauen, Hören, Reden und Handeln auf das Schöne, die Sitte, beschränkt werden, verschwinden die Minderwertigkeitsgefühle von selbst, da sie durch die Überwertigkeit der Steigerung des Lebens ausgeglichen werden. Die Minderwertigkeitsgefühle sind hauptsächlich Zweifel, Trauer und Furcht. Aber alle diese Minderwertigkeiten können durch entsprechende innere Haltungen ihr Korrektiv finden. Sï-Ma Niu, ein Schüler, der unter widerlichen Schicksalen und infolge davon unter allerhand Minderwertigkeitsgefühlen zu leiden hatte, fragte nach dem Wesen des Edlen. Der Meister sprach: „Der Edle ist frei von Trauer und Furcht." Er sprach: „Ohne Trauer und Furcht sein, gehört das zum Wesen des Edlen?" Der Meister sprach: „Wenn einer sich innerlich prüft und kein Übles da ist, was sollte er da traurig sein, was sollte er fürchten?"[192])

Nicht äußere Not und Mißgeschick sind es ja, was den Menschen zugrunde richtet, sondern ihre Wirkung auf die Seele. Die ungeordnete Fülle der Eindrücke der Außenwelt bringt den Intellekt in Verwirrung. Dadurch entstehen Zweifel. Die Berührung mit widrigen Menschen und Verhältnissen bringt das Gemüt in Unruhe. Daraus entsteht Trauer. Der überwältigende Eindruck der Abhängigkeit von unberechenbaren Mächten lähmt den Willen. So entsteht die Furcht. Allen diesen negativen Zuständen gegenüber hat der Mensch aber die Fähigkeit, sie zu ordnen, so daß ihre Wirkungen ihm nicht schaden, sondern positive Impulse auslösen. „Durch Wissen überwindet man die Zweifel, durch Güte die Trauer, durch Entschlossenheit die Furcht."[193]) Dadurch wird die Mannigfaltigkeit Anregung zum Forschen und Fortschreiten: vieles Hören, vieles Sehen und es sichten. — Die Berührung mit widrigen Verhältnissen wird durch Güte umgebogen in ebensoviele Aufgaben, die erledigt werden müssen. Die Abhängigkeit wird durch Entschlossenheit zum Arbeitsfeld. Auf diese Weise werden durch Zurückbeziehung auf die eigne Innerlichkeit die minderwertigen Gefühle, die durch die Berührung mit der Außenwelt im primitiven Menschen geweckt werden, ausgeglichen. Die äußeren Leiden, die noch bleiben, werden zum Schicksal, das erkannt und aufgenommen wird, ohne daß es die innerliche Ruhe störte. Dann kann es sein, daß man bereichert wird durch unheilvolle Ereignisse. Und es ist kein Makel dabei, weil sie notwendig zu unserem Schicksal gehören.[194]) Selbst, wenn der Weg durch den Tod führt, wird ihn der Edle gehen, wenn es sein Weg ist. „Man muß durchs Wasser. Es geht über den Scheitel. Unheil. Kein Makel."[195]) Diese Unerschütterlichkeit des Innern, die Glück und Unglück willig auf sich nimmt, wenn es zum Schicksal gehört, wird gefestigt durch die Form. Indem man seinem Auftreten in jedem Augenblick die Form verleihen kann, die der Gesinnung den rechten Ausdruck schafft, gewinnt die Gesinnung die Ruhe und Größe, die sie braucht, um sich auszuwirken.

Soweit es sich aber nicht um Minderwertigkeiten handelt, durch die die Psyche hinabgerissen wird in den Strudel der Ereignisse, wird das ganze Naturgebiet des Psychischen übernommen. Zweifel kann zur Anspannung werden: „Lerne, als hättest du es nicht erreicht und fürchtetest, es zu verlieren." Die Trauer hat ihren Platz bei dem Verlust geliebter Angehöriger und findet da auch ihren sinngemäßen Ausdruck, durch den sie geformt und vor dem Zerfließen in trübe Melancholie behütet wird, in den festen Sitten, die die Trauerbräuche regeln. Die Furcht wird zur Ehrfurcht und heiligen Scheu, zum Ernst und zur gewissenhaften Sorgfalt, die ebenfalls wieder durch die Sitte vor dem Verfall in Pedanterie und Kleinlichkeit behütet werden.

Aber nicht nur diese Seiten der menschlichen Natur werden akzeptiert, sondern auch Haß, Zorn, Sinnlichkeit. Nichts ist an sich Sünde. Es muß nur in seiner Richtung geleitet und in seiner Äußerung geformt werden. Die Bejahung des Hasses ist etwas, das einem Westländer, der durch die Schule des Christentums ging, früher wenigstens befremdlich vorkam. Dennoch wird man Kungtse verstehen, wenn er dem Tsï Kung auf seine Frage, ob der Edle auch Haß kenne, antwortet: „Er hat Haß. Er haßt die, welche der Leute Übles verbreiten; er haßt die, welche selbst niedrig sind und Leute, die über ihnen stehen, verleumden; er haßt die Mutigen, die keine Sitte kennen; er haßt die waghalsigen Fanatiker, die beschränkt sind."[196]) Oder wenn er sagt: „Ich hasse es, wie das Violett den Scharlach beeinträchtigt; ich hasse es, wie die Klänge der Tschong-Musik die klassische Musik verwirren; ich hasse es, wie die scharfen Mäuler Staat und Familien ins Unglück stürzen."[197]) Wenn er gelegentlich sagt, nur der wirklich gütige Mensch könne in der rechten Weise lieben und in der rechten Weise hassen, so verstehen wir, wie er den Haß auf diesen Gebieten als starke Kraftquelle zur Reform ansetzt, nicht aber in Form niederer Rachsucht sich austoben läßt. Ebenso wird der Zorn anerkannt, aber ins produktive Handeln übergeleitet. Mongtse sagt vom König Wu, daß er einmal in Zorn geriet und in seinem Zorn die Welt in Ordnung brachte. Es wird auch das Gebiet der Sinnlichkeit nirgends verurteilt. Die Liebe zur Schönheit wird von Kungtse häufig als etwas Selbstverständliches genannt, und sein Wunsch ist nur, daß die Menschen mit derselben unmittelbaren Energie den geistigen Wert lieben möchten. Mongtse gibt auch diesem Gedanken eine etwas groteske Färbung, wenn er von T'an Fu, einem der Ahnen des Tschouhauses, sagt, daß sich seine Liebe zur Frauenschönheit in seinem Verhalten zu seiner Gattin gezeigt habe, und daß die große Tugend des Tschouhauses es so angeordnet habe, daß es draußen keine unverheirateten jungen Männer und in den inneren Gemächern keine ledigen alten Mädchen gab. Auch für die Regelung dieser Beziehungen spielt die Sitte die wichtige Rolle, daß sie allen naturgemäßen Trieben ein Gebiet abgrenzt, aber gleichzeitig sie regelt, ordnet und ihnen den rechten Platz im großen Zusammenhang gibt, daß nicht das Geringere das Größere schädigt. Auf diese Weise wird der Tiger der Natur gebändigt, die schlummernden Gefahren beschworen, und das Auftreten gewinnt die innere Heiterkeit und äußere Stärke, durch die der Charakter gefestigt wird.

β) *Kritik der Sitten*

Was die Vorschriften der Sitten anlangt, so hat Kungtse im ganzen die Sitten der Tschoudynastie seinen Unterweisungen zugrunde gelegt. Er tat das deshalb, weil die Sitten der älteren Zeiten zu weit zurücklagen und deshalb nicht mehr geeignet waren. Wie wir gesehen haben, war erst in der Tschouzeit die patriarchalische Familie zur unbedingt herrschenden Form geworden, während sich in früheren Zeiten noch matriarchalische Spuren in den Gebräuchen fanden. Kungtse wußte zu gut, daß sich die Geschichte nicht rückwärts drehen läßt, sondern daß nur der, der mit der Zeit fortschreitet, wirklich der Zeit entspricht. Man schildert Kungtse häufig als übermäßig konservativ. Mit Unrecht. Laotse war viel konservativer. Kungtse ist ihm gegenüber der Vertreter des Fortschritts. Er macht in der Vergangenheit deutlich zwei Schnitte, durch die er Altes, soweit es Ballast geworden war, beseitigt. Zunächst läßt er die ganze Zeit vor Yao und Schun weg. Das Buch der Urkunden, das die älteste Zeit für ihn enthält, beginnt mit Yao. Von den älteren Herrschern werden in der großen Abhandlung im Buch der Wandlungen Fu Hsi, Schen Nung und Huang Ti gelegentlich erwähnt anläßlich der Erfindungen von Gebrauchsgegenständen wie Netze, Pflug, Wagen, Schiff, Gewänder etc. Ob dieser Passus auf Kungtse zurückgeht oder nicht, ist zweifelhaft. Aber auch wenn er wirklich von ihm stammt: er ist jedenfalls streng als Prähistorie behandelt, ohne irgendwelche Details. Die Zeit von Yao, Schun und Yü ist für ihn das große Zeitalter des Ideals. Die Persönlichkeiten als solche ragen noch in die Geschichte herüber. Über ihre Einrichtungen im Einzelnen ist nichts gesagt. Nun kommen die zwei Dynastien Hsia und Schang. Es ist nicht leicht, festzustellen, was Kungtse im Einzelnen hier aus den Urkunden dieser Dynastien überliefert hat, da ja das Buch der Urkunden, das er zusammengestellt hat, nur noch in Trümmern vorhanden ist, die bis in sehr späte Zeit herunter erweitert und ausgestaltet wurden. Aber ein Vergleich mit den Bambusannalen zeigt, daß er in seiner Auswahl dieser Urkunden streng richtend vorgegangen ist, und daß in der Art seiner Auswahl nicht nur eine Kritik, sondern auch ein eignes Programm liegt.

Den zweiten Einschnitt macht er bei der Tschoudynastie. Was an Sitten aus älterer Zeit überliefert ist, läßt er einfach fallen. Die Tschoudynastie, die in ihrer Kultur auf die zwei vorangehenden Dynastien zurückschaut, ist für ihn die Grundlage seines Aufbaus.

Doch selbst ihre Sitten übernimmt er nicht ohne weiteres. Schon in Äußerlichkeiten sichtet er nach Gründen der Vernunft. Bei festlichen und zeremoniellen Anlässen war durch die Sitte eine aus Leinenfäden kompliziert geflochtene Kopfbedeckung vorgeschrieben. Der Meister sprach: „Ein leinener Hut ist eigentlich der Sitte entsprechend. Heutzutage benutzt man seidene. Es ist sparsam, so richte ich mich nach der Allgemeinheit." Bei fürstlichen Mahlzeiten war durch die Sitte vorgeschrieben, daß, wenn der Fürst den Wein anbot, man unterhalb der Stufen der Halle eine Verbeugung machte, um zu danken. Es war jedoch der Brauch aufgekommen, sich das Hinuntersteigen zu ersparen und die Verbeugung oben im Saal zu machen. Der Meister sprach: „Unten sich zu beugen, ist der Sitte entsprechend. Heutzutage macht man die Verbeugung oben. Doch das ist unbescheiden, darum — ob ich auch von der Allgemeinheit abweiche — verbeuge ich mich unten." [198])

Man sieht aus diesem Beispiel deutlich die innere Tendenz seiner Stellung. Einerseits geht sie dahin, der immer mehr verbreiteten Steigerung des Luxus und äußerem Gepränge entgegenzutreten. Denn nicht auf die Übertriebenheit kam es an, sondern auf den richtigen Ausdruck der Gesinnung. Jedes Überwiegen der Äußerlichkeiten war nur eine Gefahr für den wesentlichen Ernst der Gesinnung. Aber ebenso sehr war er gegen jedes Leichtermachen, jedes Wegabschneiden, jede Verringerung des Ausdrucks. Denn, indem die Formen salopp gehandhabt wurden, war zu fürchten, daß auch die Gesinnung darunter leiden würde. Da ihm alles auf die Gesinnung ankam, suchte er diese Gesinnung auch durch eine entsprechende Vollständigkeit der Formen zu stützen.

In dieselbe Richtung weist auch das Wort: „Sitte heißt es,

Sitte heißt es: wahrlich, heißt das denn Edelsteine und Seide? Musik heißt es, Musik heißt es: wahrlich, heißt das denn Glocken und Pauken?"[199])

Ziemlich ausführlich sprach er sich vor seinem Lieblingsjünger Yän Hui über seine kritische Haltung zu den Bräuchen der verschiedenen Dynastien aus. „In der Zeiteinteilung der Hsiadynastie folgen, im Staatswagen der Yindynastie fahren, die Kopfbedeckung der Tschoudynastie tragen. Was die Musik anlangt, so nehme man die Schao-Musik mit ihren pantomimischen Tänzen. Den Klang der Tschong-Musik muß man verbieten und beredte Menschen fernhalten; denn der Klang der Tschong-Musik ist ausschweifend, und beredte Menschen sind gefährlich." [200])

Wir haben hier die Grundzüge einer souveränen Neuordnung der Sitten, wie sie die früheren Dynastien auch vorgenommen hatten. Hier zeigt Kungtse seine Gedanken für eine Neuordnung des Weltreichs in Beziehung auf die äußeren Formen. Er entnimmt den verschiedenen Dynastien das, was von mehr als zufälliger Bedeutung war und vereint es zu einem neuen Kulturgebäude. Die Zusammenstellung mag vom modernen Standpunkt aus äußerlich und unwichtig erscheinen. In Wirklichkeit handelt es sich nicht um Einzelheiten, sondern um Prinzipien. Die Zeiteinteilung der Hsiadynastie begann das Jahr mit dem Frühlingsanfang (Februar). Damit kommt das ganze landwirtschaftliche Leben am besten in Einklang mit den Jahreszeiten. Der Staatswagen der Yindynastie ist charakteristisch für die einfache Solidität der Gebrauchsgegenstände, während die zeremonielle Kopfbedeckung der Tschoudynastie den Reichtum und die Verfeinerung in den Formen des Benehmens symbolisiert. Die Musik des Herrschers Schun, die sogenannte Schao-Musik, die in neun Sätzen mit den entsprechenden pantomimischen Tänzen die größten Gedanken des Weltreichs symbolisierte, war durch ihre Reinheit und Schönheit bedeutend. Dagegen will Kungtse die Fehlentwicklungen der letzten Jahrhunderte, die nervöse, aufregende Musik und die sophistische Spielerei mit Theorien und Möglichkeiten entfernt wissen; denn beide sind einseitige Hypertrophien: die Tschong-Musik repräsentiert eine romantische Überwucherung unklarer Gefühle, und die Sophisten repräsentieren eine intellektualistische Überbetonung des Subjektiven und Individuellen, wodurch der große kosmische Menschheitszusammenhang gestört wird.

Was Kungtse gewollt hat, ist in China im Lauf der Zeit in weitgehendem Maße Wirklichkeit geworden: 1. die große kosmische Bedingtheit des Menschenlebens. Der Mensch soll die Wurzeln im Mutterboden der Natur nicht verlieren. Er soll mit der Erde, die er bewohnt, und dem Himmel, der die Zeiten macht, im Einklang bleiben. 2. Die zum Leben notwendigen Dinge sollen einfach, praktisch und billig zu beschaffen sein. Das war ja auch in China bis in die neueste Zeit eine Tatsache. Alle Werkzeuge und Gebrauchsgegenstände bis herauf zu den Kunstwerken waren erstaunlich billig, praktisch und solide gearbeitet und zeigten in ihrer zweckentsprechenden Form und im Material eine natürliche Schönheit und Vollendung, die als klassisch bezeichnet werden muß. 3. Während so das Leben einfach und schön war, wurde die Kultur nicht in einer Überfeinerung der Sachen und in äußerem Luxus erblickt, sondern in einer Verfeinerung des Benehmens, das für alle Lebenslagen die rechten harmonischen Formen ausgebildet hatte, die gleichweit entfernt waren von Gezwungenheit und Überladung, wie von Roheit und Plumpheit. So war in dem China des Konfuzius, wie es sich im Lauf der Jahrhunderte entwickelt hatte, etwas von dieser großen überindividuellen Kultur zur Wirklichkeit geworden, die Kungtse geschaut hatte. Gewiß nicht alles. Auf literarischem Gebiet hatte doch zuletzt die Form den Gehalt überwuchert. Die Musik war verloren gegangen, und andere Töne waren eingedrungen, die zum Teil noch unterhalb der Töne von Tschong waren, und eine gewisse Erstarrung hatte die Kultur zuletzt etwas verstauben lassen. Aber es war doch immer eine Kultur geblieben, in der es den Menschen wohl wurde und die auch auf die Fremden, die in China wohnten, anziehend und — bildend wirkte. Es kann kein Mensch längere Jahre in China wohnen, ohne in seinem Wesen erweitert zu werden und etwas Großzügiges in seiner Lebensauffassung zu bekommen.

Wenn wir also zusammenfassen, so bestand die Kritik des Kungtse an den Sitten darin, daß er auf den Ernst der inneren Gesinnung drang. „Ein Mensch ohne Menschenliebe, was helfen dem die Sitten? Ein Mensch ohne Menschenliebe, was hilft dem die Musik?"

„Bei den Sitten des Verkehrs ist wertvoller als Prunk die Einfachheit. Bei Trauerfällen ist wertvoller als Gewandtheit die Trauer." [201])

Die Sitten, die so vereinfacht und geläutert waren, faßte er nun zu einem System zusammen, das auf objektive Weise einen Kulturzusammenhang zu organisieren imstande war.

γ) *Die Sitte als Mittel der Regierung*

Der Meister sprach: „Wenn man durch Erlasse regiert und durch Strafen Ordnung schafft, so weicht das Volk aus und hat kein Gewissen. Wenn man durch Kraft des Wesens regiert und durch die Sitte Ordnung schafft, so hat das Volk Gewissen und erreicht das Gute." [202])

Es sind hier zwei Regierungsmethoden einander gegenübergestellt, die durch Erlasse und Strafen und die durch Kraft des Wesens und der Sitte. Die erste setzt voraus, daß Übeltaten vorkommen und verbietet sie, sie setzt voraus, daß die Anforderungen, die die Regierung zu machen hat, nicht erfüllt werden, und gebietet sie. Auf die Übertretungen der Gebote und Verbote wird jeweils Strafe gesetzt. Immer aber hat diese Methode, die wir die Methode der Strafgesetze nennen können, es nur mit den fertigen Handlungen zu tun, die hinterher am Strafgesetz gemessen und, wenn sie unrecht sind, bestraft werden. Auf diese Weise entsteht der Mechanismus der Rechtsprechung, und die Straftaten zusammen mit den zudiktierten Strafen werden eingereiht in den Organismus des Staates. Der moderne Mensch kann sich nicht gut ein anderes Staatsgefüge vorstellen. Ohne Gesetzbuch und ohne Verordnungen ist der Staatsmechanismus für den Europäer undenkbar. Ja, die Herrschaft der Gesetze wird geradezu im Gegensatz zur Willkürherrschaft als die größte Errungenschaft der modernen Zeit empfunden.

Dennoch ist diese Regierungsform nicht die ursprüngliche. Im alten China gab es keine geschriebenen Gesetze, die der Öffentlichkeit zugänglich gewesen wären, sondern die Rechtsprechung wurde in patriarchalischer Weise, wohl nach gewissen traditionellen Grundsätzen, aber letzten Endes nach freiem Ermessen der Billigkeit des Richters gehandhabt. Zur Zeit Kungtses war die Entwicklung der Dinge so weit gediehen, daß ein Schritt vorwärts geschehen mußte. Im Staate Tschong hatte Tsï Tsch'an, der ältere Zeitgenosse Kungtses, eherne Dreifüße gießen lassen, auf denen der Text der Strafgesetze stand. Tong Si, der schon erwähnte Rechtsanwalt, ebenfalls im Staate Tschong, war dazu fortgeschritten, diese Gesetzestexte zu vervielfältigen auf Bambustafeln, dem damals gewöhnlichen Schreibmaterial. Diese Methode, die infolge der leichteren Verbreitungsmöglichkeit einen Vorzug hatte, wurde nachher auch vom Staate übernommen. Die Folge war, daß in Tschong eine Zeitlang eine stramme, äußere Ordnung herrschte, wie denn überhaupt in jenem Staat ein gewisser moderner Zug gewesen zu sein scheint, da ja auch seine Musik eine interessante und romantische Stimmung als Neuheit aufbrachte, die sehr viel Anklang in ganz China fand. Obwohl Kungtse dem Tsï Tsch'an durchaus sympathisch gegenüberstand — er nennt ihn einmal einen gütigen Mann und sagt ein anderes Mal, daß er vier Eigenschaften eines Edlen gehabt habe: In seinem persönlichen Leben war er ernst, im Dienst des Fürsten gewissenhaft, in der Sorge für die Nahrung des Volkes zeigte er Gnade, in der Verwendung des Volkes Gerechtigkeit — [205]), so verurteilte er dennoch die Methode der Regierung durch Strafgesetze aufs schärfste, da er sie für wirkungslos hielt. Sein Grundsatz dabei ergibt sich aus folgender Bemerkung:

„Im Anhören von Klagesachen bin ich nicht besser als irgendein anderer. Woran mir aber alles liegt, das ist, zu bewirken, daß gar keine Klagesachen entstehen." [204])

Wir kommen hier wieder auf den Grundsatz von der Beachtung der Keime. Die ganze Art der Regierung durch Strafgesetze und Verordnungen befaßt sich nur mit Tatsachen. Die Tatsachen sind aber nur die Endfolgen der Gesinnungen. Sie lassen sich wohl bestrafen, aber nicht ungeschehen machen. Wenn man denkt, durch Abschreckung künftige Straftaten zu verhindern, so zeigt die Erfahrung, daß Abschreckung eine Gesinnung der Entfremdung hervorruft. Man sucht den Strafen auszuweichen, sie zu umgehen und bedient sich dabei guten Gewissens auch des Betrugs. Auf diese Weise fehlt das Vertrauen zwischen Volk und Regierung, und es wird nichts erreicht.

Darum ist Kungtse bestrebt, die Regierung so zu gestalten, daß er, noch ehe die Straftaten entstehen, die Gesinnung des Volkes so beeinflußt, daß Gedanken an strafbare Handlungen gar nicht erst aufkommen. Er beachtet auch hier die Keime vor ihrer Entwicklung. Die Strafen treiben das Volk gleichsam von hinten. Dabei ist es nur sehr umständlich zu erreichen, daß es eine bestimmte Richtung einhält. Wenn man ein Pferd nur durch Schläge vorwärtstreiben will, ohne es zu lenken durch Zaum und Zügel, so wird es schwerlich den Weg gehen, den wir im Sinn haben. Deshalb will Kungtse das Volk nicht durch Treiben von hinten, sondern durch Locken nach vorne voran bringen.

Hierfür verwendet er nun die Sitte, die in der Gesinnung des Volkes Wurzel schlägt und die allgemein freiwillig befolgt wird. Wo gute Sitten herrschen, kommen Freveltaten gar nicht auf. Welche Macht der Sitte innewohnt, sieht man ja an der Mode, die herrscht ohne jede Gewaltmittel und dennoch auf ihrem Gebiet eine weitgehende Gleichförmigkeit veranlaßt.

Man kann sagen, daß diese Erscheinung auf dem Herdentrieb der Menschen beruhe. Aber Kungtse trägt kein Bedenken, diesen Trieb, der zu den stärksten der Menschheit gehört, als vorhanden anzuerkennen und richtig geleitet zu seinen Zwecken zu benützen.

Damit die Sitte so wirken kann, bedarf es natürlich tonangebender Menschen, die freiwillige Nachahmung finden. Die Kraft des Wesens, von der weiter oben gesprochen wurde, muß die Grundlage sein, die tonangebende Persönlichkeit muß an sichtbarer Stelle stehen, dann werden sich Sitten bilden, die in der Richtung des Guten wirken.

Damit sich solche Sitten bilden können, ist es natürlich unbedingt notwendig, daß das Volk Vertrauen zu der Regierung hat. Wie wichtig Kungtse das Vertrauen nimmt, geht aus einem Gespräch hervor, das er mit dem Jünger Tsï Kung über die rechte Art der Regierung hatte. Der Meister sprach: „Für genügende Nahrung, für genügende Wehrmacht und für das Vertrauen des Volks zur Regierung sorgen." Tsï Kung sprach: „Wenn man aber keine Wahl hätte, als etwas davon aufzugeben, auf welches von diesen drei Dingen könnte man am ehesten verzichten?" Der Meister sprach: „Auf die Wehrmacht." Tsï Kung sprach: „Wenn man aber keine Wahl hätte, als auch eines von den übrigen aufzugeben, auf welches von beiden Dingen könnte man am ehesten verzichten?" Der Meister sprach: „Auf die Nahrung. Von altersher müssen die Menschen sterben; wenn aber das Volk kein Vertrauen hat, so ist Regierung überhaupt unmöglich." [205])

Wie aber das Vertrauen des Volkes zu erreichen ist, das sprach Kungtse aus, als er einst mit seinem Jünger Jan K'iu durch We fuhr. Der Meister sprach: „Wie zahlreich ist das Volk." Jan K'iu sprach: „Wenn es so zahlreich ist, was könnte man noch hinzufügen?" Der Meister sprach: „Es wohlhabend machen." Jan K'iu sprach: „Und wenn es wohlhabend ist, was kann man noch hinzufügen?" Der Meister sprach: „Es bilden." [206])

Man sieht hieraus, daß für Kungtse die Aufgabe der Regierung zunächst darin bestand, dem Volk die Möglichkeit zu verschaffen, wohlhabend zu werden und dann es zu bilden, nachdem man durch die Wohlhabenheit des Volks sein Vertrauen erworben hat. Denn man kann vom Volk nicht erwarten, daß es der Pflicht ergeben bleibt, wenn es hungert. Der Edle ist zu Hause in der Pflicht, die geringen Leute sind bewandert im Nutzen. Nur der Edle vermag Not und Armut zu tragen, ohne von seinen Prinzipien abzuweichen. Die geringen Leute werden, wenn sie in Not kommen, sich nicht beherrschen können, sondern murren und werden unzufrieden, und allerlei Mißtrauen gegen die Oberen kommt auf. Die Bildung des Volkes besteht eben in der Schaffung fester Gewohnheiten. Denn durch diese Gewohnheiten wird ganz von selbst der Keim des Bösen beseitigt und die Keime des Guten gestärkt. Durch feste Gewohnheiten festigt sich der Charakter ganz von selbst. Menschen aus guter Familie, die von Jugend auf eine gute Kinderstube genossen und dadurch einen guten Charakter erworben haben, werden ganz von selbst sich dem Guten zuwenden und vom Bösen abwenden, ohne daß es sie große Anstrengungen kostet.[207])

Um den Sitten die Kraft zu verleihen, daß sie die Gewohnheiten des Volkes bilden, so daß das Böse im Keim erstickt wird, ist es nötig, daß es Standesunterschiede gibt. Denn nur wo hoch und niedrig deutlich unterschieden sind, wird eine Sitte willig angenommen werden. Darum ist Kungtse entschiedener Vertreter der Autorität. Dabei ist aber ein Doppeltes zu beobachten. Die Autorität der herrschenden Stände wird durch ihre Mehrleistungen für die Gesamtheit gestützt. Während der Mann aus dem Volk weiter keine Verpflichtungen hat, als sich und die Seinen durch seine Arbeit durchzubringen, hat der Höherstehende weitere Interessengebiete, und je höher er steht, desto mehr Menschen muß er zum Glück verhelfen.

Tsï Lu fragte nach dem Wesen der Regierung. Der Meister sprach: „Dem Volk vorangehen und es ermutigen."

Er bat um weiteres. Der Meister sprach: „Nicht müde werden." ²⁰⁵)

Diese Organisation der Gesellschaft hat mit der Zeit in China zur Herausbildung von vier Ständen geführt: den Gelehrten (Beamten), Bauern, Handwerkern und Kaufleuten, die zwar in keiner Weise den indischen Kasten entsprachen, schon deshalb nicht, weil der erste Stand sich immer neu durch das Prüfungssystem aus allen Ständen rekrutierte, die aber dennoch eine gewisse feste Richtlinie für die Gesellschaftsorganisation bildeten.

Aber das ist nur das eine. Die bloße Feststellung eines Standesunterschieds zwischen vornehm und gering genügt noch nicht. Darum hat Kungtse im Altersunterschied ein weiteres Moment der Autorität eingesetzt. Daß Kinder ihre Eltern ehren, entspricht der Natur der Sache und ist nicht schwer durchzusetzen als feste Sitte, weil diese Ehrfurcht durch die Bande des Blutes und die väterliche Fürsorge von selber gestützt wird. Außerdem ist dieses Autoritätsverhältnis ein gleitendes, indem, wer heute als Sohn Ehrfurcht schuldet, später als Vater die Ehrfurcht seiner Söhne genießt.

Darum ist die Kindesehrfurcht für Kungtse die Grundlage der Sitte. Hier liegen die Wurzeln der Gesellschaftsorganisation. Der Vater ist ganz von selbst das Vorbild der Familie. Der Unterschied von hoch und niedrig, der hier vorgebildet ist, wird in der Praxis gemildert durch die gegenseitige Zuneigung, die die aus der Ehrfurcht entspringenden Pflichten erleichtert. Es ist sehr interessant zu beobachten, wie diese Zuneigung auch durch die Sitte geschützt wird. In Europa wird das elterliche Verhältnis zu den Kindern häufig dadurch gestört, daß es verquickt wird mit vermeintlichen pädagogischen Pflichten. Die Eltern halten sich für verpflichtet zur Strenge und zu moralischen Ermahnungen. Ja, oft ergreifen die Eltern ihren eignen Kindern gegenüber die Partei der Schule gerade dann, wenn ein veralteter Schulmechanismus durch verständnislose Strenge bemüht ist, die Kinder sich vollkommen zu entfremden. Im China des Konfuzius wurde statt dessen die Auskunft getroffen, daß die Väter ihre Söhne zur Erziehung austauschten. So konnte die Elternzärtlichkeit unbeeinflußt von den Äußerungen der Schulzucht bestehen bleiben, und auf der anderen Seite gab die größere Ferne, in der der Knabe zu dem fremden Manne stand, ganz von selbst eine Atmosphäre, die der Erziehung und Schulzucht günstig war.

So war innerhalb der Familie Zuneigung und Ehrfurcht aneinandergekettet, und durch die Väter wurde auf diese Weise die Sitte in den Familien verbreitet. Was in der Familie der Liebe entsprang, das wurde dann, auf das öffentliche Leben übertragen, im Verhältnis von Fürst und Beamten zur Pflicht. Wir sehen so die gesellschaftlichen Wechselbeziehungen, von denen schon oben die Rede war, hineingestellt in den Zusammenhang der Sitte und ihre Rangunterschiede als Spannungsunterschiede benützt, um die Charakterbildung durch die Sitte zu befördern.

Auf doppelte Weise ist schließlich das ethische Gebiet der Sitte von Kungtse verankert worden: einerseits durch den Ahnenkult mit der Religion und andererseits durch die Musik mit der ästhetischen Kultur.

Wir werden über die Religion des Konfuzianismus noch weiterhin zu reden haben. Hier sei nur darauf hingewiesen, wie Kungtse den Ahnenkult, den er als eine Sitte der Tschoudynastie vorgefunden, so ausgebildet hat, daß er zugleich ein Mittel wurde zur Festigung der Charakterbeeinflussung durch die Sitte:

„Gewissenhaftigkeit gegen die Vollendeten und Nachfolge der Dahingegangenen: dadurch wird der Charakter des Volkes vertieft und bereichert."

„Daß jemand, der als Mensch ehrfürchtig und gehorsam ist, doch es liebt, seinen Oberen zu widerstreben, ist selten. Daß jemand, der es nicht liebt, seinen Oberen zu widerstreben, Aufruhr macht, ist noch nie dagewesen. Der Edle pflegt die Wurzel; steht die Wurzel fest, so wächst der Weg. Kindesehrfurcht und Gehorsam: das sind die Wurzeln des Menschentums." [209])

Diese Äußerungen entstammen zwar beide nicht dem Meister selbst, sondern seinen Jüngern, aber sie zeigen dennoch die Tendenz seiner Gedanken. Zu Lebzeiten der Eltern die Kindesehrfurcht, nach ihrem Tode die rechte Trauer bei der Beerdigung und die rechte Frömmigkeit bei den Ahnenopfern: das ist die religiöse Verankerung der Sitte. Darum ist Kungtse auch sehr darauf bedacht, diese Sitten zwar nicht luxuriös und kostspielig zu machen, aber durch innere Aufrichtigkeit und äußeren Ernst eindrucksvoll zu gestalten. Der Tod des Vaters soll eine wichtige Epoche im Leben sein, deren Eindruck nie vergessen wird. Daher auch die strenge Betonung der dreijährigen (genauer siebenundzwanzig Monate langen Trauerzeit.

Tsai Wo fragte über die dreijährige Trauerzeit und sprach: „Ein Jahr ist schon genug. Wenn der Edle drei Jahre lang sich nicht an den öffentlichen Sitten beteiligt, so verderben die Sitten sicher. Wenn er drei Jahre lang keine Musik ausübt, so geht die Musik sicher zugrunde. Wenn das alte Korn zu Ende ist und das neue Korn sproßt, wenn man beim Feuerbohren das Feuer wechselt, dann mag es genug sein." Der Meister sprach: „Dann wieder Reis zu essen und in Seide dich zu kleiden: könntest du dich dabei beruhigen?" Jener sprach: „Ja." — „Nun, wenn du dich dabei wohl fühlst, dann magst du es tun. Was aber den Edlen anlangt, so ist er, während er in Trauer ist, nicht imstande, gutes Essen zu genießen; wenn er Musik hört, so erfreut sie ihn nicht; wenn er in Bequemlichkeit weilt, so fühlt er sich nicht wohl. Darum tut er solche Dinge nicht. Nun aber, kannst du dich dabei beruhigen, so magst du es tun." Als Tsai Wo hinausgegangen war, sprach der Meister: „Er ist doch lieblos! Ein Kind wird drei Jahre alt, ehe es die Arme von Vater und Mutter entbehren kann. Die dreijährige Trauerzeit ist auf dem ganzen Erdkreis Sitte. Hat er denn nicht jene drei Jahre lang die Liebe seiner Eltern erfahren?" [210])

Mit den Sitten wird die Musik immer zusammen genannt. Während durch die Sitte die Rhythmik des äußeren Auftretens geregelt wird, so daß Harmonie in alle Handlungen kommt, hat die Musik die Aufgabe, durch ihre Töne, ihre Lieder, ihren Rhythmus der Seele die Harmonie zu geben, aus der die richtigen Äußerungen von selbst entspringen. Kungtse war als theoretischer und ausübender Musiker einer der bedeutendsten Künstler seiner Zeit. Er redet über die Musik nicht nur dilettantisch wie später Mongtse, für den Musik eben eine besondere Art des Vergnügens war, sondern ganz präzis und sachkundig, so daß man jedem seiner Worte den Künstler anmerkt. Dies brachte ihn — ähnlich wie in der neuen Zeit Richard Wagner — zu der Überzeugung, daß die Musik auch einen ungemein starken ethischen Einfluß habe. So hat er die Musik seiner Zeit reformiert und hat offenbar großen Erfolg damit gehabt. Leider ist aber gerade dieser Teil seines Werks später verloren gegangen.

Erwähnt sei nur noch, wie ihm die Musik auf der einen Seite das Mittel wird, die Volksseele in ihrer Unmittelbarkeit zu belauschen. Die alten Herrscher sammelten die Volkslieder, um aus den Liedern der verschiedenen Gegenden die Gemütsverfassung ihrer Bewohner zu verstehen. Diese Bedeutung der Musik stellt Kungtse sehr hoch. Wir haben in seiner Biographie gesehen, wie er zu verschiedenen Malen die Musik als ein Mittel zum Eindringen in Stimmung und Charakter der Menschen verwendet.

Auf der andern Seite soll die Musik, die von der Regierung im Volk verbreitet wird, die Volksstimmung mit hohen und reinen Gefühlen erfüllen und auf diese Weise die Sitten in ihrer Wirkung ergänzen. Weil er diesen Einfluß der Musik auf das Gemüt der Menschen kannte, deshalb war er so streng gegen die romantisch-zerfließende sentimentale Musik von Tschong, der er einen sittenverderbenden Einfluß zuschrieb.

So rundet sich das Bild der Menschheitsordnung, die Kungtse geschaffen hat. Beginnend mit dem Äußerlichsten, Einfachsten, mit Sittenregeln und Erziehung zum guten Benehmen, endet er mit seinen Überlegungen, indem er die psychischen Wirkungen der Religion und Kunst in sein System mit einbezieht.

3. Esoterisches

Eine Darstellung der konfuzianischen Weltanschauung wäre nicht vollständig, wenn wir nicht auch noch einen Ausblick eröffneten auf ihre letzten esoterischen Zusammenhänge. So wichtig jedoch diese Untersuchung ist, so sehr ist sie mit Schwierigkeiten verknüpft; denn gerade dies Gebiet hat Kungtse mit ganz besonderer Zurückhaltung behandelt.

Der Meister sprach: „Wer über dem Durchschnitt steht, dem kann man die höchsten Dinge sagen. Wer unter dem Durchschnitt steht, dem kann man die höchsten Dinge nicht sagen." [211])

Worüber der Meister selten sprach, war: der Lohn, der Wille Gottes, das Menschentum. [212])

Tsï Lu fragte über den Dienst der Geister. Der Meister sprach: „Wenn man noch nicht den Menschen dienen kann, wie sollte man den Geistern dienen können?"

Tsï Lu fuhr fort: „Darf ich wagen, nach dem Wesen des Todes zu fragen?" Der Meister sprach: „Wenn man noch nicht das Leben kennt, wie sollte man den Tod kennen?" [213])

Tsï Kung sprach: „Des Meisters Reden über Sitten und Musik kann man zu hören bekommen. Des Meisters Worte über Natur und Weltordnung kann man nicht leicht zu hören bekommen." [213a])

Man hat aus diesen und ähnlichen Äußerungen des Meisters auf eine agnostische Stellung in allen Weltanschauungsfragen schließen wollen. Dieser Ansicht kommt die Gewohnheit Kungtses entgegen, daß er immer äußerst vorsichtig in seinen Worten ist und lieber viel zu wenig als etwas zu viel sagt.

Dennoch hat er nicht nur im Buch der Urkunden und der Lieder die alten religiösen Vorstellungen eines geläuterten Monotheismus unbedenklich ohne jedes kritische Abrücken überliefert, sondern wir finden auch in den Gesprächen eine ganze

Anzahl von Stellen, die seinen starken und reinen Glauben, das Bewußtsein einer besonderen Berufung und das demütige Sichfügen unter den Willen des Himmels zeigen. Er braucht als Bezeichnung für Gott den Ausdruck T'iän, Himmel, und vermeidet eher den Ausdruck Ti oder Schang Ti, „Herr" bzw. der „Höchste Herr". Dafür hatte er seine Gründe; denn der Ausdruck Schang Ti war doch auch schon zu seiner Zeit etwas stark anthropomorphisch geworden, so daß er ihn, ohne ihn kritisch zu beseitigen, meistens stillschweigend übergeht.[214])

Sein persönlicher Gottesglaube kommt in einer Reihe von Stellen zum Ausdruck, die im Zusammenhang seiner Lebensgeschichte schon zum größten Teil erwähnt wurden. Aus allen spricht das Bewußtsein einer besonderen Berufung. Inmitten von Gefahr und Bedrohung bleibt er gelassen, da er weiß, daß die Kultur und ihre Erhaltung ihm anvertraut ist, und daß Menschen mit aller Tücke an dieser höheren Bestimmung nichts ändern können.

Kung Pe Liao hatte Tsï Lu bei dem Prinzen Ki verleumdet. Der Graf Tsï-Fu King zeigte es dem Meister an und sprach: „Unser Herr ist allerdings in seiner Meinung irregeleitet worden, aber was den Kung Pe Liao anlangt, so reicht meine Macht aus, es dahin zu bringen, daß sein Leichnam bei Hofe oder auf dem Markt ausgestellt wird." Der Meister sprach: „Wenn die Wahrheit sich ausbreiten soll, so ist das Gottes Wille; wenn die Wahrheit untergehen soll, so ist das Gottes Wille. Was kann Kung Pe Liao gegen den Willen Gottes?"[215])

Die ruhige Fügung in den Willen Gottes ist das Kennzeichen des Edeln: In Tsch'en gingen die Lebensmittel aus. Die Nachfolger wurden so schwach, daß sie nicht aufstehen konnten. Tsï Lu erschien murrend bei dem Meister und sprach: „Muß der Edle auch in solche Not kommen?" Der Meister sprach: „Der Edle bleibt fest in der Not. Wenn der Gemeine in Not kommt, so wird er trotzig."[216])

Meister K'ung sprach: „Der Edle hat eine heilige Scheu vor dreierlei: Er steht in Scheu vor dem Willen Gottes, er steht in

Scheu vor großen Männern, er steht in Scheu vor den Worten der Heiligen." [217])

Zusammengefaßt sind die religiösen Überzeugungen des Meisters im Schlußwort der Gespräche: „Wer nicht den Willen Gottes kennt, der kann kein Edler sein. Wer die Sitte nicht kennt, kann nicht gefestigt sein. Wer das Wort nicht kennt, kann nicht die Menschen kennen." [218])

Dieser Glaube verleiht die Kraft der Beharrlichkeit, auch wo jeder Augenschein versagt.

Tsï Lu übernachtete am Steintor. Der Türmer sprach: „Woher?" Tsï Lu sprach: „Von einem namens K'ung." Da sprach jener: „Ist das der, der weiß, daß es nicht geht und dennoch fortmacht?" [219])

In diesem Wort kommt in der Form des Paradoxen die ganze sittliche Größe des Kungtse ans Licht.

Diese Unterwerfung unter den Willen Gottes ist fern von jeder eudämonistischen Rücksicht. Sie entspringt einfach der Größe der inneren Gesinnung und ist nur bei vollkommener Wahrhaftigkeit des Gemüts möglich. Jeder Schein ist der Tod wahrer Frömmigkeit.

Der Meister war schwer krank. Tsï Lu bat, für ihn beten lassen zu dürfen. Der Meister sprach: „Gibt es so etwas?" Tsï Lu erwiderte: „Ja, es gibt das. In den Lobgesängen heißt es: „Wir beten zu euch, ihr Götter oben und ihr Erdgeister unten!" Der Meister sprach: „Ich habe lange schon gebetet." [220])

Der Meister war auf den Tod krank. Tsï Lu traf Veranstaltungen, daß die Jünger beim Begräbnis als Minister funktionieren sollten. Als die Krankheit etwas nachließ, sprach der Meister: „Immer machst du unaufrichtige Geschichten! Keine Minister haben und tun, als hätte man welche: Wen wollen wir denn damit betrügen? Wollen wir etwa den Himmel betrügen? Und meint ihr denn, ich möchte lieber in den Händen von Ministern sterben als in den Armen meiner getreuen Jünger? Wenn ich auch kein fürstliches Begräbnis bekomme, so sterbe ich ja doch auch nicht auf der Landstraße."[221])

Als der Kanzler von We, Wang-Sun Kia, ihm ein Gleichnis vorlegt von der Wichtigkeit der verschiedenen Götter, um deren Gunst man sich bemühe, da schneidet ihm der Meister das Wort ab mit dem Ausruf: „Nicht also; sondern wer gegen den Himmel sündigt, hat niemand, zu dem er beten kann."[222])

Er opferte den Ahnen als in ihrer Gegenwart. Er opferte den Göttern als in ihrer Gegenwart. Der Meister sprach: „Wenn ich bei Darbringung meines Opfers nicht anwesend bin, so ist es, als habe ich gar nicht geopfert."[223])

In Maß und Mitte ist ein Ausspruch überliefert, der einen Einblick gewährt in die inneren Erlebnisse esoterischer Art, die er bei solchen Vorgängen hatte. Man darf diese Stelle wohl unbedenklich heranziehen, da sie ganz auf der Linie der inneren Haltung Kungtses liegt, und da bei seiner außerordentlichen Zurückhaltung auf diesem Gebiet jeder Einblick, den er eröffnet, von besonderem Wert ist.

Der Meister sprach: „Wie reich ist doch das Leben der Geister und Götter! Du schaust nach ihnen und siehst sie nicht, du horchst nach ihnen und hörst sie nicht. Sie gestalten die Dinge, und man kann ihre Spur nicht verfolgen. Sie machen, daß die Menschen auf der ganzen Erde fasten, sich reinigen und festliche Gewänder anlegen, um ihnen Opfer darzubringen. Sie schweben um sie, ‚als über ihren Häuptern, als zu ihrer Rechten und Linken'. In den Liedern heißt es:
> Der Götter Nahen
> Kann man nicht berechnen,
> Nicht darf man's versäumen.

So ist die Sichtbarkeit des Geheimen die unwiderstehliche Offenbarung der Wahrheit."[224])

Bei den großen Opfern treten daher die tiefsten Weltgeheimnisse in die Offenbarung.

Es fragte jemand nach der Bedeutung des großen Opfers für den Ahn des Herrscherhauses. Der Meister sprach:

"Weiß nicht. Wer davon die Bedeutung wüßte, der wäre imstande, die Welt zu regieren — so leicht, wie hierher zu sehen!" Dabei deutete er auf seine flache Hand.[225])

Daher ist Gewissenhaftigkeit in der Ausführung der Bräuche von Wichtigkeit, denn sie bürgt für den rechten Ernst der Gesinnung.

Tsï Kung wollte, daß das Opferschaf bei der Verkündigung des Neumonds abgeschafft würde. Der Meister sprach: "Mein Lieber, dich dauert das Schaf, mich dauert der Brauch."

Die Gottheit sieht nicht auf das, was vor Augen ist, sondern sie sieht das Herz an. Der Meister sprach: "Wenn das Junge einer fleckigen, daher unreinen Kuh rot und wohlgehörnt ist, ob einer gleich Bedenken trüge, es zu opfern, so werden die Geister der Berge und Flüsse es doch sicher nicht verschmähen."[226])

Es ist nutzlos, die Gottheit durch Opfergaben gewinnen zu wollen.

Der Meister sprach: "Andern Geistern zu dienen als den eignen, ist Schmeichelei. Seine Pflicht sehen und nicht tun, ist Mangel an Mut."[227])

Das Wichtigste in der Religion ist das Erleben des Sinnes der Welt, des Tao. Der Meister sprach: "Am Morgen die Wahrheit (Tao) vernehmen und des Abends sterben: das ist nicht schlimm."[228])

Diese innere Zustimmung zum Schicksal und die gleichmäßige Sorgfalt im Verkehr mit den Menschen gibt die Beruhigung und den Frieden der Seele als die schönste Frucht aller Religion.

Sï-Ma Niu war betrübt und sprach: "Alle Menschen haben Brüder, nur ich habe keinen." Tsï Hsia sprach: "Ich habe vom Meister gehört: Tod und Leben haben ihre Bestimmung; Reichtum und Ansehen kommen vom Himmel. Der Edle ist sorgfältig und ohne Fehl, im Verkehr mit den Menschen ist er ehrerbietig und taktvoll: so sind innerhalb der vier Meere alle seine Brüder."[229])

Der Meister sprach: „Der Edle ist ruhig und gelassen, der Gemeine ist immer in Sorge und Aufregung."[230]

Der Meister sprach: „Gewöhnliche Speise zur Nahrung, Wasser als Trank und den gebogenen Arm als Kissen: auch dabei kann man fröhlich sein. Dagegen ungerechter Reichtum und Ehren sind für mich nur flüchtige Wolken."[231]

So ernst und wahr Kungtse dem Göttlichen in seiner echten Offenbarung gegenübersteht, so sehr vermeidet er jede Verkettung mit den finsteren Mächten, die vom Jenseits des Bewußtseins aus den Menschen in ihre unheimlichen Kreise zu verstricken drohen.

Die Umstände, bei denen der Meister besondere Vorsicht übte, waren Fasten, Krieg und Krankheit.[232]

Der Meister sprach niemals über Zauberkräfte und widernatürliche Dämonen.[233]

Fan Tsch'i fragte, was Weisheit sei. Der Meister sprach: „Seiner Pflicht gegen die Menschen sich weihen, Geister und Götter ehren und sie ferne halten, das mag man Weisheit nennen."[234]

So hat er auch die Religion gereinigt von allen blutigen Bräuchen. Am Erdaltar scheinen in alten Zeiten den chthonischen Gottheiten Menschenopfer dargebracht worden zu sein. Kungtse geht schweigend an solchen Dingen vorbei. Er wählt aus dem Altertum nur das aus, was auf seinem Boden, dem Boden einer klaren Menschlichkeit, steht. Eine der seltenen Gelegenheiten, bei denen wir etwas wie tiefste Aufregung und Empörung merken, ist die Geschichte, wie er von einer Unterhaltung hört, die Tsai Wo mit dem Herzog Ai über die alten Bräuche in betreff der Erdaltäre geführt hatte. Tsai Wo scheint auf die alten Opfer eingegangen zu sein, die dargebracht wurden, um das Volk in Schrecken vor dem Namen der unteren Götter zu halten. Er erzählt, wie die Herrscher des Hauses Hsia den Platz mit Kiefern bepflanzt, die Yinherrscher mit Zypressen, die Herrscher der Tschoudynastie aber mit Kastanien, wohl um die Untertanen in

Schrecken zu setzen (im Chinesischen hat das Wort Li, Kastanie, und Li, Schrecken, denselben Laut, daher die Anspielung. Die Schlachtopfer, von denen Tsai Wo höchstwahrscheinlich auch gesprochen hat, sind aus dem Text ausgemerzt, wohl eben aus dem von Kungtse erwähnten Grunde). Der Meister hörte es und sprach: „Über Taten, die geschehen sind, ist es nutzlos, zu sprechen. Bei Taten, die vergangen sind, ist es nutzlos, zu mahnen. Was vorüber ist, soll man nicht tadeln." [235])

Demgegenüber könnte es wundernehmen, daß Kungtse in einer Hinsicht die Beziehung des Menschen zu den Geistern nicht nur nicht verurteilt, sondern geradezu als höchste Pflicht proklamiert, nämlich beim Ahnenkult. Um hier klar zu sehen, muß man scharf unterscheiden zwischen dem Ahnenkult, den Kungtse wollte, und dem Ahnenkult, der später tatsächlich sich in China ausgebreitet hat. Der volkstümliche Ahnenkult in China hat seine hauptsächlichste Wurzel in einer Art animistischen Aberglaubens gehabt. Schon die Beerdigungsbräuche dienen großenteils dazu, das Gespenst des Toten zu bannen und zu befriedigen, damit es nicht als Vampyr wiederkommt und die Hinterbliebenen schädigt. Das Grab wird sorgfältig ausgewählt nach den Regeln einer ausgearbeiteten Geomantie, damit es eine Lage hat, in der die Seele zur Ruhe kommt. Auch die Opfer, zu deren Entgegennahme die Toten beschworen werden in Formen, die an die Beschwörungen der Spirits von Medien erinnern, oder die direkt am Grabe dargebracht werden, das eine ausgesuchte Pflege erhält, dienen dazu, den Toten Frieden zu geben, damit sie der Familie Glück bringen und sie nicht als ruhelose Geister mit Unheil verfolgen. Die Grabbeigaben sind in diesem Vorstellungskomplex so beschaffen, daß sie dem Schatten des Verstorbenen alle Annehmlichkeiten des Lebens in Abbildern zukommen lassen wollen: Häuser und Wagen, Pferde, Diener und Dienerinnen, sowie alle möglichen Geräte und sonstigen Bedürfnisse des Lebens. Früher waren die Beigaben meist aus Ton, heute sind sie teils aus Papier und werden am Grabe verbrannt, teils aus Zinn oder anderen Stoffen und werden ins Grab mit hineingegeben. Das alles setzt ein Jenseits voraus, das als Schattenbild des Diesseits die Toten aufnimmt zusammen mit den Schemen der Gegenstände, die ihnen geopfert werden.

Die Anschauung Kungtses kennt nichts von alledem. Sparsamkeit in allen äußeren Bräuchen betont er immer wieder. Der Ernst der Gesinnung ist es allein, worauf es für ihn ankommt. Die ganzen Totenbräuche sind für ihn einfach eine Fortsetzung der Betätigung der Kindesehrfurcht über das Grab hinaus, wie das weiter oben schon ausgeführt wurde.

Kungtse hat mit der Sitte der dreijährigen Trauerzeit und der regelmäßigen jährlichen Opfer seine ganz bestimmte Absicht gehabt. Einerseits wollte er, wie schon erwähnt, der Ehrfurcht eine Form der Betätigung geben, die sie von dem Leben oder Tod der Eltern unabhängig machte. Andererseits wollte er auf diese Weise eine Zeit ernster Sammlung in das Leben der Menschen einfügen, die gerade dem entscheidenden Moment vorangeht, da er sich berufen sieht, nach dem Tod des Vorgängers aktiv ins Leben einzugreifen. Die Trauerzeit ist eine Periode strenger Askese. Alles, was an Behagen und Freude erinnert, alle ästhetische Schönheit der Form, alle Musik, alles Weltliche ist streng verbannt. Abgeschlossen von der Welt soll der junge Mann, der nun ins Leben einzutreten berufen ist, sich unter Askese und innerer Sammlung der Meditation über die Vergangenheit hingeben. Indem er das Bild des Verewigten in sich erweckt, findet er durch seine Vermittelung die Berührung mit dem überlieferten Kulturerbe der Vergangenheit, das er auf diese Weise organisch in sich aufnimmt, ehe er aktiv in das Weltgeschehen eingreift.

Der Meister sprach: „Ist der Vater eines Menschen noch am Leben, so schaue auf seine Gesinnung. Ist sein Vater nicht mehr, so schaue auf seinen Wandel. Wer drei Jahre lang seines Vaters Weg nicht ändert, der kann als ehrfurchtsvoll bezeichnet werden." [236])

Wie stark das meditative Element hervortritt, zeigt sich bei den Regeln über Fasten und Opfer für die Verewigten:

„Strengstes Fasten und Reinigung wird innerlich gehalten, während äußerlich ein leichteres Fasten gezeigt wird. Während der Tage des Fastens denkt man an den Verstorbenen, wo er zu weilen pflegte, wie er zu lachen und zu reden pflegte, was seine Gesinnungen waren, woran er eine Freude hatte, was er liebte. Wenn man so drei Tage lang fastet, so schaut man den, für den man gefastet hat. Am Tage des Opfers tritt man in den Tempelraum ein; gespannt, so erblickt man sicher den Verstorbenen an seinem Platze. Man geht im Kreise umher und aus der Tür; ernst, so hört man sicher seine Stimme, die von der Türe her vernehmbar wird; tief atmend, so hört man sicher den Laut seines Seufzens." [237])

Wir sehen hier eine bewußt geleitete Imagination, die durch die Beschäftigung mit dem Verstorbenen ihn gleichsam evoziert zum mystischen Verkehr. Solche Zeiten innerer Einkehr sind Quellen tiefster Kraft, und es ist verständlich, wie ein Mann, der sie mit frommem und ernstem Gemüt durchlebt, daraus Kräfte des innersten Wesens schöpft, die ihn befähigen, in der rechten Weise die Leitung der Menschen zu unternehmen, die seiner Führung anvertraut sind.

Wenn uns die bisher behandelten Quellen ein Bild geben von der persönlichen Frömmigkeit Kungtses, so sind uns in seinen Kommentaren zum Buch der Wandlungen Aufschlüsse gegeben über die tiefsten Hintergründe seiner Welt- und Lebensanschauung.

Die Grundlage der Welt des Erscheinenden bilden die beiden polaren Kräfte des Schöpferischen und des Empfangenden. Das Bild der schöpferischen Urkraft ist der Himmel, die Kraft, die Zeit, der Geist; das Bild der empfangenden Urkraft ist die Erde, die Rezeptivität, der Raum, die Natur. Das Zusammenwirken dieser beiden Urkräfte bewirkt das Entstehen der Dinge, ihre Trennung das Vergehen.

Vom Schöpferischen sagt Kungtse:

„Groß fürwahr ist die Erhabenheit des Schöpferischen, der alle Dinge ihren Anfang verdanken und die den ganzen Himmel durchdringt. Die Wolken gehen, und der Regen wirkt, und alle einzelnen Wesen strömen in ihre Gestalt ein.

Der Weg des Schöpferischen wirkt durch Veränderung und Umgestaltung, daß jedes Ding seine rechte Natur und Bestimmung erhält und in dauernde Uebereinstimmung mit der großen Harmonie kommt: das ist das Fördernde und Beharrliche."

Hier ist die schöpferische Urkraft nach ihrer kosmischen Seite geschildert. Die Schöpfung vollzieht sich sozusagen in zwei Akten. Das erste ist die Gesamtheit aller Wesen, der Kosmos, der als Ganzes dem Schöpferischen seinen Anfang verdankt, indem der ganze Himmel, die unsichtbare Welt der Kraft, von schöpferischen Anregungen durchdrungen wird. Der zweite Akt geht vom Sein zum Sosein über. Wolken und Regen sind die Symbole am Himmel, die die Kräfte bezeichnen, durch die die Einzelwesen in ihre Gestalten einströmen. Aus der Idee der Welt entsteht die Welt der Ideen, der Prototypen, nach denen sich dann die Wirklichkeit gestaltet. Der zweite Absatz geht auf die Entwicklung über; denn die schöpferische Kraft ist ihrem Wesen nach bewegt, sie muß Entwicklung und Fortschritt zeugen, dadurch kommen die Einzeldinge in ein bewegtes, harmonisches Weltsystem, und durch eine dauernd rotierende Bewegung erhalten sie sich im Gleichgewichtszustand des Werdens.

Der kosmischen Schöpferkraft wird aber sofort der schöpferische Mensch zur Seite gesetzt:

„Indem der heilige Mensch große Klarheit hat über Ende und Anfang und die Art, wie die verschiedenen Stufen jede zu ihrer Zeit sich vollenden, fährt er auf ihnen wie auf Drachen gen Himmel. Wenn er sich mit seinem Haupt über die Menge der Wesen erhebt, so kommen alle Lande zusammen in Ruhe."

Hier haben wir den berufenen Heiligen, der in innerem Kontakt mit den Schöpfungskräften ist, und wie die Zeit sich erfüllt, Stufe für Stufe sein Wesen erhöht und dadurch seinen schöpferischen und ordnenden Einfluß auf die Menschen immer mehr erweitert, bis alle Lande zur Ruhe kommen. Wir sehen hier den metaphysischen Hintergrund der Erscheinung, daß der große Mann durch Kraft seines Wesens ordnet. Er ist letzten Endes nur eine andere, menschliche Offenbarung der letzten kosmischen Urkraft. Der Ausdruck Sohn des Himmels bekommt dadurch eine neue Beleuchtung. Der Sohn des Menschen ist als solcher Sohn Gottes, und er wird immer wieder Fleisch in den Heiligen, die ihn verkörpern. Darum heißt die Erklärung zum Bild des Zeichens:

„Des Himmels Bewegung ist kraftvoll. So macht sich der Edle stark und unermüdlich." [238]

Dem Schöpferischen steht zur Seite das Empfangende: „Vollkommen fürwahr ist die Erhabenheit des Empfangenden. Alle Wesen verdanken ihm ihre Geburt, da es hingebend das Himmlische empfängt. Das Empfangende trägt in seinem Reichtum alle Dinge. Es umfaßt alles in seiner Weite und erleuchtet alles in seiner Größe. Durch dasselbe kommen alle Einzelwesen zum Erfolg." [239]

Wir sehen hier das Irdische, Räumliche in seinem Zusammenwirken mit dem Himmel, der Zeit. Dort die Zeugung, hier die Geburt; dort die Kraft, hier die Weiträumigkeit. So ist denn unter den Tieren das Symbol des Schöpferischen der Drache (Cherub), der zum Himmel emporsteigt aus den Tiefen der Erde, während das Symbol der Erde die Stute ist mit ihrer unermüdlichen Bewegung durch die Weite des Raums. Die richtige Stellung des Empfangenden ist die Hingebung, damit die Intentionen des Schöpferischen durch eine Verleiblichung sichtbare Gestalt gewinnen. Dort hatten wir die Welt der Ideen, hier die Welt der Wirklichkeit als Abbild jenes Urbildes. Ihre Zusammenwirkung entspricht ganz der Goetheschen Konzeption der Gott-Natur.

Außer diesen beiden Zeichen, über die sich Kungtse in seinen Kommentaren ausführlicher ausspricht, kommen noch eine Reihe von andern in Betracht, denen er eine auszeichnende Stellung anweist, weil er sie für besonders wichtig und aufschlußreich in esoterischer Hinsicht hält. Zunächst sind zu erwähnen die Zeichen, aus denen er die Natur von Himmel und Erde und ihre Gesetze erkennen lehrt.

1. Das erste Gesetz ist der Kreislauf des Geschehens:

„Der Edle achtet auf den Wechsel von Abnahme und Zunahme, Fülle und Leere; denn das ist der Lauf des Himmels." (23.)

„Daß auf jedes Ende ein neuer Anfang folgt, das ist der Lauf des Himmels." (18.)

„Am siebenten Tage kommt die Wiederkehr, das ist der Lauf des Himmels." (24.)

Weil alles dauernd im Wandel begriffen ist, deshalb kann kein Zustand festgehalten werden. Gerade der Höhepunkt eines Zustands ist mit seiner Veränderung notwendig verknüpft. Wenn die Sonne am höchsten steht, so neigt sie sich, wenn der Mond voll ist, so nimmt er ab und umgekehrt. Es wäre also verkehrt, Dauer im Sinn von Unveränderlichkeit zu erhoffen. Aber in jenem Gesetz des Wechsels liegt eine andere Art von Dauer: auf jedes Ende folgt ein neuer Anfang, und es kommt — wenn die entgegenstehende Bewegung sich ausgelaufen hat — die Wiederkehr. Das gibt die rechte Haltung der Vorsicht in Zeiten des Glücks, weil man zum voraus weiß, daß es einer neuen Konstellation weichen wird. Aber es gibt auch die nötige Zuversicht in Zeiten des Unglücks; denn „am siebenten Tage kommt die Wiederkehr". Und diese Wiederkehr des Lichten, Guten, Lebensvollen: das ist die eigentliche Absicht, das „Herz" von Himmel und Erde. Es handelt sich also nicht um einen sinnlosen Wechsel, dem man sich einfach unterwerfen muß, geschehen lassend, was geschieht — wie das der taoistische Pessimist Yang Tschu lehrte —, sondern dieser Wechsel läßt einen Sinn ahnen, eine gute Absicht liegt dem Weltgeschehen zugrunde und gibt daher auch dem Menschen die Möglichkeit, sich aktiv am Weltgeschehen zu beteiligen.

2. Wie kann man dazu kommen, die Verhältnisse des Weltgeschehens zu verstehen?

„Himmel und Erde senden Einflüsse aus und alle Dinge entstehen. Der Berufene beeinflußt die Herzen der Menschen, und der Erdkreis kommt in Frieden. Wenn man betrachtet, was für Einflüsse von etwas ausgehen, so vermag man die Natur von Himmel, Erde und allen Wesen zu schauen." (31.)

„Auf ein Ende folgt immer ein neuer Anfang. Sonne und Mond haben den Himmel und können deshalb dauern. Die vier Jahreszeiten verändern und gestalten und können daher dauernd vollenden. Der Berufene bleibt dauernd in seiner Bahn, und der Erdkreis gestaltet sich zur Vollendung um. Wenn man betrachtet, worin etwas seine Dauer hat, so vermag man die Natur von Himmel, Erde und allen Wesen zu schauen." (32.)

„Wenn man betrachtet, wodurch etwas sammelt, vermag man die Natur von Himmel, Erde und allen Wesen zu schauen." (45.)

Was hier als Dauer bezeichnet ist, das ist nicht ein Stillstand, sondern eine in sich geschlossene Bewegung. Obwohl am Himmel ein Wechsel von Zunahme und Abnahme, Vollsein und Leere ist, so ist in diesem Wechsel Dauer, weil er eine himmlische Kreisbewegung ist. Ebenso ist es mit den himmlischen Wirkungen auf Erden, mit den Jahreszeiten, die dauernd die Dinge verändern und umgestalten und eben dadurch eine einheitliche, in sich geschlossene Entwicklung bewirken. Diese Dauer im Wechsel ist es schließlich auch, die das Werk des Berufenen auszeichnet. Es liegt hier ein sehr tiefer Gedanke. Die Dauer in diesem Sinn ist die im Wechsel der zeitlich bedingten Zustände sich ausdrückende Ewigkeit der Idee. Die Idee der Pflanze ist nicht nur räumlich gegliedert als ein Organismus räumlich getrennter, zusammenwirkender Teile, sondern ebenso zeitlich als eine Folge von einander verursachender und ineinander übergehender, geschlossen rotierender Zustände. Dieser Gedanke des zeitlichen Organismus ist eine der wichtigsten Grundlagen der esoterischen Erkenntnisse des Kungtse.

Eine solche in sich geschlossen rotierende Monade ist zugleich eine Kraft, die Einwirkungen auf anderes ausübt, die anderes an sich heranzieht, in die eigne Bewegung hineinzieht und so um sich sammelt. Die Einwirkung wird auch aufgefaßt unter dem Bild der Werbung. Das Starke wirbt um das Schwache und gewinnt es dadurch, daß es sich unter dasselbe stellt. Die Sammlung hat das Bild eines Königs, der seinem Tempel naht und in der Opferfeier die Seinen um sich sammelt. Je nach den Einflüssen, ob sie produktiv oder destruktiv sind, und je nach dem Prinzip der Anziehung, ob es im Rechten oder im Unrechten geschieht, kann man die Natur der verschiedenen wirkenden Kräfte beurteilen. Je nach dieser Erkenntnis wird man die so erkannten Kräfte in seinen Wirkungskreis einstellen können.

Zu dieser Erkenntnis gehört jedoch eine starke eigne Kraft des Rechten, die intuitiv das Rechte erkennt und groß genug ist, um sich nicht von scheinbaren Augenblickswirkungen blenden zu lassen. Man muß selbst in sich Größe und Ordnung erzeugen, um Größe und Ordnung zu verstehen. Hier handelt es sich also um eine subjektive Vorbedingung der kosmischen Schau:

„Wenn man recht ist und groß, vermag man die Verhältnisse von Himmel und Erde zu schauen." (34.) [240)]

3. Das Geheimnis der rechten Wirkung beruht auf der Erkenntnis der entscheidenden Zeitmomente. Es gibt produktive Zeiten, in denen sich die Zukunft vorbereitet. Wenn es gelingt, einen solchen produktiven Zeitpunkt richtig zu erfassen, so erzeugt sich die nötige Spannkraft, die später zur Auswirkung kommt. Kungtse steht hier durchaus auf demselben Boden wie Laotse, daß alle eignen Wirkungen vorbereitet werden müssen durch den für die Einwirkung möglichst günstigen Zustand des Objekts, auf das man wirken will.

Laotse sagt von der Welt der Erscheinung, die eine Welt der polaren Gegensätze ist:

„Sein und Nichtsein erzeugen einander,
Schwer und Leicht vollenden einander,
Lang und Kurz gestalten einander,
Hoch und Tief verkehren einander,
Stimme und Ton sich vermählen einander,
Vorher und Nachher folgen einander." [241])

Daher läßt sich nach ihm ein Höhepunkt nicht dauernd festhalten:

„Etwas festhalten wollen, das überfüllt ist,
Lohnt der Mühe nicht.
Etwas handhaben wollen und dabei es immer scharf halten,
Das läßt sich nicht lange bewahren.
Mit Edelsteinen und Gold gefüllter Saal
Kann niemand beschützen.
Reich und vornehm und dazu hochmütig sein,
Das zieht von selbst das Unglück herbei.
Ist das Werk vollbracht, dann sich zurückziehen,
Das ist des Himmels Sinn." [242])

„Was halb ist, wird voll werden,
Was krumm ist, wird gerade werden,
Was leer ist, wird gefüllt werden,
Was alt ist, wird neu werden,
Wer wenig hat, wird bekommen,
Wer viel hat, wird umnebelt werden." [243])

Darum:

„Was du zusammendrücken willst,
Das mußt du erst sich richtig ausdehnen lassen.
Was du schwächen willst,
Das mußt du erst richtig stark werden lassen.
Wem du nehmen willst,
Dem mußt du erst richtig geben.
Das heißt Klarheit über das Unsichtbare." [244])

Dementsprechend handelt es sich auch für Kungtse darum, daß man die Zeiten erkennt, in denen sich Zukunftswirkungen vorbereiten. Denn das sind die eigentlich großen Zeiten.

Solche großen Zeiten sind hauptsächlich die Übergangszeiten.

So heißt es von der Zeit der Umwälzung (49): „Himmel und Erde bewirken Umwälzung, und die vier Jahreszeiten vollenden sich dadurch. Die Könige T'ang und Wu bewirkten staatliche Umwälzungen in Hingebung an den Himmel und den Bedürfnissen der Menschen entsprechend. Die Zeit der Umwälzung ist wahrlich groß."

Die Umwälzung, von der hier auf kosmischem Gebiet die Rede ist, ist der Übergang vom Sommer in den Herbst. Das Jahr geht dem Abstieg entgegen. Herbst bedeutet Gericht und Tod. Aber die Wirkung des Sommers sind die reifenden Früchte, und die Früchte enthalten die Samenkraft, die sich durch die Wirkungen des absteigenden Jahres entfaltet. So sind Revolutionszeiten Gerichtszeiten. Es muß ein Samenkorn in sie gelegt sein, das sich durch die Schrecken der Revolution hindurch entwickelt und zur Reife kommt. Nur dann sind es große Zeiten. Man sieht hier in die Tiefen der konfuzianischen Philosophie hinein und gewinnt ein Verständnis seiner Konzeption von Frühling und Herbst, indem man erkennt, daß der Keim des Frühlings gelegt werden muß, ehe der Herbst sich zu äußern beginnt. Das, auf menschliche Verhältnisse übertragen, heißt die Keime erkennen!

Eine ähnliche Bedeutung wohnt der Zeit des Übergewichts des Großen — Ausnahmezustand, Übergangszustand im Großen — inne (28):

Das Bild ist ein See, der die Bäume ertränkt. Das legt Tod und Beerdigung nahe. Auf das Leben übertragen sind es Zeiten, die einen Zusammenbruch befürchten lassen, weil sie innerlich zu stark belastet sind. Es erscheint im Text das Gleichnis eines Firstbalkens, der sich durchbiegt, weil seine beiden Enden zu schwach sind. In diesen kritischen außerordentlichen Zeiten gilt es, die der außerordentlichen Zeit entsprechenden außerordentlichen Maßnahmen zu treffen, damit der außerordentliche Übergang gelingt. So heißt es:

„Das Feste ist im Übergewicht und zentral. Sanft und heiter im Handeln: da ist es fördernd zu haben, wohin man gehe, dann hat man Gelingen. Groß, wahrlich, ist die Zeit des Übergewichts des Großen."

Die innere Stärke ist größer als dem normalen Zustand entspricht. Aber eben weil es sich um einen Ausnahmezustand handelt, ist die Stärke das Normale; denn dadurch wird Sanftheit und Heiterkeit im Handeln ermöglicht, während bei geringerer innerer Kraft Aufregung und Unruhe den Erfolg stören würde. Aber man darf keinen Augenblick still stehen, nur im energischen Fortschritt, im Übergang, liegt die Garantie des Erfolgs. Ausnahmezeiten verlangen Ausnahmemaßregeln, aber Ausnahmemaßregeln dürfen nichts Dauerndes sein. Ihre ganze Wirkung beruht auf der Raschheit des Übergangs.

Nach diesen gefährlichen Umwälzungs- und Übergangszeiten kommt als weitere wichtige Zeit die Zeit der Befreiung (40) in Betracht:

„Die Gefahr bewirkt Bewegung. Durch Bewegung entgeht man der Gefahr. Das ist Befreiung... Wenn Himmel und Erde sich befreien, erheben sich Donner und Regen. Wenn Donner und Regen sich erheben, so brechen die Hüllen aller Früchte, Kräuter und Bäume. Die Zeit der Befreiung ist wahrlich groß!" Donner und Regen erheben sich: das ist das Bild der Befreiung. So verzeiht der Edle Fehler und vergibt die Schuld.

Die Größe dieser Situation ist die Lösung einer drückenden Spannung. Auch hier gilt es, nicht zu zaudern, sondern sich rasch aus der Gefahr hinauszubewegen, zu erledigen, was zu erledigen ist, aber dann sobald wie möglich zur Ruhe zu kommen, die Fehler verzeihen, die Schuld vergessen; denn nur dadurch bleibt die Luft rein, so daß es nur Befreiung ist, nicht Ansammlung neuen Grolls auf der Gegenseite bewirkt. Galt es in der vorher erwähnten Lage rasche Bewegung, so hier rasches zu Ende führen und rasche Rückkehr zu den normalen Verhältnissen.

Die vierte der großen Zeiten, die Kungtse erwähnt, ist die Zeit der Ernährung (27):

„Ernährung und Pflege des Rechten bringt Heil. Man muß betrachten, was einer pflegt und nährt und womit er sich selber nährt und pflegt. Himmel und Erde nähren alle Geschöpfe, der Berufene ernährt die Tüchtigen, und das kommt dann dem ganzen Volk zugute. Wahrlich, groß ist die Zeit der Ernährung."

Hier ist eine Zeit der Ruhe, in der die erhaltenden Kräfte zu stärken sind. Da gilt es, eine Auswahl zu treffen. Nicht durch alles findet eine wirkliche Ernährung statt, sondern nur durch das „Rechte", durch die Kräfte, die im Einklang mit dem kosmischen Geschehen stehen. Wer anderes zur Förderung seines Lebens heranzieht, wird das Leben nicht erhalten, sondern verlieren. Der Lebensprozeß der Ernährung ist aber ein gegenseitiger. Auf der einen Seite zieht das Leben Kräfte der Außenwelt zu seiner Ernährung in sich herein, auf der andern Seite gibt jedes Lebendige auch Kräfte der Ernährung an die Außenwelt ab. Auch da ist es wichtig, wem diese Kräfte zukommen. So fördert der Weise in erster Linie die Tüchtigen, durch die dann die Verhältnisse so in Ordnung kommen, daß der Lebensprozeß und Ernährungsvorgang der Menschen ganz von selbst in einen dauernden Kreislauf kommt. Denn nicht darum handelt es sich, seine Kraft nutzlos ins Weite verströmen zu lassen, sich aufzehren zu lassen von den Hilfsbedürftigen, sondern darum, daß Zustände geschaffen werden, daß der Ernährungsprozeß der Menschen automatisch vor sich geht und das Leben sich selbst erhält, weil die Quellen zu seiner Ernährung geöffnet sind.

Es ist sehr charakteristisch, welche Weltzeiten für Kungtse die großen sind; es sind lauter Entscheidungszeiten, da Keime sich bilden für die Zukunft.

Außer diesen kosmisch bedingten, sozusagen objektiven,

großen Zeiten kennt Kungtse auch noch Situationen von großer Bedeutung, tiefem Sinn. Es sind das Situationen, mit denen sich der Weise innerlich identifiziert, die er in seinen Willen aufnimmt.

Die erste derartige Zeit ist die Zeit der Begeisterung (16). Das Bild dieser Zeit ist der Donner, der aus der Erde hervortönt, die Zeit der ersten Frühlingsgewitter. Dieses Gleichnis zeigt einerseits das Sichregen der ersten Anfänge, die rechtzeitig, zum voraus erkannt und beeinflußt werden müssen, und andrerseits das Hochgefühl einer musikalischen Begeisterung, die alle Gefühle anregt und erhöht. Auf diese Weise erzeugt der Weise eine Bewegung, die auf Hingebung trifft, weil er selbst erst die innersten Bedürfnisse der in Bewegung gesetzten Massen, noch ehe sie laut wurden, erkannte und in Hingebung zu ihnen die Bewegung einleitete. „Himmel und Erde bewegen sich in Hingebung (auf der Linie des geringsten Widerstandes), darum überschreiten Sonne und Mond nicht ihre Bahn, und die Jahreszeiten irren sich nicht. Der Berufene bewegt sich in Hingebung (auf der Linie des geringsten Widerstandes), da werden Bußen und Strafen rein, und das Volk fügt sich. Groß fürwahr ist der Sinn der Zeit der Begeisterung."

Ähnlich ist der Gedanke der Zeit der Nachfolge (17). Auch hier wird dadurch, daß das Starke sich unter das Weiche heruntergibt, eine Bewegung erzeugt, die mit Heiterkeit verbunden ist. Auf diese Weise werden Erfolge erzielt, und eine Dauerbewegung ergibt sich, die frei von Gefahren ist. „So folgt einem die ganze Welt. Groß fürwahr ist der Sinn der Zeit der Nachfolge."

Anderer Art ist die Zeit, die durch das Zeichen „das Entgegenkommen" (44) zum Ausdruck kommt. Hier ist es das Schwache, das dem Festen entgegentritt, das Mädchen, das von sich aus den Mann sucht. Innerhalb des Kreises der menschlichen Sitte ist diese Art verpönt, es ist eine Abkehr von aller Sitte zur Zeit des Vaterrechts und den damit zusammenhängenden Ehebräuchen. Dennoch findet Kungtse auch in dieser Zeit, wenn sie als kosmisches Geschehen aufgefaßt wird, einen großen Sinn. Es ist die Zeit, da der Höhepunkt der Herrschaft des Lichtes erreicht ist, der Mittag, der Sommer, die Zeit, in der zum erstenmal der Gedanke des Dunkels und der Kälte wieder auftaucht. Kungtse sieht darin. die wieder beginnende Annäherung der polaren Kräfte, die Umkehr der Bewegungsrichtung. Wenn das eigentliche Herz von Himmel und Erde auch in dem Zeichen der Wiederkehr des Lichts, dem Gegenstück zum „Antreffen", zum „Entgegenkommen", geschaut wird, so ist doch auch dieser Wendepunkt von Bedeutung: „Wenn Himmel und Erde zusammentreffen, so formen sich alle Geschöpfe nach festen Gestaltungslinien. Wenn das Starke die Mitte und das Rechte trifft, so geht alles unter dem Himmel herrlich voran. Groß, wahrlich, ist der Sinn der Zeit des Entgegenkommens." Denn das Bild des Windes, der unten am Himmel weht, das diesem Zeichen zugeteilt ist, zeigt doch auch die Ausbreitung der Einflüsse von oben her. „So macht es der Herrscher beim Verbreiten seiner Befehle und ihrer Verkündigung an die vier Weltgegenden."

Mit diesem Zeichen hat einige Verwandtschaft das Zeichen: „Das heiratende Mädchen." (54.) Auch hier ist eine Divergenz zwischen der hergebrachten patriarchalischen Sitte, die will, daß das Mädchen verheiratet wird, und dem Naturvorgang, daß das Mädchen dem Manne folgt. Um so bedeutungsvoller ist der Sinn, den Kungtse in dieser Naturtatsache sieht: „Die Heirat des Mädchens bezeichnet den großen Sinn von Himmel und Erde. Wenn Himmel und Erde sich nicht vereinigen, so gedeihen alle Wesen nicht. Das „heiratende Mädchen" bedeutet der Menschheit Ende und Anfang. Das Bedeutungsvolle an diesem Gedanken ist die vorurteilsfreie Art, wie Kungtse in den Tatsachen der Naturtriebe nicht etwas zu Unterdrückendes und zu Beseitigendes sieht, sondern das große Geheimnis der Natur, dem das zeitlich in Geschlechterfolgen ausgebreitete Dasein der Menschheit seinen Anfang verdankt.

Aber nicht nur vorwärtsgerichtete, aufwärtsgehende Bewegungen sind es, in denen Kungtse einen solch großen Sinn sieht, sondern er eignet sich auch die Bewegung des Rückzugs, die notwendig wird, wenn das Niederträchtige allzu mächtig wird, innerlich an:

Der Rückzug (33): „Eben im Rückzug liegt das Gelingen. Man ist innerlich fest und im Einklang mit den Erfordernissen der Zeit, man geht mit der Zeit. Dem Niedrigen, Kleinen gegenüber ist es fördernd, beharrlich zu sein, weil es im Vordringen ist. Groß, wahrlich, ist der Sinn der Zeit des Rückzugs." Wie das gemeint ist, wird mit dem Worte ausgedrückt: Wenn die Zeit zum Rückzug gekommen ist, „hält der Edle den Gemeinen von sich fern: nicht zornig, sondern gemessen".

Ebenso ist es die Lage des Wanderers (56), der Kungtse eine besondere Bedeutung abgewinnt. Der Wanderer ist fern von der Heimat, draußen im fremden Land. Da muß er zurückhaltend und weich sein. Aber er wird es erreichen, dem Rechten, dem Zentrum treu zu bleiben, indem er sich der starken Macht in der Höhe fügt. Stille und Klarheit, dadurch wird er Erfolg haben, wenn nicht im Großen, so doch im Kleinen. „Dem Wanderer ist Beharrlichkeit von Heil. Der Sinn der Zeit des Wanderers ist wahrlich groß."

Wieder andere Situationen gibt es, die weder objektiv noch subjektiv akzeptiert werden können. Sie sind negativer Art. Aber auch sie besitzen eine Größe durch ihre Wirkung. Sie sind ein Teil von jener Kraft, die stets das Böse will und stets das Gute schafft. Sie kommen nicht als Zwecke, aber als Mittel zur Erreichung von größeren Zwecken in Betracht.

Hierher gehört z. B. das Zeichen „das Abgründige, die Gefahr" (29). Das Zeichen der Gefahr hat als Bild das Wasser, das alle Abgründe durchfließt. Es wird auch vom Abgrund in seiner Wesensart nicht verändert: „Das Wasser fließt und hält sich nirgends auf, es geht durch gefährliche Stellen und verliert doch nicht seine Zuverlässigkeit.

Das Fortschreiten in der Gefahr schafft Erfolg." „Des Himmels Gefahr ist seine Unersteiglichkeit, die Gefahren der Erde sind die Berge und Flüsse, die Höhen und Erhebungen. Die Könige und Fürsten benützen die Gefahr, um ihr Reich zu schützen. Die Wirkungen der Zeit der Gefahr sind wahrlich groß."

Eine ähnliche Stellung kommt der Zeit der Hemmnisse (39) zu. „Hemmnis bedeutet Schwierigkeit. Die Gefahr ist vor einem. Die Gefahr sehen und es verstehen, stehen zu bleiben: das ist Weisheit." Zeiten der Hemmnisse führen die Menschen zusammen in gemeinsamem Erlebnis der Not, und sie bringen große Männer ans Licht, die die Kraft haben, das Land wieder in Zucht zu bringen. „Die Wirkung der Zeit der Hemmnis ist wahrlich groß!" Der Segen der Not besteht darin, daß sie den Menschen auf sich selbst zurückwirft. „So wendet der Edle sich seiner eigenen Person zu und bildet seinen Charakter."

Aber auch der Gegensatz (38) hat Wirkungen, die ihm Bedeutung als Mittel zum Zweck verleihen, nämlich wenn er nur als Modus innerhalb eines umfassenderen Zusammenhangs in Betracht gezogen wird. Dann bildet er das Prinzip der Sonderung und Ordnung. „Himmel und Erde bilden einen Gegensatz, aber ihr Wirken ist gemeinsam. Mann und Frau bilden einen Gegensatz, aber ihr Streben geht auf Vereinigung. Alle Wesen stehen in gegensätzlichen Beziehungen zueinander und ihre Wirkungen kommen dadurch in Ordnung und sondern sich ... So behält der Edle bei aller Gemeinschaft seine Besonderheit... Groß, wahrlich, ist die Wirkung der Zeit des Gegensatzes."

Wenn es hier der Gedanke der Spannung ist, den Kungtse in seiner kosmischen und sozialen Bedeutung charakterisiert, so spricht er einen ähnlichen Gedanken aus bei der Betrachtung des Zeichens „Beschränkung" (60): „Himmel und Erde haben ihre Beschränkungen und Grenze, und die vier Jahreszeiten kommen zustande. Beschränkung beim Schaffen von

Einrichtungen schafft, daß die Güter nicht beeinträchtigt und die Menschen nicht geschädigt werden."

Darum ist es für das Handeln und seinen Erfolg unbedingt notwendig, die Zeit zu treffen.

„Erfolgreich handeln heißt die rechte Zeit treffen." [245]

„Dem Himmel entsprechen und mit der Zeit gehen, das schafft erhabenen Erfolg." [246]

Auch die kleinste Gabe ist der Gottheit angenehm, „wenn es der Zeit entspricht. Das Starke mindern, das Schwache mehren hat seine Zeit. Das Mindern des Vollen, das Füllen des Leeren geht in Harmonie mit der Zeit vor sich". [247]

„Der Himmel zeugt, die Erde gebiert: dadurch mehrt sich das Seiende allenthalben. Der Weg des Mehrens geht in Harmonie mit der Zeit." [248]

„Wenn es Zeit ist, stehen zu bleiben, dann stehen bleiben; wenn es Zeit ist, zu handeln, dann handeln: so verlieren Bewegung und Ruhe nicht ihre Zeit, und der Weg wird leuchtend und hell." [249]

„Wenn die Sonne die Mitte erreicht hat, neigt sie sich, wenn der Mond voll ist, nimmt er ab, des Himmels und der Erde Fülle und Leere nimmt mit der Zeit ab und zu. Wieviel mehr ist es so bei den Menschen, wieviel mehr bei den Geistern und Göttern!" [250]

„Ein Übergang, der die Beharrlichkeit als fördernd nimmt, ist ein Gehen mit der Zeit." [251]

Mongtse hat Kungtse den Heiligen der rechten Zeit genannt. [252] Dieses Wort bezieht sich wohl auf diese esoterische Lehre Kungtses über die Zeit als Angelpunkt des Weltgeschehens und als Ansatzpunkt der menschlichen Wirksamkeit.

Noch einen Schritt weiter in das Heiligtum führen uns die Worte über den Weg des Himmels, das Weltgesetz. Auch für Laotse war dieser Sinn der Welt, das Tao, das Letzte und Höchste. Und Meister K'ung stimmt darin ganz mit ihm überein. Auch über das Wesen dieses Tao erhalten wir in den Bemerkungen zum Buch der Wandlungen einigen Aufschluß:

„Großes Gelingen durch Rechtsein: das ist das Gesetz (Tao) des Himmels." (19.)

„Der Weg (Tao) des Himmels geht nach unten und macht alles gleich und licht und hell. Der Weg (Tao) der Erde ist gering und steigt nach oben. Der Weg (Tao) des Himmels ist es, das Volle leer zu machen und das Bescheidene zu mehren. Der Weg (Tao) der Erde ist es, das Volle zu verändern und dem Bescheidenen zuzufließen. Die Geister und Götter schaden dem Vollen und beglücken das Bescheidene. Der Weg (Tao) der Menschen ist es, das Volle zu hassen und das Bescheidene zu lieben. Bescheidenheit, die geehrt ist, verbreitet Licht. Bescheidenheit, die niedrig ist, kann nicht übergangen werden! Das ist das Ende, das der Edle erreicht." (15.)

„Das göttliche Gesetz (Tao) des Himmels vermag man daran zu erkennen, daß die vier Jahreszeiten nicht abweichen. Der Berufene benützt dieses göttliche Gesetz (Tao), um Kultur zu schaffen, und der Erdkreis fügt sich ihm." (20.)

„Wenn die Unschuld verloren ist, wohin will man gehen? Wenn des Himmels Wille einen nicht schützt, ist es dann möglich, zu handeln?" (No. 25.)

Wir sehen, das Tao des Himmels ist eine Kraft, deren Wirken ganz im Einklang ist mit dem innersten moralischen Gesetz im Menschen. Der gestirnte Himmel über mir — die große Gesetzmäßigkeit in der Natur — und das moralische Gesetz in mir — das große Gesetz der autonomen Vernunft — sind auch für Kungtse die beiden Pole, um die sich seine Erkenntnis des Weltgeschehens dreht. So ist seine Esoterik offenbares Geheimnis. Der Meister sprach: „Ich hätte geheimes Wissen? Ich habe kein geheimes Wissen. Wenn ein ganz gewöhnlicher Mensch mich fragt, ganz wie leer, so lege ich es von einem Ende zum andern dar und erschöpfe es." [253]

Aber sein offenbares Geheimnis ist wie das offenbare Geheimnis der Natur. Wenige schauen es und wenige finden den Eingang dazu. „Die Unerreichbarkeit des Meisters ist wie die Unmöglichkeit, auf Stufen zum Himmel emporzusteigen.

Wenn der Meister ein Land als Erbe bekommen hätte, so wäre es eingetroffen. Was er festsetzt, wird Gesetz, was er befiehlt, das geschieht; er gibt ihnen Frieden, und sie kommen herbei; was er bewegt, das ist im Einklang. Sein Leben ist herrlich, sein Tod schafft Trauer! Wie wäre es möglich, ihn zu erreichen?"[254])

Dieses Wort des Schülers Tsï Kung zeigt einerseits die Größe des Meisters und andrerseits die Gefahr, der auch seine Lehre nicht ganz entgangen ist, nämlich: eine Religion zu werden, die ihren Stifter anbetet, statt ihm nachzufolgen. Immerhin gelang es Kungtse wohl am meisten von allen ganz Großen, etwas von dem, das er gewollt, zur Wirklichkeit zu machen — als die Zeit gekommen war. Er hat zur Wahrheit gemacht, was in dem Werkchen „Maß und Mitte" vom Weg des Edlen geschrieben steht:

„Der Weg des Edlen beruht auf seiner Person, beweist sich an den Menschen; prüft man ihn an den Ordnungen der heiligen drei Könige, so widerspricht er ihnen nicht. Führt man ihn durch im Himmel und auf Erden, so verletzt er deren Gesetze nicht. Wendet man ihn an bei Geistern und Göttern, so läßt er keine Unklarheit. Und wenn nach hundert Geschlechtern ein anderer Heiliger kommt, so hat er ihm gegenüber keine Bedenken. Daß er keine Unklarheit läßt, wenn man ihn bei Geistern und Göttern anwendet, kommt daher, daß er den Himmel kennt; daß ein Heiliger nach hundert Geschlechtern keine Bedenken hat, kommt daher, daß er den Menschen kennt. Darum nimmt die Welt die Äußerungen des Edlen an als Gesetz des Erdkreises, seine Handlungen als Vorbilder für den Erdkreis, seine Worte als Maßstab für den Erdkreis. Aus der Ferne schaut man zu ihm auf. In der Nähe wird man seiner nicht überdrüssig."

ANMERKUNGEN ZU KUNGTSE

1. Über Jahr und Tag der Geburt K'ungs gehen die Überlieferungen auseinander; nach Sĭ-Ma Ts'iän und Tso Tschuan (Kommentar Tu) wäre das Jahr 551 das Geburtsjahr K'ungs. Doch empfiehlt es sich, den genuineren Quellen Kung Yang und Ku Liang zu folgen. Wegen des Monats ist Ku Liang bevorzugt, da der elfte Monat, den Kung Yang gibt, keinen Tag Kong Tsĭ hat, der in beiden als Geburtstag bezeichnet ist. — Zu beachten ist, daß die Monate der Tschouzeit zwei Monate gegenüber dem gegenwärtigen chinesischen Kalender zurückdatiert sind.

2. Wir folgen der Darstellung der Hausgespräche. Aus der Angabe bei Sĭ-Ma Ts'iän „ye ho", wörtlich „wilde Ehe, Feldehe", hat man allerlei Schlüsse gezogen, als ob die Ehe nicht ganz legitim gewesen sei. Mit Unrecht. Es handelt sich nur um die Beurteilung des Altersunterschieds. Eine andre Erklärung deutet die Worte so, daß die Hochzeit auf dem Lande gefeiert worden sei.

Die Bezeichnung K'ung Tsĭ oder K'ung futsĭ (daraus Confucius) bedeutet Meister K'ung. Es wird im Text durchgängig der Einfachheit halber Kungtse geschrieben.

Der persönliche Name Kungtses ist K'iu, wörtlich der Hügel, sein Beiname Tschung Ni stimmt dazu. Tschung bedeutet „der zweite Sohn" (der älteste heißt Mong, daher Mong P'i). Ni ist der Name eines Hügels. Es hat sich daraus die Sage gebildet, die man in der chinesischen Kunst häufig abgebildet sieht, daß die Mutter dem Geist des Berges Ni geopfert habe, um einen Sohn zu bekommen, dessen Name dann die Erhörung ihres Gebets verewigt habe. Daß dies eine Sage ist, ergibt sich schon aus dem Beinamen des Mong P'i, der Po Ni lautet, also ebenfalls mit dem Niberg in Beziehung steht.

Anmerkungen

Um die Geburt des Weisen hat sich in späterer Zeit ein Kranz von Sagen gesponnen.

a) Verkündigung: Seiner Mutter erschien das heilige Tier Kilin und brachte einen Nephritstein, auf dem geschrieben stand: „Sohn des Wasserkristalls, nach dem Verfall des Tschouhauses wirst du als ungekrönter König herrschen." Darauf wurde sie schwanger und gebar den Kungtse.

b) Geburtsgeschichte. Am Abend, als Kungtse geboren ward, stiegen zwei Seraphim (chinesisch: Lung, gewöhnlich mit Drache übersetzt, was aber eine ganz falsche Gefühlsfärbung im Deutschen gibt) vom Himmel und schwebten um das Geburtshaus, und die fünf Alten nahten sich der Halle (die fünf Alten sind die fünf Elementargeister: Metall, Holz, Wasser, Feuer, Erde). Als das Kind geboren ward, hörte man im Gemach seiner Mutter himmlische Musik in den Lüften ertönen. Das Kind aber hatte an seinem Leibe neunundvierzig Malzeichen, die es als Ordner der Welt bekundeten.

Diese Sagen werden gewöhnlich dargestellt nach den im Kungtsetempel zu K'üfou aufbewahrten Steintafeln, auf denen Text und Bilder eingeritzt sind.

3. Kungtses Sohn hieß Li (Karpfen), sein Beiname war Po Yü (Fisch, der Ältere), vgl. Kia Yü, Pen Sing Kiä.

4. Über die Beerdigung der Mutter sind folgende Berichte vorhanden:

Li Ki, T'an Kung I, 1 § 10. Da Kungtse in früher Kindheit den Vater verloren hatte, wußte er nicht, daß jener nur vorläufig begraben war am Fünfväterweg (außerhalb der Stadt). Die Leute, die es gesehen hatten, sagten alle, er sei endgültig bestattet. Als er nachsah, schien es jedoch eine vorläufige Bestattung zu sein. Er befragte die Mutter des Man-Fu von Tsou. Darauf beerdigte er seine Eltern gemeinsam in Fang.

(Es war nicht üblich im Altertum, ein feierlich geschlossenes Grab zu öffnen, um die Ruhe des Toten nicht zu stören, daher die sorgfältigen Erkundigungen. Legge hat übrigens im Anschluß an chinesische Kommentare die Stelle mißverstanden.)

Anmerkungen

Kia Yü, K'ü Li Kung Si Tsch'i Wen Kiä: Als die Mutter von Kungtse gestorben war, wollte er sie mit seinem Vater gemeinsam beerdigen. Er sprach: „Die Alten begruben (die zu verschiedenen Zeiten verstorbenen Angehörigen) nicht gemeinsam, weil sie es nicht über sich brachten, daß der früher Verstorbene wieder zum Vorschein komme. Aber im Buch der Lieder heißt es: ‚Im Tode das Grab zusammen teilen. Vom Herzog von Tschou an kam die gemeinsame Bestattung auf. So hat man in We die Sitte, daß man die Särge durch eine Zwischenwand trennt. In Lu hat man die Sitte, sie zu vereinigen. Das ist schöner. Ich richte mich nach der Sitte von Lu." Darauf beerdigte er die Särge gemeinsam in Fang. Dann sprach er: „Ich habe gehört, daß man im Altertum über den Gräbern keine Hügel aufhäufte. Doch ich bin ein Wanderer auf Erden (wörtlich: ein Mann des Ostens, Westens, Südens und Nordens). Ich muß dafür sorgen, daß ich das Grab wiederfinde." Darauf errichtete er einen vier Fuß hohen Erdhügel über dem Grab. Kungtse kehrte zuerst nach Hause zurück. Die Schüler folgten später. Es regnete stark. Als sie kamen, fragte Kungtse sie: „Warum kommt ihr so spät?" Sie antworteten: „Das Grab in Fang ist zusammengefallen." Kungtse blieb sprachlos. Als sie es dreimal wiederholt hatten, da ließ er seinen Tränen freien Lauf und sprach: „Ich wußte es ja, daß man im Altertum die Gräber nicht herrichtete." — Der Schluß der Geschichte findet sich parallel auch in Li Ki. Ob dieser Vorfall in jene Zeit fällt oder erst später sich ereignete, ist nicht gewiß. Auffallend ist, daß Kungtse sich als Wanderer bezeichnet zu einer Zeit, da er seine Heimat noch nicht verlassen hatte. Noch auffallender, daß er schon damals Schüler gehabt haben sollte. Doch wird nichts davon erwähnt, daß er seine Mutter auch erst provisorisch bestattet hätte.

5. In diese Zeit würde auch die Unterhaltung mit Yang Hu, dem Hausbeamten der Familie Ki, fallen, die in Kia Yü a. a. O. erzählt wird. Als Yang Hu zur Beileidsbezeigung gekommen

Anmerkungen

sei, habe er nach Vollendung des offiziellen Teils zu Kungtse gesagt ob er schon davon gehört habe, daß die Familie Ki ein großes Mahl für alle Gelehrten des Landes veranstalten wolle. Kungtse habe ihn abgewiesen mit der ironischen Antwort: „Ich habe nichts davon gehört, sonst würde ich gerne hingehen, obwohl ich zur Zeit noch in Sack und Asche bin."

6. Es wird berichtet, daß im Jahr 525 der Baron von Tsou nach Lu an den Hof gekommen sei. Der Fürst habe Kungtse auch zu der Bewirtung beigezogen. Der habe die Gelegenheit benützt und mit dem Baron von Tsou sich über die Amtsbezeichnungen der alten Zeit unterhalten. Diese Unterhaltung, die einen Einblick gibt in uralte totemistische Verhältnisse, ist in Tso Tschuan (17. Jahr des Fürsten Schao von Lu) und in Kia Yü erzählt.

Eine andere Geschichte berichtet, wie Kungtse bei dem Musikmeister Hsiang Musik studierte. Als Kungtse die Zither lernte bei dem Musikmeister Hsiang, ging er zehn Tage lang nicht zu etwas anderm über. Der Meister Hsiang sprach: „Wir wollen weiter machen." Kungtse erwiderte: „Ich habe den Takt noch nicht erfaßt." Das nächste Mal: „Ich habe den Sinn noch nicht erfaßt," auf eine weitere Mahnung: „Ich habe den Mann noch nicht, der es gemacht hat." Nach einer Weile sprach er: „Er hat etwas Ernstes, tief Denkendes, er hat etwas Zufriedenes, Hochherziges, Weitblickendes. Nun schaue ich den Mann, er ist dunkel im Gesicht und hoch gewachsen, sein Auge ist, als blickte man in das Meer. Wer, außer dem König Wen könnte das sein!"

Als der Meister Hsiang dies hörte, erhob er sich ehrfurchtsvoll und sprach mit tiefem Neigen: Ihr seid ein Heiliger. Es heißt in der Tat, die Melodie sei vom König Wen.

Diese Geschichte, die nach Kia Yü im Schong Tsi T'u steht, zeigt zugleich die Tiefe der alten chinesischen Musik und die intensive Beschäftigung Kungtses mit dieser Kunst.

7. Die Überlieferung über den Zeitpunkt der Reise geht auseinander. Nach Schï Ki war Kungtse erst dreißig, nach

Tschuangtse war er einundfünfzig, nach dem Schui King Kommentar gar erst siebzehn Jahre alt. Wenn man die näheren Umstände in Betracht zieht, so ist die hier angegebene Zeit, die auf den Untersuchungen in Huang Ts'ing King Kiä beruht (Sï Schu Schï Ti Sü), die wahrscheinlichste. In Li Ki (Tsong Tsï Wen) erwähnt Kungtse, daß, als er mit Lao Tan zusammen bei einer Beerdigung gewesen sei, die Sonne sich verfinstert habe. Nun ist eine Sonnenfinsternis im fünften Monat des Jahres 518 berichtet, so daß sowohl die Zeit der Reise als auch das Zusammentreffen mit Laotse als historisch angenommen werden kann. (Vgl. auch die Ausführungen von Hu Schï in Bd. I seiner Geschichte der Chinesischen Philosophie, pag. 47.)

8. Vgl. Kia Yü, Kuan Tschou Kiä.
9. Ein Mann des Altertums, der vorsichtig im Reden ist. Hüte dich!
Rede nicht viel! Viel Reden bringt viel Verdruß.
Mache nicht viel! Viel Machen bringt viel Schaden.
Friedlich und fröhlich, hüte dich stets,
Tu nichts, das du bereuen mußt,
Sag nicht: was schadet es!
Das bringt Leid, das ist lang.
Sag nicht: was tut es!
Das bringt Leid, das ist groß.
Sag nicht: Es hört es niemand!
Ein Gott wacht über den Menschen.
Flamme, Flamme ohn' Erlöschen,
Was gibt das für eine Glut.
Rieseln, rieseln ohne Hemmung,
Das gibt schließlich Fluß und Strom.
Fädchen, Fädchen ohn' Zerreißen
Wird zuletzt zu Netz und Strick.
Ein feines Härchen ohne Ordnung
Braucht schließlich Beil und Axt.
Wirklich sich hüten können
Ist die Wurzel des Glücks.

Sagen: Was schadet's,
Ist das Tor des Leides.
Die Starken und Festen
Sterben nicht ihren eignen Tod.
Wer andre zu übertreffen liebt,
Findet sicher einen, der ihm gewachsen ist.
Die Räuber hassen den Hausherrn,
Das Volk murrt gegen die Obern.
Der Edle weiß, daß man nicht über der Welt stehen kann,
Darum stellt er sich unter sie.
Er weiß, daß man der Menge nicht vorangehen kann,
Darum stellt er sich hinter sie.
Die Tugend der Sanftmut, Ehrerbietung, Vorsicht
Macht, daß die Menschen uns achten.
Wer sich weiblich hält und unten bleibt,
Den übergehen die Menschen nicht.
Wenn alle Menschen dorthin streben,
So wahre ich allein dieses.
Wenn alle Menschen meinen,
So folge ich ihnen nicht.
Ich berge meine Weisheit im Innern
Und zeige den Menschen nicht meine Künste.
Dann mag ich hoch und vornehm sein,
Und die Menschen tun mir nichts.
Wer kann das?
Ströme und Meere sind wohl links,
Aber sie sind länger als alle Bäche,
Weil sie niedrig sind.
Des Himmels SINN kennt keine Vorteile,
Aber er vermag unter den Menschen zu stehen.
Hüte dich!

Der Tempel, in dem dieser Mann stand, wird als Tempel des Hou Tsi des Ahns des Tschouhauses, angegeben. Der Ausdruck „Ströme und Meere sind links" bedeutet, daß sie

Anmerkungen

nach Osten fließen, bzw. im Osten sind. Der Osten ist der Platz des Gastes.

10. Es ist über diese Begegnung zwischen Kungtse und Laotse viel gestritten worden. In Schi Ki ist sie enthalten, ebenso wie in den Kia Yü, in den Werken von Tschuangtse, im Li Ki (Kapitel: Tsong Tsi Wen). Sicher ist, daß man in der Hanzeit fest davon überzeugt war, daß die beiden sich wirklich gesehen haben. Selbstverständlich tragen die meisten dieser Berichte, namentlich die aus der Schule des Tschuangtse den Stempel tedenziöser Erfindung an sich. Sie sind erfunden, um den Konfuzianern in der Person ihres Meisters Lektionen erteilen zu lassen. Daß diese Geschichten historisch unbrauchbar sind, bedarf keines Hinweises. Daß Gelehrte, die überhaupt an der Geschichtlichkeit des Laotse zweifeln, auch diese Begegnung leugnen, ist selbstverständlich. In alter und neuer Zeit sind deren nicht wenige. Laotse hat wirklich etwas Proteusartiges an sich, so daß er manchmal sich ganz deutlich historisch darstellt, dann wieder den Blicken entschwindet. Mich überzeugen am meisten die ganz trocknen Angaben in Li Ki, die sicher völlig frei von jeder Tendenz sind und die Laotse von einer Seite zeigen, die man nicht an ihm zu sehen gewohnt ist, und die durch die erwähnte Sonnenfinsternis eine solch ungesuchte und unerwartete Bestätigung finden.

11. Vgl. K'ung Tsung Tsi, Abschnitt Kia Yen.

12. Vgl. Kia Yü, Tschi Si Kiä. Die Geschichte findet sich auch im Han Schi Wai Tschuan:

Auf dem Weg nach Ts'i hörte Kungtse jemand bitterlich weinen. Da sprach er zu seinem Diener: „Dieses Weinen klingt traurig, aber es ist nicht die Trauer um einen Verstorbenen. Fahre dem Laute nach!" Als er eine Strecke weiter gekommen, da sah er einen sonderlichen Menschen, der hielt eine Sichel und war mit einem Strick umgürtet. Er weinte, aber er trug keine Trauerkleidung. Kungtse stieg vom Wagen, trat näher und fragte ihn, wer er sei. Jener erwiderte: „Ich bin K'iu Wu Tsi. Kungtse fragte: „Da Ihr doch niemand beerdigt, weshalb weint Ihr so bitterlich?" Jener sprach: „Ich habe drei Verluste erlitten. Zu spät bin ich zur Einsicht gelangt. Aber was hilft alle Reue? In meiner Jugend liebte ich das Lernen und durchzog rings die Welt. Als ich dann nach Hause kam, da waren meine Eltern gestorben. Das ist mein erster Verlust. Ich wuchs heran und diente dem Fürsten von Ts'i. Der Fürst war stolz und verschwenderisch, und ich verlor die Reinheit, die dem Gebildeten ziemt, das ist mein zweiter Verlust. Ich liebte Verkehr mit guten Freunden und gab viel dafür aus, und heute haben sie mich alle verlassen. Das ist mein dritter Verlust. Der Baum möchte still sein, aber der Wind hört nicht auf. Der Sohn möchte seinen Eltern dienen, aber die Eltern warten nicht auf ihn. Es gehen und kommen nicht zurück die Jahre, man sieht sie nie wieder, die Eltern. Nun habe ich genug." Damit stürzte er sich ins Wasser und ertrank. Kungtse sprach: „Kinder, merkt es euch, das mag zur Warnung dienen." Von da ab verließen ihn 13 seiner Jünger, um ihre Eltern zu pflegen. —

Natürlich sind alle derartige Anekdoten, deren eine große Anzahl verbreitet ist, nur von bedingtem historischem Wert. Doch dienen sie wohl dazu, die Probleme, mit denen sich Kungtse zu beschäftigen hatte, ins Licht zu setzen.

13. Vgl. Kia Yü, Tschong Lun Kiä und Li Ki, T'an Kung.

14. Vgl. Schuo Yüan. Auch in Lun Yü finden sich verschiedene Stellen, in denen Äußerungen Kungtses über die Schao-Musik enthalten sind.

15. Vgl. Sï Schu Schï Ti.

16. Vgl. K'ung Tsung Tsï, Ki Yi P'iän.

17. Vgl. K'ung Tsung Tsï, Lun Schu P'iän. Die von Kungtse gegebene Erklärung des Begriffs „Klarheit über innern Wert" (Ming Tê) weicht von der traditionellen Erklärung des Ausdrucks in Ta Hsüo sehr wesentlich ab.

18. Vgl. Kia Yü, Liu Pen Kiä.

19. Vgl. Lun Yü XII, 11.

20. Vgl. K'ung Tsung Tsï, Kia Yän T'iän.

Diese Erzählung ist nicht wohl zu vereinigen mit den Intrigen, die nach dem Bericht bei Sï-Ma Ts'iän Yän Ying gegen Kungtse gesponnen haben soll. Auch die Äußerung Kungtses, die in Lun Yü V, 16 aufgezeichnet ist, läßt darauf schließen, daß kein solcher Antagonismus zwischen Kungtse und Yän Ying vorlag. Es ist nicht unwahrscheinlich, daß nicht Yän Ying, sondern T'iän Tsï die treibende Macht war, die an einer Abweisung Kungtses interessiert war.

21. Kia Yü, K'ü Li, Tsï Kung Wen Kiä.
22. Kia Yü, Liu Pen Kiä.
23. Schï Ki, Kung Tsï Tschuan. Vgl. Anm. 20.
24. Lun Yü XVIII, 3.
25. Li Ki, T'an Kung II, II, III, 13.
26. Lun Yü XIV, 42.
27. Nach Schong Tsi T'u, Privatausgabe.
28. Lun Yü XVII, 9.
29. Lun Yü IX, 14.
30. Schï Ki, Tschung Ni Ti Tsï Liä Tschuan.
31. Lun Yü XVI, 13.
32. Lun Yü XVI, 2.
33. Lü Schï Tsch'un Ts'iu, der erste Wintermond A, X, 3.
34. Schï Ki: Kungtse Schï Kiä. Yang Hu wird auch Yang Ho geschrieben.
35. Lun Yü XVII, 1.
36. In Lun Yü XVII, 5 wird erzählt, daß Kung-Schan Fu Jao sich an Kungtse gewandt habe. Kungtse sei geneigt gewesen, zu gehen. Der Jünger Tsï Lu sei empört darüber gewesen: „Wenn wir kein Amt finden, so wollen wir's doch aufgeben. Was soll aber das?" Der Meister habe gesagt: „Ist es ein Zufall, daß er gerade mich beruft? Wenn jemand mich gebraucht, kann ich dann nicht das östliche Tschoureich wieder begründen?"

Liang K'i Tsch'ao weist mit Recht darauf hin, daß diese Stelle gefälscht ist. Der hier genannte Kung-Schan Fu Jao ist derselbe wie Kung-Schan Pu Niu (s. Jahr 498), den

Kungtse selbst bekämpft. Ob es sich um denselben Aufstand handelte oder eine spätere Erneuerung, geht aus den Quellen nicht ganz deutlich hervor.

37. Kia Yü, Siang Lu Kiä.

38. Die Zusammenkunft in Kia Ku wird im wesentlichen übereinstimmend von Ku Liang, Tso Tschuan, Schi Ki und Kia Yü berichtet. Das strenge Vorgehen gegen die Tänzer, das sogar mit Blutvergießen verknüpft war, ist von mancher Seite bezweifelt worden. Da es aber in den Quellen mehrfach erwähnt ist, wird man es wohl als historisch annehmen müssen. Es steckte sicher in der Sache eine Falle, und Kungtse wollte wohl den feindlichen Ratgebern, die auf immer neue Finten fielen, energisch zu verstehen geben, daß er nicht mit sich spaßen lasse. Schließlich gelang es ja dem Staate Ts'i doch, eben auf die von Kungtse damals so energisch zurückgewiesene Art — durch Übersendung von Musikantinnen — den Fürsten von seinem treuesten Ratgeber zu trennen. (Immerhin läßt sich nicht leugnen, daß die ganzen Taten K'ungs in jener Zeit eine gewisse legendäre Färbung zeigen.)

In Kia Yü Kap. 3, Hsüntse Kap. 28, Schuo Yüan Kap. 15, Schi Ki V, 326 u. a. Orten steht eine Geschichte, die das Gegenteil dieser Milde zum Gegenstand hat:

Er war erst sieben Tage im Amt, da verurteilte er den Schao Tschong Mao, einen staatsgefährlichen Adligen. Er ließ ihn vor dem Schloßtor hinrichten und stellte seinen Leichnam drei Tage im Schloßhof aus.

Da trat Tsï Kung vor ihn und sprach: „Dieser Schao Tschong Mao war einer der angesehensten Männer in Lu. Nun ist das erste, was Ihr tut, nachdem Ihr ans Ruder gekommen, daß Ihr ihn hinrichten laßt. Ist das nicht vielleicht doch ein Fehler?"

Meister K'ung sprach: „Warte, ich will dir den Grund davon sagen. Fünf große Verbrechen gibt es auf Erden, noch schlimmer als Diebstahl und Raub. Das erste ist Unbotmäßigkeit der Gesinnung verbunden mit Arglist. Das zweite ist Bosheit des Handelns verbunden mit Starrsinn. Das dritte ist Verlogenheit des Redens verbunden mit Zungenfertigkeit. Das vierte ist Gedächtnis für Skandal verbunden mit ausgebreiteter Bekanntschaft. Das fünfte ist Billigung des Unrechts verbunden mit dessen Beschönigung. Wenn von diesen fünf Dingen sich eines bei einem Menschen findet, so entgeht er der Bestrafung durch einen Edlen nicht. Dieser Schao Tschong Mao aber hat alle in sich vereinigt.

Wo er verweilte, war er imstande, Anhänger um sich zu sammeln und eine Partei zu bilden. Durch sein Geschwätz war er imstande, die Menge durch gleisnerische Vorspiegelungen zu betören. Durch seinen hartnäckigen Widerstand war er imstande, das Recht zu verkehren und sich allein durchzusetzen. Er war ein Erzschurke. Es ging nicht anders: man mußte ihn loswerden.

T'ang, der Begründer der Yindynastie, verurteilte in ähnlicher Weise den Yin Kiä, der König Wen den P'an Tschong, der Fürst Tschou den Kuan und den Ts'ai. Der Große Herzog verurteilte die stolzen Ritter, Kuan Tschung den Fu I, Tsï Tsch'an den Schï Ho.

Diese sieben lebten zu verschiedenen Zeitaltern, aber sie wurden in derselben Weise hingerichtet; denn sie hatten trotz des Unterschieds der Zeit dieselben Frevel, die ihnen nicht vergeben werden konnten.

Im Buch der Lieder heißt es:
„Mein Herz ist traurig und betrübt,
Die schlechte Horde stellt mir nach.'
Wenn die Gemeinen sich zu Horden zusammentun, das ist Grund zum Kummer."

39. Trotz dieser vielfachen Bezeugung in der chinesischen Literatur müssen wir den chinesischen Autoren Recht geben, die die Wahrheit der Geschichte bezweifeln. Sie trägt den Stempel der Parabel an sich. Kungtse hat wohl in seinem Tsch'un Ts'iu literarisch solche Schurken hingerichtet wie Schao Tschong Mao, aber es entspricht nicht seiner Art, in dieser

summarischen Weise vorzugehen, ohne einen triftigen Anlaß abzuwarten.

40. Lun Yü VI, 3.

41. Vgl. Kia Yü Kapitel 1, wo die Geschichte übrigens fälschlicherweise in die Zeit, als Kungtse Arbeitsminister war, verlegt ist. Wir sind bei unserer Datierung den Angaben in Tso Tschuan gefolgt.

42. Kia Yü stellt die Sache so dar, daß alle drei Städte gefallen seien. Das ist eine begreifliche Verallgemeinerung einer späteren Traditionsstufe. Sowohl in Tso Tschuan, dessen Darstellung wir folgten, als auch in Kung Yang werden nur zwei Städte genannt.

43. Vgl. Kia Yü Kap. 19; Schï Ki: Kungtse Schï Kia Lun Yü XVIII 4.

44. Vgl. Schï Ki, Kungtse Schï Kia.

45. Vgl. Schï Ki, auch in Lun Yü VI, 26 ist die Geschichte erzählt.

46. Vgl. Lun Yü III, 13.

47. Vgl. Schï Ki. Lun Yü XIII, 10.

48. In Lun Yü XVII, 7 wird erzählt, daß der Rebell Pi Hsi, der, gestützt auf die Stadt Tschung Mou, sich gegen Tschao Kiän Tsï erhoben hatte, Kungtse eingeladen habe, der auch geneigt gewesen sei, hinzugehen. Auch dieser Abschnitt gehört, wie der XVII, 5, wohl zu den apokryphen Stellen in Lun Yü. Die im Text gegebene Erzählung nach Schï Ki paßt besser in den Zusammenhang und schließt ihrerseits die in Lun Yü erwähnte Geschichte aus.

49. Vgl. die Geschichte in Tso Tschuan, Ting Kung 15. Jahr, wie Tsï Kung aus dem Benehmen des Fürsten von Lu und seiner Vasallen auf deren bevorstehenden Tod schließt, ferner die Geschichte in Lu Yü von dem Riesenknochen auf dem Kuaiki-Berg.

50. Lun Yü XV, 1.

51. Schï Ki a. a. O.

52. Lun Yü XIV, 20.

53 Kia Yü, K'ü Li Tsï Kung Wen Kiä. Es ist sehr interessant, zu beobachten, wie auf diese Weise in China etwas ähnliches wie der ungeheure Aufwand, der für Begräbniszwecke in Ägypten gemacht wurde, vermieden werden sollte. Freilich ist in manchen Punkten die tatsächliche Entwicklung weit über das hinausgegangen, was Kungtse beabsichtigte, sowohl was Grabanlagen als was sonstige Begräbniskosten anlangt.

54. Schï Ki a. a. O., Lun Yü VII, 22.
55. Mongtse; Schï Ki, Sung Schï Kia.
56. Schï Ki a. a. O.
57. Schï Ki a. a. O., vgl. Lun Yü VII, 18; XIII, 16. 18.
58. Lun Yü XVIII, 6. 7.
59. Lun Yü XV, 2, vgl. Schï Ki a. a. O., auch in Kia Yü, Kap. Tsai E und K'un Schï finden sich Darstellungen des Vorgangs. Auch Mongtse erwähnt die Sache.
60. Lun Yü XVIII, 5, vgl. auch Tschuangtse IV, 8, wo die Geschichte noch ausführlicher erzählt ist.
61. Lun Yü, V, 21, vgl. Mongtse VII, B, 37.
62. Li Ki, T'an Kung.
63. Lun Yü VII, 14.
64. Lun Yü XIII, 3.
65. Lun Yü XIV, 42. Die zitierte Stelle stammt aus Schï King I, III, 9.
66. Lun Yü II, 19. In Tschung Yung und sonst ist ein ganzes politisches Testament Kungtses in einem Gespräch mit dem Fürsten Ai niedergelegt.
67. Lun Yü XII, 17.
68. Lun Yü XII, 19.
69. Lun Yü XII, 18.
70. Lun Yü XII, 9 Lu Yü.
71. Tso Tschuan.
72. Lun Yü XI, 16. Auch bei Mongtse wird die Angelegenheit erwähnt. Diese kritische Haltung Kungtses findet auch sonst noch mehrfach ihren Ausdruck. Später hat die Tradition sie noch vermehrt, wie sich in dem langen Abschnitt

Anmerkungen

Lun Yü XVI, 1 zeigt, der sich jedoch schon dadurch als unhistorisch erweist, daß darin angenommen wird, daß Jan K'iu und Tsï Lu gleichzeitig im Dienst der Familie Ki gewesen seien. Bekanntlich ist Tsï Lu in We zurückgeblieben, wo er starb. Der Abschnitt muß wohl mit Liang K'i Tsch'ao endgültig als unecht aufgegeben werden.

73. Lun Yü IX, 14.

74. Diese Stelle über die Tätigkeit Kungtses in seinen letzten Lebensjahren stammt aus der Lebensgeschichte des Kungtse im Schï Ki.

75. Lun Yü II, 9; V, 8; XII, 1; XI, 8. 9. 7. 10; VI, 2.

76. Der Tsch'un-Ts'iu-Streit kann durch die grundlegenden Untersuchungen von K'ang Yu We, die durch O. Franke in seinem Werke „Beiträge zur konfuzianischen Dogmatik" auch den europäischen Lesern zugänglich gemacht sind, als entschieden gelten. Trotz seiner scheinbaren Trockenheit haben wir in diesem Annalenwerk die Arbeit Kungtses vor uns, die mit den Kommentaren von Ku Liang und Kung Yang zusammengehalten werden, um in ihren Intentionen verstanden zu werden. Das Tso Tschuan, eine ursprünglich pragmatisch geordnete Geschichtsdarstellung, die ungefähr denselben Zeitraum umspannt, ist weder ein Kommentar zu Tsch'un Ts'iu, wie das in China sein Herausgeber Liu Hsin in der Handynastie behauptet hat, noch das eigentliche Werk des Kungtse, wie das Grube in seiner chinesischen Literaturgeschichte vermutet hat. Sondern Tso Tschuan ist ein Teil der „Staatsgespräche", des Werkes eines nicht näher bekannten Verfassers von großer literarischer Bedeutung, der nicht viel später als Kungtse gelebt hat. Es war in der Hanzeit in der kaiserlichen Geheim-Bibliothek vorhanden und wurde von Liu Hsin, dem großen Bücherfabrikanten, aus seinem Zusammenhang gelöst, in annalistische Form gebracht und für einen Kommentar zu Tsch'un Ts'iu ausgegeben, als der es seither, wenn auch nicht unangefochten, durch die Weltgeschichte lief.

77. Vgl. Tso Tschuan, wo der Text besser erhalten ist, und Lun Yü XIV, 22, wo einige Textfehler sich eingeschlichen haben.

78. Vgl. Lun Yü XI, 12. Li Ki, T'an Kung.

79. Vgl. Li Ki, T'an Kung.

80. Man vergleiche die interessante Kulturgeschichte in nuce, die im Abschnitt Hsi Ts'ï im Buch der Wandlungen gegeben ist.

81. Lun Yü VIII, 19.

82. Lun Yü XX, 1.

83. Lun Yü VIII, 18.

84. Lun Yü XIV, 45.

85. Lun Yü XV, 4: Dieses „Nichtstun", Wu We, spielt auch in der taoistischen Philosophie eine große Rolle. Der Sinn ist, daß wie der Himmel ohne sinnfällige Aktion nur durch die stille Wirksamkeit des Weltgesetzes, Tao, alles im Gang hält, so auch der Herrscher dieses Tao in Gang bringt, während er ruhig auf dem Thron sitzt. Das „Gesicht nach Süden" ist die Art, wie der Herrscher auf dem Thron sitzt.

86. Lun Yü VIII, 21. Dieser Abschnitt verteidigt die große Einfachheit Yüs. Es wird von ihm erzählt, daß er unter dem Essen sich oft zehnmal von Bittstellern unterbrechen ließ, und daß er beim Waschen des Morgens dreimal sein Haar provisorisch aufstecken mußte, um Geschäfte zu erledigen. Während er die Flüsse regulierte, soll er dreimal an seinem Haus vorbeigekommen sein, wo er sein inzwischen geborenes Söhnchen schreien hörte, ohne Zeit zu haben, hineinzugehen.

87. Lun Yü XII, 22.

88. Lun Yü XX, 1. Die Dynastie des Yü war die Hsia-Dynastie, die gewöhnlich von 2205—1766 v. C. angesetzt wird. Sie endigte mit dem Tyrannen Kiä, der, als das Maß seiner Sünden voll war, von T'ang bei Ming T'iao in Schansi geschlagen und entthront wurde.

89. Tschung Yung XVIII.
90. Lun Yü VIII, 20.
91. Ta Hsüo.
92. Lun Yü XX, 1.
93. Tschung Yung.
94. Lun Yü III, 14.
95. Lun Yü XIX, 22.
96. Tschung Yung.
97. Lun Yü IX, 5.
98. Lun Yü XVIII, 10.
99. Lun Yü VII, 5.
100. Lun Yü XIV, 40.
101. Lun Yü III, 9.
102. Tschung Yung XXVIII.
103. Lun Yü IX, 8. Die Sage vom Vogel Fong, dem heiligen Wundervogel, geht zurück auf die Zeiten des Herrschers Schun, in dessen Halle er sich zeigte, und des Königs Wen, unter dem er auf dem Berge Ki gehört wurde. Das Zeichen aus dem Fluß ist die heilige Schildkröte, die geheime Zeichen auf dem Rücken trug und unter Yü im gelben Fluß gesehen wurde.
104. Lun Yü XVII, 19.
105. Lun Yü V, 12; IX, 1.
106. Lun Yü XIV, 37.
107. Lun Yü IX, 4.
108. Lun Yü IX, 2.
109. Lun Yü VII, 1. Wer der alte P'ong eigentlich war, weiß man nicht; vielleicht Laotse.
110. Ueber Tong Si vergleiche Tso Tschuan, Ting Kung 9. Jahr. Lü Schï Tsch'un Ts'iu. Liätse. Vgl. ferner die Schrift: Tong Si Tsï.
111. Ueber Schao Tschong Mao's Hinrichtung vgl. oben Anm. 38.
112. Lun Yü XVII, 12—18.
113. Lun Yü XV, 2.

114. Lun Yü IV, 15.
115. Lun Yü V, 12.
116. Tschung Yung XXII.
117. Tschung Yung I.
118. Tschung Yung XXV.
119. Lun Yü XVII, 2.
120. Lun Yü XX, 3.
121. Tschung Yung XX, 7.
122. Lun Yü XV, 23.
123. Lun Yü VI, 28.
124. Vgl. Liang K'i Tsch'ao, Geschichte der politischen Gedanken der Vorts'inzeit (Hsiän T'sin Tschong Tschï Sï Hsiang Schï), pag. 113 f.
125. Vgl. Ta Tai Li Ki, San Tschao Ki.
126. Vgl. Tschang T'ai Yän, Ting K'ung Hsia Lun bei Hu Schï. Geschichte der chines. Philosophie, Bd. I, pag. 108.
127. Lun Yü I, 15.
128. Lun Yü III, 8.
129. Lun Yü VII, 8.
130. Lun Yü V, 8.
131. Lun Yü III, 3.
132. Lun Yü IV, 2.
133. Lun Yü IV, 3.
134. Lun Yü IV, 4.
135. Lun Yü VI, 5.
136. Lun Yü VI, 20.
137. Lun Yü VI, 21.
138. Lun Yü IX, 28.
139. Lun Yü XII, 1.
140. Lun Yü XII, 22.
141. Lun Yü XV, 8.
142. Li Ki, Abschnitt Li Yün.
143. Li Ki, Abschnitt Li Yün.
144. Lun Yü XIX, 7, 10.
145. Lun Yü I, 7.

146. Lun Yü II, 1.
147. Lun Yü II, 3.
148. Lun Yü VIII, 9.
149. Lun Yü XII, 17. 18. 19.
150. Lun Yü XIII, 4.
151. Ko Wu = Erreichung der Dinge, s. Ta Hsüo.
152. Lun Yü IX, 16.
153. Vgl. Lun Yü II, 11: „Das Alte üben und das Neue kennen: dann kann man als Lehrer gelten."
154. Lun Yü II, 23.
155. Lun Yü XIII, 10.
156. Vgl. I King: Kuan. Der Anblick. No. 20.
157. Lun Yü XIII, 6.
158. Lun Yü XIII, 13.
159. Lun Yü XIII, 15.
160. Lun Yü II, 13.
161. Lun Yü XIV, 36, vgl. Li Ki XXIX, 11 ff.
162. Lun Yü VI, 16.
163. Lun Yü XII, 8.
164. Lun Yü I, 12.
165. Hu Schï in seiner überaus wertvollen Abhandlung über den I King und seine Beziehungen zur Philosophie des Kungtse, deren Resultate im Text verwertet sind, nimmt hier an, daß die „vier" ein überflüssiges Zeichen sei, daß man also zu lesen habe: „Im Buch der Wandlungen gibt es Bilder, um zu zeigen. Es sind Urteile beigefügt, um zu raten." Dadurch wird natürlich alles sehr klar. Aber vielleicht ist es doch möglich, durch die im Text gegebene Anleitung einen Ausweg zu finden.
166. Aus der großen Abhandlung. Wir haben hier die von Hu Schï vorgeschlagene Textemendation akzeptiert.
167. Lun Yü XIII, 3.
168. Lun Yü VI, 23.

Vgl. zum ganzen Abschnitt: Dr. O. Franke, Ueber die chinesische Lehre von den Bezeichnungen. Leyden 1906.

Hu Schï, Geschichte der chines. Philosophie I, pag. 92 ff. Liang K'i Tsch'ao, Geschichte der politischen Gedanken vor der T'sin-Zeit, 1923, pag. 123 ff.

169. Lun Yü XII, 11.

170. Lun Yü III, 2. Vgl. auch Abschn. 1 desselben Buches und Tschung Yung XXVIII, wo über die Frage der Festsetzung der Benennungen etc. durch den Herrscher geredet ist.

171. Hsüntse, Tschang Ming P'iän. Hsün K'ing ist einer der wichtigsten nachkonfuzianischen Philosophen, er lebte etwa 310—230 v. C.

172. Tung Tschung Schu, Schen Tsch'a Ming Hao P'iän.

173. Vgl. Mongtse I, B 8.

174. Vgl. Liang K'i Tsch'ao, pag. 127.

175. Lun Yü XV, 40.

176. Vgl. Lun Yü XV, 6. Der Meister sprach: „Gerade, wahrlich, war der Geschichtsschreiber Yü! Wenn das Land in Ordnung war, war er wie ein Pfeil; wenn das Land ohne Ordnung war, war er wie ein Pfeil."

177. Vgl. Lun Yü XVI, 8. Meister K'ung sprach: „Der Edle steht in Scheu vor dreierlei: Er steht in Scheu vor dem Willen Gottes, er steht in Scheu vor großen Männern, er steht in Scheu vor den Worten der Heiligen. Der Gemeine kennt den Willen Gottes nicht und scheut sich nicht vor ihm, er ist frech gegen die großen Männer und verspottet die Worte der Heiligen."

178. Lun Yü III, 15.

179. Lun Yü VIII, 8.

180. Lun Yü XVI, 13.

181. Lun Yü XII, 1. Es wird hier die Sitte in ihrer höchsten Stufe als das, was das Auftreten schön und harmonisch macht, gefaßt. Sitte ist in diesem höchsten Zusammenhang soviel wie Schönheit als Vereinigung von Anmut und Würde. Durch diese Hingabe an die Schönheit als Sitte wird dann auf die ganze Welt ein kultivierender Einfluß ausgeübt.

182. Vgl. I King: Lü, das Auftreten. No. 10.
Beachtenswert sind auch noch die Bemerkungen in der „Reihenfolge". Wenn die Wesen gezähmt werden, dann gibt es die Sitte, darum folgt auf das Zeichen „Des Kleinen Zähmungskraft" das Zeichen: das Auftreten. Auftreten bedeutet Sitte.
Und in den „vermischten Zeichen" heißt es:
„Das Auftretende verweilt nicht." Das deutet auf die harmonische Bewegung und den Fortschritt, der in dem Zeichen das „Auftreten" liegt. Die Schönheit, die durch die Sitte verliehen wird, ist bewegte Schönheit, nicht ruhende Form. Darin liegt ihr Geheimnis.

183. Laotse, Taoteking, Abschn. 38.

184. Lun Yü V, 10. Der Meister sprach: „Ich habe noch keinen Menschen von wirklicher Charakterstärke gesehen." Jemand nannte Schen Tsch'ang. Der Meister sprach: „Tsch'ang ist der Sinnlichkeit unterworfen. Wie könnte er stark sein?"

185. Lun Yü XVII, 25.

186. Lun Yü XVII, 22. Er erwähnt dann, daß schließlich noch das Spiel vorzuziehen sei.

187. Lun Yü XVII, 3.

188. Lun Yü XVI, 9; vgl. Tschung Yung XX, 9. Lun Yü VII, 19.

189. Lun Yü XVII, 2.

190. Lun Yü XV, 38.

191. Lun Yü XVI, 7; vgl. IX, 7. 18. 22. 23. 25; XV, 15. 29. 35; XI, 21; XIV, 25.

192. Lun Yü XII, 4.

193. Lun Yü IX, 28.

194. Vgl. I King No. 42, I, die Mehrung, 6 auf 3. Platz.

195. Vgl. I King No. 28 Ta Ko, des Großen Übergewicht. Obere Sechs.

196. Lun Yü XVII, 24.

197. Lun Yü XVII, 18.

198. Lun Yü IX, 3.

199. Lun Yü XVII, 11.
200. Lun Yü XV, 10.
201. Lun Yü III, 3. 4.
202. Lun Yü II, 3.
203. Lun Yü V, 15; XIV, 9. 10.
204. Lun Yü XII, 13.
205. Lun Yü XII, 7.
206. Lun Yü XIII, 9.
207. Vgl. Hu Schï a. a. O. I, pag. 120, wo der Standpunkt Kungtses in diesen Fragen im ganzen sehr gut gekennzeichnet ist, wenn auch der pragmatistische Standpunkt des Verfassers die Darstellung insofern etwas beeinflußt, daß er Kungtse wegen Dingen entschuldigt, die keiner Entschuldigung bedürfen.
208. Lun Yü XIII, 1.
209. Lun Yü I, 9, ein Wort Tsong Schens und Lun Yü I, 2, ein Wort Yu Jo's.
210. Lun Yü XVII, 21.
211. Lun Yü VI, 19; vgl. auch V, 12.
212. Lun Yü IX, 1.
213. Lun Yü XI, 11. 213a. Lun Yü V, 12.
214. An die Stelle des einen SchangTi waren die fünf SchangTi der fünf Wandelzustände getreten und auch sonst war der Ausdruck sehr stark anthropomorphisiert — schon dadurch, daß auch die ältesten Herrscher Yao und Schun als Ti bezeichnet wurden. — Auch Laotse gebraucht übrigens den Ausdruck Ti nur einmal, und zwar zur Bezeichnung einer untergeordneten Manifestation der Gottheit. Die höchste Bezeichnung für die Gottheit ist für Laotse „Tao". Doch gebraucht er auch T'iän, Himmel. Dann aber meist zusammen mit Ti, Erde, T'iän Ti in der Bedeutung etwa von Natura naturans.
215. Lun Yü XIV, 38.
216. Lun Yü XV, 1.
217. Lun Yü XVI, 8.
218. Lun Yü XX, 3.
219. Lun Yü XIV, 41.

220. Lun Yü VII, 34.
221. Lun Yü IX, 11.
222. Lun Yü III, 13.
223. Lun Yü III, 12.
224. Tschung Yung, Tschu Hsi-Ausgabe, Kap. 16.
225. Lun Yü III, 11.
226. Lun Yü VI, 4.
227. Lun Yü II, 24.
228. Lun Yü IV, 8.
229. Lun Yü XII, 5.
230. Lun Yü VII, 36.
231. Lun Yü VII, 15.
232. Lun Yü VII, 12.
233. Lun Yü VII, 20.
234. Lun Yü VI, 20.
235. Lun Yü III, 21.
236. Lun Yü I, 11.
237. Li Ki XXI, Tsi I, § 2.
238. I King No. 1. K'iän, Kommentar zur Entscheidung und zum Bild.
239. I King No. 2, K'un.
240. Die eingeklammerten Zahlen der Zitate aus dem I King beziehen sich auf die Nummern der Zeichen. Die betreffenden Texte befinden sich im 3. Band meiner I King-Übersetzung.
241. Laotse, Taoteking No. 2.
242. Laotse, Taoteking No. 9.
243. Laotse, Taoteking No. 22. Es handelt sich hier um alte Zauber- bzw. Weisheitssprüche, die auch bei Laotse Zitat zu sein scheinen und die z. T. mit Worten des I King fast wörtlich zusammenstimmen.
244. Laotse, Taoteking No. 36.
245. I King: Mong, Jugendtorheit No. 4.
246. I King: Ta Yu, Besitz von Großem No. 14.
247. I King: Sin, Minderung No. 41.
248. I King: I, Mehrung No. 42.

249. I King: Ken, Stillehalten No. 52.

Vgl. Lun Yü VII, 10. Der Meister sagte zu Yän Hui und sprach: „Wenn gebraucht, zu wirken, wenn entlassen, sich zu verbergen: nur ich und du verstehen das."

250. I King: Fong, die Fülle No. 55.

251a Hsiao Ko, Des Kleinen Übergewicht No. 62.

252. Mongtse V, B, 1.

253. Lun Yü IX, 7.

254. Lun Yü XIX, 25.

255. Tschung Yung, Kap. 29.

www.ingramcontent.com/pod-product-compliance
Lightning Source LLC
Chambersburg PA
CBHW021706230426
43668CB00008B/747